暨南大学高水平大学建设经费资助丛书

暨南史学丛书

民国时期政治与社会散论

李淑蘋 著

中国社会科学出版社

图书在版编目（CIP）数据

民国时期政治与社会散论 / 李淑蘋著. —北京：中国社会科学出版社，2018.7
ISBN 978 - 7 - 5203 - 2476 - 2

Ⅰ. ①民… Ⅱ. ①李… Ⅲ. ①政治制度史—中国—民国—文集 ②社会史—中国—民国—文集 Ⅳ. ①D693.2 - 53②K260.7 - 53

中国版本图书馆 CIP 数据核字（2018）第 091353 号

出 版 人	赵剑英
责任编辑	刘 芳
责任校对	沈丁晨
责任印制	李寡寡

出　　版	中国社会科学出版社
社　　址	北京鼓楼西大街甲 158 号
邮　　编	100720
网　　址	http://www.csspw.cn
发 行 部	010 - 84083685
门 市 部	010 - 84029450
经　　销	新华书店及其他书店
印刷装订	北京明恒达印务有限公司
版　　次	2018 年 7 月第 1 版
印　　次	2018 年 7 月第 1 次印刷
开　　本	710×1000　1/16
印　　张	17.75
插　　页	2
字　　数	260 千字
定　　价	76.00 元

凡购买中国社会科学出版社图书，如有质量问题请与本社营销中心联系调换
电话：010 - 84083683
版权所有　侵权必究

目 录

简论抗日战争初期山西抗日救亡运动的特点 …………………（1）
抗日战争初期华北地区的抗日救亡运动 ……………………（8）
黎城会议与百团大战的发动 …………………………………（16）
晋察冀抗日民主政权结构述论 ………………………………（22）
简析晋察冀边区的联合县政府 ………………………………（36）
试论晋察冀抗日根据地的救国公粮制度 ……………………（46）
晋察冀抗日民主政权的功能 …………………………………（60）
中国同盟会筹备会议与会者人数及省籍考略 ………………（76）
1917—1921年墨西哥排华风潮探析 …………………………（82）
陈济棠与倒唐事件 ……………………………………………（95）
试析1943年宋美龄访美访英之取舍 ………………………（107）
浅论陈济棠与1949年海南改设特区 ………………………（116）
澳门公务员制度述论 …………………………………………（123）
"六政三事"述论 ………………………………………………（130）
民国初期山西农村人力资源的开发与利用 …………………（139）
民国时期城市住宅改良的尝试
　　——以20世纪二三十年代广州模范住宅区为例 ………（150）
从劳工住所看南京国民政府早期的劳工福利政策
　　——以20世纪二三十年代的广州为例 …………………（162）
澳门社会福利管窥 ……………………………………………（174）
民国时期华侨投资国内公用事业的困境
　　——以侨商陈子桢等人承领广州公共市场案为中心 …（185）
浅析清末民初珠江三角洲自梳女的婚姻观 …………………（197）

清末民初媒体对女性职业的认知 …………………………（204）
近代报刊视域中女性职业的发展 …………………………（215）
民国时期底层职业妇女探析
　——以广州茶楼女招待为个案 …………………………（221）
20世纪20年代广州禁止女招待风波初探 …………………（236）
薯姬与清末民初广州城市文化娱乐生活 …………………（247）
近代广州薯姬探析 …………………………………………（256）
近代产业女工的职业生活状况
　——以珠江三角洲地区缫丝女工为中心 ………………（266）
后记 …………………………………………………………（279）

简论抗日战争初期山西抗日救亡运动的特点

1937年卢沟桥事变后，随着日本帝国主义全面侵华的步步深入，全国范围内的抗日救亡运动迅速展开，并在不同的地区呈现出不同的特点。本文仅拟对抗日战争初期山西抗日救亡运动的特点作一简要论述。

一 山西的抗日救亡运动具有特殊重要的地位

山西素有华北屋脊之称，向东可控制华北，南进可策应中原，西出可威胁陕甘，北向可远达苏蒙。山西境内山脉纵横，地势险要，进可攻退可守，历来为兵家必争之战略要地。日本帝国主义发动全面侵华战争后即提出"欲占领中国，必先占领华北；欲占领华北，必先占领山西"的战略计划，故日军占领平津后，在向整个华北地区呈放射状的进攻中，尤以攻取山西为首要目标，企图"两周攻占大同，一个月拿下山西，三个月灭亡中国"。为此，日军投入到山西战场的兵力几乎达到其在华北日军的二分之一，使山西承受了日本全面侵华后最大的军事压力。同样，由于山西处于华北抗日前线，是中国共产党从陕甘宁大后方向前线调集军队输送人才的重要通道，又是阻敌西进保卫陕甘宁根据地的主要屏障。而且山西多山的自然条件非常适宜于开展山地游击战，建立敌后抗日根据地，从而牵制日军，滞延日军由山西而华北而全国的狂妄侵略计划。显然，山西的抗日战争"对于整个的战争，特别是对于华北的战争，是有重大的意义"①。因此，在全面抗日战争爆发初期，中共中央在对全国抗日战争予以关注和支持的同时，对山西抗日战争给予了高度的重视。

首先，在对华北以及全国抗日战争形势进行了客观的分析和科学的预测之后，中共中央决定把抗日游击战争的战略支点放在山西，以山西为抗日战争和发展抗战的基地。为此，刚刚接受改编的八路军115师于8月底东渡黄河，进抵山西。紧接着，八路军总部、120师和129师也分别于9月上旬和下旬渡过黄河，开赴山西抗日前线。截至10月份新四军改编成立前，中国共产党投入到山西抗日前线的正规武装大大超过了洛川会议时决定的三分之二，除以129师第385旅为骨干组成的八路军延安总部留守处和后方机关外，几乎全部开进山西，使山西真正成为中国共产党抗日战争的前线和中心，并由此带动影响了周围各省，冀南民众就曾"数次派代表到山西，要求中国军队东进杀敌"②。八路军主力开进山西后，虽未能根本阻止日军的进攻，"但是增加了敌人许多新的困难与顾虑"③，钳制打击了分散的敌人，配合了国民党友军作战，逐渐取得了对华北抗日战争的政治军事地位。八路军主力在山西战略部署的完成，为中国共产党领导的以山西为中心的华北敌后游击战争的进一步展开奠定了基础。

其次，为了配合以山西为中心开展的抗日游击战争，中共中央特别注意加强山西党组织的力量。从1937年9月到11月，周恩来按照毛泽东的指示，在山西指导工作3个多月。其时，朱德、刘少奇、彭德怀等党和军队的高级领导人云集山西，形成了中共中央领导下的华北地区共产党的领导核心。10月，中共中央北方局在山西原有党组织的基础上，统一组建了中国共产党晋察冀省委、中国共产党晋西北省

---

① 《和英国记者贝特兰的谈话》，《毛泽东选集》第2卷，人民出版社1991年版，第380页。

② 山西大学晋冀鲁豫边区史研究组编：《晋冀鲁豫边区史料选编》第1辑（内部资料），第319页。

③ 山西省档案馆编：《太行党史资料汇编》第1卷，山西人民出版社1989年版，第4页。

委、中国共产党冀豫晋省委、中国共产党山西省委。以一个省为主同时组建四个省委，这在党的历史上还没有先例，也充分说明了抗日战争全面爆发后山西所处地位的重要性。山西各省委组建后，在北方局的直接领导下，利用阎锡山在山西境内与共产党合作所提供的有利条件，通过山西牺牲救国同盟会（以下简称牺盟会）、第二战区民族革命战争战地总动员委员会（以下简称战动总会）等组织，迅速发展党员，扩建各级党组织。到1938年秋，四个省委下属共组建了18个地委和中心县委、131个县委，党员人数由抗日战争全面爆发前的数百人发展到3万余人，为山西的抗日救亡运动提供了政治组织保障。

最后，中国共产党以山西为依托，创建了华北抗日根据地。八路军主力进入山西后，很快开辟了晋东北、晋西北、晋西南、晋东南四大游击区。太原失陷后，整个华北战局发生变化，"以共产党为主体的游击战争进入主要地位"[①]。然而"游击战争是要有根据地的，没有根据地的游击战争就不能长期坚持"[②]。由是，中共中央军委电示八路军：在晋北、晋西北、晋东南、晋西南的部署，大部分地区兵力分散到各个要地，创建抗日根据地。毛泽东更明确地指示八路军要"同日寇力争山西全省的大多数乡村，使之化为游击根据地"[③]。八路军总部对此作了总体部署：115师以五台山敌后根据地为基础，迅速扩展为包括北岳、冀中、冀东、平西数区在内的晋察冀抗日根据地；120师以晋西北管涔山为中心，建立紧邻陕甘宁根据地的晋绥抗日根据地；129师以太行山太岳山为依托创建的晋冀鲁豫根据地因中共中央北方局和八路军总部所在而成为整个华北敌后抗日根据地的中心。共产党八路军以山西为基础和依托建立的几大根据地相互联系，犹如围棋盘上的几个"活眼"，既"达到保存和发展自己"[④]的目的，又

[①]《上海太原失陷以后抗日战争的形势和任务》，《毛泽东选集》第2卷，第388页。
[②]《刘少奇选集》上卷，人民出版社1981年版，第88页。
[③] 中国人民解放军军事科学院编：《毛泽东军事文选》第2卷，中国人民解放军战士出版社1981年版，第88页。
[④]《抗日游击战争的战略问题》，《毛泽东选集》第2卷，第418页。

"三面包围了同蒲路，四面包围了太原城"①，不仅夯实了山西作为游击战争战略支点的基础，营建了抗日战争的重要堡垒，而且由山西向四周扩展，由山地向平原推进，形成整个华北偌大的敌后战场，完成了以山西为支点向华北敌后的战略展开。

二　山西的抗日民族统一战线工作最具特色

1935年华北事变后，阎锡山苦心经营20多年的晋绥基业首当其冲地受到威胁。同时，通过"一二·九"运动和红军在西北地区统一战线成功的事例，阎锡山审时度势，提出了"守土抗战"的口号，并产生了联共抗日的思想，使山西在全国范围内率先出现了宽松的抗日救亡环境。正是在这样的形势下，山西自强救国同志会中的进步青年向阎锡山倡议成立了山西牺牲救国同盟会（以下简称牺盟会）。一时间在国内外引起强烈反响。

为了进一步推动山西抗日救亡运动的发展，借此突破一点，带动全局，中共中央北方局根据瓦窑堡会议精神和毛泽东同志关于"阎锡山等华北六省市军政负责人处，'一有机会，即须接洽'"②的具体指示，决定让薄一波以个人身份接受阎锡山的邀请，回山西开展统一战线工作。1936年10月，薄一波率杨献珍、董天知等同志回到山西，很快就和阎锡山建立起特殊形式的上层统一战线，在山西站稳了脚跟。

和中国共产党在其他地区开展的统战工作相比，山西的统战工作具有很大的特殊性。首先，在薄一波等人返晋之前，山西已经有了以阎锡山为会长的牺盟会。薄一波等人接办改组了牺盟会，但会长仍是阎锡山，这种地方官办团体的形式，为中国共产党在山西全省公开开展救亡工作提供了合法的庇护。其次，薄一波等人是在身份明了、主张明确的情况下与阎锡山合作共事的，阎锡山除要求"山西省政府

---

①《论持久战》，《毛泽东选集》第2卷，第472页。
② 薄一波：《七十年奋斗与思考》上卷，中共党史出版社1996年版，第199页。

里、军队里，不能发展共产党的组织"① 外，对薄一波坚持共产党的主张，任用共产党人等均予以首肯，说明阎锡山默认了与共产党的特殊合作关系。这样一来，牺盟会等抗日救亡组织虽然戴的是阎锡山的"帽子"，说的是"山西话"，但实际贯彻执行的是中国共产党的主张。

抗日战争全面爆发后，日军把军事进攻的主要目标指向了山西。在这种情况下，阎锡山的抗战态度更趋积极，表现"最进步"②，与中国共产党的统一战线关系也更深入。1937年9月初，周恩来代表中共中央到太原与阎锡山商谈八路军开赴山西前线抗日等问题，于9月20日在太原成立了第二战区民族革命战争战地总动员委员会，旨在实施全面战争动员和组织游击战争。战动总会由全国著名的爱国将领续范亭任主任委员，其余20多名委员分别是阎锡山及中国共产党、八路军、晋察绥三省政府、战区各军和牺盟会、公道团、学联等组织的代表，战动总会成员来源的广泛性，充分反映了山西抗日民族统一战线的规模。抗日战争八年期间，中国共产党与国民党中央的合作始终没能形成固定的组织形式、共同的政治纲领。而先于第二次国共合作正式建立之前成立的战动总会，不仅有共产党、八路军的公开参与和领导，而且和阎锡山形成了固定的组织、共同的纲领，还在第二战区范围内行使战时政权的职能。山西境内阎锡山和中国共产党这种公开、平等、紧密的合作关系，在当时的全国还是第一个，因此具有典型的创导示范意义。

山西的统一战线不仅有广度，同时还具有相当的深度。战动总会作为战时半政权组织，在第二战区内不同程度地发挥了其政权职能：动员群众支援抗战；协调战区内各方力量团结抗日；组织抗日武装数万人，直接展开对日作战；配合八路军开创晋绥、晋察冀抗日根据地。有的动委会（基层组织）到后来直接过渡为正式的抗日民主政权。牺盟会在战动总会成立后几天，也召开全省代表大会，制定新的抗日纲领，把工作重点转移到武装和政权上。早在1936年，阎锡山

---

① 薄一波：《七十年奋斗与思考》上卷，第209页。
② 同上书，第238页。

就曾有过训练30万国民兵的扩军计划①，抗日战争全面爆发后，薄一波向阎锡山提出正式组建山西新军的建议，得到阎锡山的同意。从1937年8月1日第一支新军队伍——山西青年抗敌决死总队成立，到1938年初，新军迅速扩大为包括有4个纵队、1个工人自卫旅总计数万人的武装，成为中共中央制订的"扩大八路军十万人的计划"②的重要组成部分。在扩建新军的同时，薄一波还率部分新军开赴晋东南，先行合法地占领了太行山太岳山的大部分地区，为八路军129师开创晋冀鲁豫根据地奠定了基础。

由于中国共产党的统一战线政策和阎锡山在抗日战争初期的积极配合，使山西全省从上层到基层，形成了广泛而又坚实的统一战线基础，形成了"华北的特殊局面"③。虽然这种统一战线的组织形式带有明显的局部性和地方性，但影响却是全局性的。

三 山西成为全国热血青年的又一个向往之地

到七七事变爆发前，全国各地的青年抗日救亡运动基本上没有得到当局的支持，相反地还受到一定的限制。因此，当时全国各地的进步青年除奔赴延安外，大批地涌向抗日救亡环境相对宽松的山西。

1936年12月，改组后的牺盟会在薄一波等人的实际领导下，举办了两期村政协助员训练班，千余名学员中，绝大多数是青年知识分子。他们在经过短期的训练后便被分派下乡工作，名义上是协助村政，实际任务是做抗日救亡宣传。经过村政协助员三个月深入农村艰苦的工作，加之受绥东百灵庙抗战胜利和西安事变和平解决的鼓舞，山西的农村开始变样，广大农民被发动起来，要求抗击日本帝国主义的侵略，预示着一场真正的群众抗日救亡运动即将到来。青年们的广泛宣传，不仅推动了抗日救亡运动的发展，同时也提高了自身的民族

---

① 薄一波：《七十年奋斗与思考》上卷，第214页。
② 同上书，第248页。
③ 中共山西省委党史研究室编：《战动总会文献资料回忆录》（内部资料），1987年印行，第24页。

觉悟，改变了自身在群众心目中的形象，"过去认为是过激的青年，现在认为是这些过激青年真救国呀"①。在牺盟会稍后开办的军政训练班、民训干部团、国民兵军官教导团以及战动总会开办的游击干部训练班等各种训练班中，青年都是最主要的力量。他们当中有包括东北流亡学生在内的22个省市的青年，甚至还有从异国他乡被吸引回来的华侨青年。

随着太原的失陷，第二战区司令长官部、牺盟总会、中共中央北方局、八路军驻晋办事处等都陆续迁至临汾，许多外省籍青年学生和太原青年也相随到了临汾。除聚集在临汾的进步青年积极要求参加抗日战争外，华中、华南、华东等地许多热血青年还在继续北上，欲借道晋南奔赴延安。阎锡山受此启发，为延揽人才，于1938年1月在临汾创办了民族革命大学，并邀请一些曾合作过的共产党员和进步人士参与学校工作。中共中央北方局为了借机推动抗日民族统一战线，引导更多的青年走上抗日救亡的道路，便积极地予以协助，派杜心源等共产党员到民族革命大学工作，还广泛地吸引鼓动青年报考民族革命大学。由于民族革命大学本身是一所统一战线性质的学校，加上在中国共产党的努力协助下，开设的课程多是极受欢迎的抗日理论课，外聘的教师也多是当时著名的进步人士，如李公仆、侯外庐等，所以很快吸引了全国各地的热血青年，投奔者络绎不绝。民族革命大学迅速成为华北敌后汇集热血青年的营垒，成为延安抗日军政大学之外的又一座锻炼抗日斗士的熔炉。

抗日战争全面爆发后，全国各地的爱国青年奔赴山西，为山西的抗日救亡运动带来了活力，增加了新鲜血液。同时，他们在山西抗日前线经过理论培训，提高了自身的觉悟，在实际工作中很快成长为各级抗日军政干部。

（原载《晋阳学刊》1999年第3期）

---

① 薄一波：《七十年奋斗与思考》上卷，第218页。

抗日战争初期华北地区的抗日救亡运动

一

卢沟桥事变的第二天，中共中央就向全国发出通电，紧急呼吁："平津危急！华北危急！中国民族危急！只有全民族实行抗战，才是我们的出路。""全中国同胞、政府与军队，团结起来，建筑民族统一战线的坚固长城"，"用全力援助神圣的抗日自卫战争"，并要求南京中央政府"立即开放全国民众爱国运动"。① 稍后不久，中共中央又发出《为日本帝国主义进攻华北第二次宣言》，再次强调开放爱国运动对于抗日救国的重要性，具体提出："实行大规模的发动民众，组织民众与武装民众，建立各种各样人民的抗日统一战线的组织。"②

中国共产党在向全国人民表明抗战决心的同时，要求每个共产党员"实际上成为救亡运动与救亡组织之发起人、宣传者、组织者"③。针对南京国民政府对民众抗日救亡运动的动摇政策，中共中央又号召"共产党员应该利用一切可能与机会，坚持发扬民权、改善民生以动员群众的方针，独立自主的组织各种群众的救亡团体，发展多方面的救亡运动。……力争救亡运动中共产党的主动性"④。

为了贯彻落实党中央的上述指示精神，中共中央北方局于1937年10月27日向华北各部队及地方党组织发出指示电，就发动与组织

---

① 中共中央书记处编：《六大以来——党内秘密文件》上册，人民出版社1981年版，第843页。
② 同上书，第849页。
③ 同上。
④ 同上书，第886页。

群众抗日救亡斗争规定了明确的方针与原则。北方局书记刘少奇也在北方局刊物《奋斗》创刊号上，发表《为发动华北广大群众的抗日救亡运动而斗争》的文章，要求各地党组织独立自主地领导群众运动。正是在党中央的正确路线指引下和北方局的具体领导下，华北地区的抗日救亡运动在原有基础上很快掀起了新的高潮。

北方局领导抗日救亡运动的干部队伍来源有三：一是从各级党组织抽调富有群众工作经验和工作能力的党员干部，专门从事抗日救亡的宣传和组织工作。二是通过举办党内外各种形式的抗日培训班、讲习班等培养抗日救亡运动的骨干力量。三是通过统一战线的渠道，派遣抗日救亡积极分子奔赴各地，组织发动救亡运动。

青年学生和知识分子历来是社会变革的先锋。卢沟桥事变发生后，北平的青年学生首先投入抗日救亡的洪流。7月8日，中华民族解放先锋队（以下简称民先队）总队部向全国队友发出紧急通知："全国队友们，我们要坚决的行动起来，武装保卫北方，促成全国抗日之加紧实现，打击妥协退让的亲日派！"号召"全国队友们要立即行动起来，把这次事态的真相解释给全国同胞，并把我们的口号用各种各样的方式，变成全国同胞的行动和口号！"[1] 第二天，北平队部即按照总部的指示，号召北平的民先队员积极行动起来，广泛宣传抗日救亡，向民众说明卢沟桥事变的真相以及日军进攻卢沟桥的真正目的，组织对国民革命军第29军的募捐慰问，参与伤员救护工作，监视日军及汉奸的活动，必要时根据各种可能进行战时编制。紧接着全国学生救国联合会也发表宣言，号召："全国同学及所有青年知识分子立即起来，担任民众运动的先锋任务，帮助全国民众在抗日救亡的旗帜下组织起来。"[2] 一时间，平津的青年学生及教师群情激昂，纷纷动员起来，致电南京国民政府，要求政府派兵抗敌；致电29军，支持卢沟桥抗战；组织卢沟桥抗敌后援会、战地救护队、劳军团、看护队等携带大批慰问品和医药用品分赴医院和前线慰问救护伤员；并组成募捐团，走上街头，广泛开展抗日救亡宣传和募捐活动。学联在前

---

[1] 《救国时报》1937年9月18日，第14版。

[2] 同上。

线慰问29军时，得知部队修筑防御工事急需麻袋，便立即在北平学生中发起"万条麻袋运动"，很快征集到大量麻袋，保证了前线部队的需要。此外，北平的学生党员和一些民先队员、爱国学生，还亲赴卢沟桥战场与29军并肩作战。

二

平津失陷后，中共中央北方局指示河北省委："党在平津的组织转入长期的秘密工作，利用一切合法的可能，保存与集聚力量，以待和准备将来反攻时期收复平津的行动。"① 根据这一指示，中国共产党北平市委决定：北平学生中的党员、民先队员、进步的青年学生，要分批撤走，出发到全国各地进行抗日活动。于是，曾公开活跃在平津抗日救亡前线的民先队员和进步学生，改变了进行抗日救亡的活动方式。有的在地下党组织的引导下，撤出城市，到附近乡村和华北其他地方参加游击战争；有的转入地下，以新的秘密活动的方式，在敌占区继续坚持抗日斗争。据《新华日报》统计，从1937年9月到1938年8月近一年的时间里，仅经民先介绍到各根据地的进步青年就达7000余人。天津民先地方队部在中国共产党天津地下市委的领导和帮助下，扭转了一度瘫痪的状况，发展新队员，建立读书会，组织青年阅读进步书刊；编印队刊《灯塔》，宣传抗日思想，加强对队员的教育；组织募捐，支援抗日游击战争；接应转送平津两地的民先队员和进步学生南下，奔赴内地和敌后抗日根据地。

随着平津的失陷，流亡到山西、山东、河南等地的平津爱国青年，汇成了庞大的流亡学生群体。他们之中大多数人流亡仍不失救亡之志，颠沛仍满怀抗日热情，一路播撒抗日救亡的火种，推动了各地的抗日救亡运动。流亡到河南的平津学生，在中国共产党地方党组织的领导下，成立了各种流亡组织，出版墙报，组织宣传队，召开座谈会，以亲身经历揭露日军的暴行，成为河南救亡运动中的一支生力

---

① 刘道华编：《民主革命时期中共顺直省委与河北省委纪事》（内部交流资料），中共天津市委党校1990年印行，第241页。

军。流亡到太原的平津学生，积极参加山西牺牲救国同盟会（以下简称牺盟会）及第二战区民族革命战争战地总动员委员会（以下简称战动总会）的抗日救亡运动；在城市中宣传组织市民与学生。太原失陷后，他们又转入到山西广大的农村，向农民群众进行抗日宣传工作。在晋西北农村就活跃着这么一批为抗日战争服务、为民族争生存而斗争的平津流亡学生队伍，他们为开展晋西北抗日救亡运动做出了重大贡献。

在平津学生掀起抗日救亡热潮的同时，华北其他地区的知识青年也积极行动起来，投身到抗日救亡的滚滚洪流中。河南省的青年学生和知识分子在抗日救亡运动中起到了广播机的作用。省会开封的许多女子学校成立了歌咏队、演剧队，到社会各阶层中宣传抗日；河南大学学生成立大众剧团、怒吼歌咏队等文艺宣传团体，公演抗日剧目；开封各大中学校学生利用纪念"九·一八事变"的示威游行，形成浩大的抗日救亡声势。就连少年儿童也组织了起来，开封扶轮小学学生组成的开封孩子剧团曾经誉满中原，他们带着童心稚气，走遍了中原大地，用精彩的抗日剧目，唤醒了成千上万的民众。

山西在抗日战争全面爆发之前已由牺盟会陆续开办了各种训练班，大批青年学生经过训练投入了抗日救亡运动。在牺盟会及抗日战争爆发后成立的战动总会的名义下，不但深入到各地群众中进行宣传动员和组织发动工作，而且还组织了各种宣传队、服务团，与山西各地的民先组织配合，通过出墙报、办刊物、教唱歌、演节目等形式鼓动民众抗日。后来，由于日军大举进犯，山西日益成为战争的前线，南撤的国民党军队，北上的八路军战士，在同蒲线上川流不息，山西青年的抗日救亡运动增加了许多实际内容，如：到车站慰劳迎送抗日将士，转运募捐物质，帮助八路军做扩兵的宣传和组织工作，动员青年学生投笔从戎。太原成成中学师生在中共中央北方局领导的关怀和支持下，成立了山西省第一支青年学生抗日武装——成成中学师生抗日义勇队，这支队伍后来改编为战动总会游击第四支队，转战在晋西北的吕梁山区，以后随八路军第120师挺进敌后，参加了创建大青山抗日游击根据地的斗争。

太原失陷之后，中共中央北方局、中国共产党山西省委、八路军驻晋办事处、牺盟总会、第二战区司令长官部等机关都迁至临汾，许多平津流亡学生和太原进步青年也随之到了临汾。当时全国各地的大批热血青年纷纷奔赴延安，投考抗日军政大学。阎锡山为延揽人才，为自己今后的长远利益打算，于1938年1月在临汾创办了民族革命大学，并邀请一些共产党员和进步人士参与学校工作。中共中央北方局和山西省委为了借机推动抗日民族统一战线的发展，引导更多的青年走上抗日救亡的道路，便积极予以协助，派杜心源等共产党员到民族革命大学工作，还发动一些青年党员报考民族革命大学。由于中共中央北方局的工作，民族革命大学成为一所统一战线性质的学校，开设的课程多是进步的社会科学和宣传抗日的内容，外聘的教师也多是当时著名的教授、学者和进步人士，如李公朴、沈钧儒、沙千里、罗隆基、侯外庐、徐懋庸、周巍峙等，所以很快吸引了全国18个省5000多名青年，使初期的民族革命大学无形中成为华北地区汇集全国抗日青年的营垒，为抗日救亡培养了人才。经过学习，他们中的大多数成为开展抗日救亡运动、坚持抗日游击战争的重要力量。

另外，山东、绥远等地的青年也在中国共产党各地党组织的引导下，通过组织青年救国会，接受抗日培训，参加抗日救亡宣传等形式，为抗日救亡运动的深入发展做出了贡献。

三

在抗日战争全面爆发后的最初阶段，华北地区抗日救亡运动的中心在城市，主要力量是青年学生和知识分子，主要内容是进行抗日的宣传鼓动工作，主要形式是街头宣传、舞台表演和后勤工作。随着平津等大城市的失陷，尤其是太原的失陷，华北的主要城市和交通干线沦入敌手，在中共中央北方局和各地党委的领导下，抗日救亡运动的中心逐渐转向广阔的农村，青年学生和知识分子动员和组织农村青年，一方面继续利用文化的形式进行宣传，另一方面更主要的是奔赴抗日前线，投身游击战争，和工农群众的抗日斗争紧密地结合起来。

在庞大的抗日救亡队伍中，工农群众是基本力量。在青年学生急风暴雨式的宣传鼓动之后，在共产党的正确领导之下，广大工农群众很快动员起来，并日益成为抗日救亡的主力军。

建立工人救亡组织，首先是从改造旧工会和成立新工会入手的。1937年8月，中共中央发出关于抗日战争中地方工作的原则指示，要各地党组织注意"加入到已有的国民党所控制的机关（如黄色工会、农会、学生自治会等）中去工作"[①]，使其转变为抗日的群众团体。遵照指示，河南地方党组织改造了大量国民党官办工会，并通过这些合法组织，开办工人战时训练班，成立工人抗敌总会、宣传队、运输队等，支援黄河河防国民党将士抗日。陇海铁路工人还以洛阳为中心，组织了抗日先锋队，沿线设立7个分团。山西党组织在中共中央北方局的直接领导下，通过牺盟会的工作，很快成立了山西省总工会和太原市总工会，各厂矿铁路都建立健全基层工作组织，不到一个月的时间，仅太原市成立基层工会的工厂就有30个，工会会员发展到5万余人，而且迅速波及全省，带动许多县级工会也逐步恢复和建立起来。

为加强对铁路工人救亡运动的组织领导，中共中央北方局和山西工委积极开展正太铁路、同蒲铁路沿线党的工作，组建中国共产党同蒲铁路工作委员会，专门负责发动和组织同蒲铁路工人开展抗日运动。

随着工会组织的普遍建立和工人群众抗日情绪的日益高涨，工人救亡运动逐步进入了发展武装的新阶段。山西工人"在武装起来，保卫工厂，保卫山西"的口号下，正式成立了第一支工人抗日武装——太原工人武装自卫队，后扩建为工人武装自卫旅。其他地区相继建立了正太铁路工人游击队、阳泉工人游击队、同蒲铁路工人游击队、榆次晋华纱厂工人游击队等，还有不少工人参加了八路军、决死队及其他抗日部队。同蒲铁路工人在敌机不断轰炸下，坚持完成军运任务，还成立了铁路修械所，从修理军械发展到制造枪支、大刀，支援抗日游击战争。山东淄川矿区工人在著名的黑铁山起义中，配合山东人民抗日救国军第五军的行动，壮大了抗日武装力量。在河北震撼全国的冀东抗日大暴动中，同样有广大工人群众的参加。暴动的序幕拉开不

[①] 中共中央书记处编：《六大以来——党内秘密文件》上册，第854页。

久，开滦煤矿的7000名工人武装在周文彬、节振国的率领下，迅速占领赵各庄、林西、唐各庄3个矿，使抗日武装大暴动很快席卷了冀东全境。

中国是一个农业大国，抗战的人力、物力、财力主要来源于广大农村。随着局势的发展，华北地区的抗日斗争形式逐渐由正规战转向游击战，而"游击战争在天津等城市是不能进行的，要在乡村才能进行"，因此中共中央北方局及时指示河北省委："必须把工作重心放在乡村中去"，"城市工作服务乡村工作"①。北方局一方面在共产党有较好基础的地区发动农村救亡运动，组织农民看家队等救亡组织，检查陌生人通行路条，清查汉奸，进行抗日宣传；另一方面通过农民协会去广泛地组织发动农村群众，准备进一步开辟新的更广阔的农村阵地。为此，中共中央北方局书记刘少奇以牺盟会的名义，亲自起草了《山西农会章程》。1937年12月，这个章程以官办的"山西省总动员实施委员会"的名义颁布。以后，各地共产党组织便公开地、合法地发动农民，组织农民协会，山西农村很快建立了县、区、村各级农民协会。广大农民在农会的组织下，提高了政治觉悟，加深了对抗日救亡的认识。农村中的积极分子得到了锻炼，成长为新的骨干力量，踊跃参军参战，加强了抗战力量。广大农民通过搞好战时农村生产，既改善了自身的生活，也直接支持了抗日战争。

各地共产党组织在动员农民群众抗日救亡的同时，还十分注意领导农民群众进行改善生活的斗争，如领导农民进行废除苛捐杂税、减租减息、合理负担、救济灾民、调剂粮食、公平摊派、反贪污等。河北乐亭3000名雇农在向地主发动"涨活价"的斗争中，就曾提出了"不当亡国奴""青纱帐起来参加抗日去"② 等口号，把对地主的经济斗争和抗日救亡直接联系在一起。通过这些斗争，组织了农民，限制了官僚豪绅和地主的剥削压迫，改善了人民的生活，调动了广大农民

---

① 刘道华编：《民主革命时期中共顺直省委与河北省委纪事》（内部交流资料），第242页。

② 同上书，第240页。

的抗日积极性，扩大了抗日救亡运动的阵营，解决了当时的兵源和粮秣问题，为以后抗日根据地的建立和发展奠定了基础。

（原载《中共中央北方局》资料丛书编审委员会编《中共中央北方局·抗日战争时期卷》，中共党史出版社1999年版）

黎城会议与百团大战的发动

1940年4月，中共中央北方局在位于太行山腹地的山西省黎城县召开了一次高级干部会议。当年8月，八路军总部就在华北地区发动了举世闻名的百团大战。那么，黎城会议的召开与百团大战的发动有什么必然的联系，本文拟就此问题略作探讨，以就教于党史界同人。

一

黎城会议由中共中央北方局书记杨尚昆同志主持，出席会议的除太行、太岳、冀南三区的党政军负责人外，还有八路军总部和129师的主要领导人。会议在全面总结华北地区两年多工作的基础上，确定了巩固根据地的"建党、建军、建政"三大建设任务与打击敌人"囚笼政策"的方针。

1938年10月，日军占领武汉、广州后，完全丧失了继续采取攻势的机动能力，不得不停止大规模的战略进攻，转而重点巩固已占领区。在日军的占领区内，华北地区又属于以恢复"治安"、确保安定为主的"治安区"。因此，从1939年1月至1940年3月，日军华北方面军连续发动了三次"治安肃正"作战，对中国军队实施"扫荡"，企图彻底消灭华北"治安区"内的抗日力量。在"扫荡"过程中，日军逐渐认识到"今后华北治安的致命祸患，就是共军"[①]，因此华北方面军在制定1940年度"肃正工作"基本方针时强调要"将

[①] 日本防卫厅战史室编：《华北治安战》上册，天津市政协编译组译，天津人民出版社1982年版，第177页。

各项工作有机地统一于剿灭共军的前提之下"①。此后，日军在华北"治安区"内的军事行动逐步侧重于共产党领导的八路军和抗日根据地。

1939年9月，侵华日军中"屈指可数的中国通"多田骏出任华北方面军司令官后，除对八路军和抗日根据地继续"讨伐""扫荡"外，又提出了以强化交通为手段，对抗日根据地进行分割封锁的所谓"囚笼政策"。即以铁路为柱、公路为链、据点为锁构成网状包围，将根据地和抗日军民囚禁于一个一个被分割开的"牢笼"之中，最后达到扼杀和摧残的目的。为此，日军在抗日根据地及其周围大肆修筑铁路、公路，1939—1940年，日军在华北修建、修复铁路1870公里，公路15600公里，新筑碉堡、据点2749个。在政治上，日本侵略者依靠这张网扩张伪政权，发展维持会，实行保甲连坐，统治奴役中国人民。在经济上，日本侵略者依靠这张网掠夺资源，倾销毒品，封锁抗日根据地的经济贸易。在军事上，日本侵略者利用这张网调运军队及军需物资，分割包围抗日根据地，然后深入抗日根据地实行残酷"扫荡"，仅1939年11月至1940年12月一年时间内，华北日军出动千人以上大规模的"扫荡"就有109次，使用兵力50万人以上。由此可见，"囚笼政策"是日本侵略者向敌后抗日根据地全面进攻的最毒辣的手段。

从"囚笼政策"开始实施到黎城会议前夕，华北抗日根据地大片地迅速变为游击区，敌占区扩大，抗日根据地愈见缩小，连部队给养都日益困难。晋冀豫根据地是八路军总部和中共中央北方局所在地，是华北抗日游击战争的心脏和中枢，因此也就成为日本侵略者推行"囚笼政策"的重点地区，情形更为严重。正太铁路沿线的据点或碉堡，平均间距只有一里左右，铁路两侧20—30里的范围内还有众多的外围据点。冀南平原上的平日铁路两侧，封锁沟、封锁墙多达三四道，严重地阻断了太行山区与冀南平原的联系。敌人除据有平日、同蒲、陇海、正太东西南北四大外围铁路外，还向晋冀豫根据地内修筑铁路、公路，借此加紧对抗日根据地的"扫荡"，致使一些地区的老

---

① 日本防卫厅战史室编：《华北治安战》上册，天津市政协编译组译，第312页。

百姓"天天跑敌情",晋冀豫根据地受到严重威胁。

在这种情况下,如何打破敌人的"囚笼政策",改变抗日根据地的被动局面,就成为亟待解决的问题。为此,处在对敌斗争最前线的八路军129师明确地提出了"面向交通线"的战斗口号。也正是在这种情况下,黎城会议一方面制定了抗日根据地建党、建军、建政三大建设任务,另一方面明确提出了打击敌人"囚笼政策"的方针与任务。会上,刘伯承师长还特别提出了"敌进我进"的作战方针,也就是说,要针锋相对,主动出击,以对敌交通战打破敌人的"囚笼政策",粉碎敌人对抗日根据地的"扫荡",进而巩固和发展抗日根据地。从此以后,晋冀豫根据地的对敌斗争就转到以交通战为中心的新阶段。

黎城会议后的5月2日,八路军129师首先发动了旨在粉碎日军修通白晋铁路企图的白晋战役。白晋战役是黎城会议后八路军准备发动大规模交通破击战的一次预演。这次战役不仅首战告捷,沉重地打击了敌人分割太行、太岳两区的"囚笼政策",更重要的是为后来的百团大战提供了许多有益的借鉴,如集中力量同时出击、破与击相结合、充分地组织发动群众等。

二

黎城会议时,中共中央北方局提出抗日根据地建党、建军、建政三大建设任务,极大地推动了晋冀豫根据地各项工作的开展,客观上为百团大战的发动奠定了基础。

建党工作方面。由于1938年至1939年根据地内党组织发展过快,降低了党员标准,使一些不符合党员标准的人,甚至于投机分子、阶级异己分子混入党内,有的甚至把持了基层党组织。从晋冀豫根据地的情况来看,"党内成分复杂,思想的混乱与组织的混乱,还是依然非常严重……各地组织一般的都存在着严重问题"[①]。为此,还在黎城会议期间,中国共产党晋冀豫区党委便召开了第二次组织联席

---

① 张敬玲:《一个地区整理支部的经验简单介绍》,太行革命根据地史总编委会编《太行革命根据地史料丛书之二·党的建设》,山西人民出版社1989年版,第193页。

会议，根据黎城会议关于党的建设的决议，重点讨论了党的组织整顿问题，制订了1940年的整党计划，从5月份开始，全区普遍开展了整党运动。

首先是针对党内成分的复杂进行成分改造，清洗了一批混入党内的投机分子、阶级异己分子，对绝大多数党员严格用党章标准加以要求和教育。其次是对各级党组织，尤其是基层党支部进行整顿和改造，使各级党组织领导权牢牢掌握在经过考验的忠实可靠的干部手中。最后是针对党的各级领导，注意引导其工作方法和领导作风的转变。为了适应这种转变，党的组织形式也作了相应的改变，辖区划小，层级减少。"经过一个月的努力，党的组织面目分清了，干部改造了。工作已开始走向活跃，这一区工作得到了基本的转变。"①

百团大战正式发动前夕，晋冀豫区党委召开第三次组织联席会议，总结了几个月的整党建党工作，指出了新时期建党工作的新方向，推动了全区党建工作的深入开展。经过整顿，全区党组织的战斗力得到极大提高，为百团大战的发动准备了一支作风过硬的干部队伍。

建军工作方面。1940年初，晋冀豫军区及各军分区就已开始以阶级教育为中心的政治整训工作，各级政治部还普遍组织政治工作研究会，加强了部队政治工作和党支部建设工作。黎城会议之后，根据黎城会议上提出的建立党军的要求，晋冀豫军区除继续加强部队政治工作，提高部队政治素质外，重点转入部队整编阶段。为了适应斗争需要，撤销了晋冀豫军区，分设太行和太岳两军区；山西新军等地方武装先后编入八路军序列；有计划有组织地扩充兵员；各部队深入开展作战训练和队伍训练。经过整编，使八路军主力在百团大战前得到进一步的补充和加强，作战能力得到极大提高。

1940年8月1日，太行军区召开扩大干部会议，提出了"建立坚强的民兵，保卫太行山抗日根据地，保卫家乡"的口号，从军区到各县，逐级成立武装工作科，在原有自卫队的基础上，开始全面组织民

---

① 《涉县整理组织的经验》，太行革命根据地史总编委会编《太行革命根据地史料丛书之二·党的建设》，第18页。

兵。到 1940 年底，太行区民兵发展到近 6 万人。为了提高民兵军政素质，太行军区还编印了《军事教材》《民兵政治读本》《民兵使用武器教材》等小册子，加强了对民兵的训练工作，使其迅速成为八路军主力部队的有力助手。百团大战中，作为主战场的晋中地区就出动民兵 1 万多人，抬担架，当向导，送情报，参加破击等，有的县委书记或县长亲自率领民兵在前线随军行动，对战役的胜利做出了巨大贡献。

建政工作方面。尽管华北地区先后建立起十几个抗日根据地，但是统一的较大范围的根据地政权尚未健全，政权建设上缺乏必要的制度，特别是在国民党掀起第一次反共高潮以后，各根据地的工作都一度出现了"左"的偏向，使根据地内部社会秩序出现一定的混乱，政权发生了动摇，严重影响了根据地的巩固，直接影响了对敌斗争。

针对这些情况，黎城会议强调：只有建立巩固的根据地，八路军在群众中才能"生根"，才能拖住敌人进行持久抗战。建立巩固的根据地，政权建设是中心环节。黎城会议后，各根据地在中国共产党地方党组织的领导下，首先纠正了"左"的偏向，严格执行"三三制"原则，切实加强了抗日民主政权的领导，使根据地政权真正成为统一战线的民主政权。根据黎城会议决定成立的冀南、太行、太岳行政联合办事处筹备处，在统一根据地财政经济工作方面也作了很大的努力，诸如加强货币管理，统一收支，建立各种财政制度，整顿合理负担，健全根据地合作社，提高农业生产，繁荣农村经济等，为百团大战的发动准备了充分的物质条件。8 月 1 日，冀南、太行、太岳行政联合办事处正式成立，进一步深化和完善了晋冀豫根据地的各项工作。统一后的行政机构对调动和组织各根据地军民参加百团大战起了统帅作用。

根据以上分析，我们认为：中共中央北方局召开的黎城会议，根据当时国内的政治军事形势，尤其是日本侵略者对华北抗日根据地实行恶毒的"囚笼政策"的具体情况，提出了打破敌人"囚笼政策"的军事任务和指导方针。百团大战是打破敌人"囚笼政策"的一次最全面且成功的具体实施。而其间的白晋战役为百团大战在军事上提供了具体借鉴，抗日根据地的三大建设又为百团大战的成功提供了必要的思想和物质基础。

（原载《世纪桥》1999年第4期）

晋察冀抗日民主政权结构述论

晋察冀抗日民主政权是中国共产党在国民党旧政权的废墟上建立起来的第一个敌后抗日民主政权，也是敌后根据地中唯一得到国民政府行政院和军事委员会正式承认的边区政权。因此，它一成立即"用国府颁布之省政府组织法"① 进行建制，并在此后的发展过程中，根据抗日战争形势的需要不断调整完善，最终形成了一套完整的政权结构体系，为坚持抗战、推进胜利起了重要的作用。本文试从层级、组织、人员等几个方面对晋察冀抗日民主政权的结构作一考察。

一

晋察冀抗日民主政权的层级结构为边区、行署、专署、县、区、村六级制，其中边区、县、村为高层、中层、基层三级主干政权，行署、专署、区为政权派出机构。

边区政权是晋察冀抗日根据地的最高政权，包括边区参议会和边区行政委员会。1938年1月晋察冀边区临时行政委员会成立时，按省级政权建制，选举了主席、副主席，下设财政、民政、实业、教育各厅及秘书处。在阎锡山呈报国民政府后，国民政府取消了"临时"二字，将主席改称主任委员，政府各厅改为处。边区的建制由最初设想的省级降为省政府派出机构的行署级。

蒋介石在1937年12月24日对各战区司令长官所下的电令中称：

---

① 河北省社会科学院历史研究所等编：《晋察冀抗日根据地史料选编》上册，河北人民出版社1983年版，第10页。

"凡在战区内之党政各级人员统受战区司令长官指挥。"① 国民政府在批准晋察冀边区行政委员会为合法地方政府的同时，将其划归第二战区领导。这虽符合阎锡山将山西地盘扩大到河北、察哈尔的本意，但在太原失陷后，由于阎锡山政权的南移（一度还移出山西省境），客观上鞭长莫及，无能为力。晋察冀边区行政委员会则依靠发动群众，艰苦奋斗，自力更生，在行政、经济、教育各个方面"施行独立自主的政权工作"②，"对山西省的法令不过是'等因奉此'照转，不起什么作用"③。阎锡山对晋察冀边区的领导纯属名义上的领导，晋察冀抗日民主政权实际上是中国共产党领导下的合法的独立的抗日民族统一战线政权。

行署是晋察冀边区行政委员会在辖区内一定地区设置的派出机关。晋察冀边区行政委员会成立之初，因战争环境的需要，根据国民政府《政治主任公署组织法》规定，在晋东北、冀西、冀中分别设置了行署级的政治主任公署。1938年秋，撤销政治主任公署，改设行署。各行署设正、副主任，由边区行政委员会委任，并设置与边区行政委员会相应的财政、民政、教育、实业各科和高等法院分院、银行分行、公安机构等。作为边区政府的派出机构，行署没有同级参议会，因此不是一级独立的政权，但有独立的战略意义。其职责为：联系本区政治、军事；指挥监督本区各县县长；办理本区行政、财政、教育、实业等工作；政治主任可撤换县长，派出委员。即在一定辖区内代理边区行政委员会行使职权，综理政务。在特殊情况下，晋察冀边区行政委员会还设置过相当于行署级别的办事处，如1940年至1942年的冀北办事处，下辖3个专署。

专署是边区行政委员会的辅佐机构。晋察冀边区的专署分两种情况，一种直属于边区行政委员会，与行署制并行，如晋东北政治主任公署改组的第一专署；另一种是行署所辖的专署，实际成为"派出机

---

① 韩信夫、姜克夫编：《中华民国大事记》，中国文史出版社1997年版，第223页。
② 日本防卫厅战史室编：《华北治安战》上册，天津市政协编译组译，天津人民出版社1982年版，第92页。
③ 《晋察冀抗日根据地》史料丛书编审委员会、中央档案馆编：《中国共产党历史资料丛书·晋察冀抗日根据地》第2册，中共党史出版社1991年版，第41页。

构"之"派出机构"。两种专署都代表自己的委托者，督察指导所属各县的行政工作，以加强对县行政的管理，提高抗日民主政府的工作效能。专署的最高官员称专员，有的专署还设副专员，但无论正副专员多为上级委派，也有兼任的，如晋察冀边区行政委员会主任宋劭文就曾兼任过边区直辖的晋东北第一专署专员，而更多的情况是专员兼任县长。专署内设财政、民政、教育、实业、地政五科，以及秘书室和司法处。作为辅佐机构，专署和行署一样，都不是一级政权。但在职权范围内专署可制定部分与边区法令不相抵触的单行规则。特殊情况下，专署还可独立处置一些紧急事项，事后向边区备案说明。晋察冀边区第一专署还曾设立过介于专署与县政府之间的山（阴）代（县）崞（阳）办事处。也有相当于专署级的办事处，如1940年1月设立的冀东办事处，7月改为冀东专署。

县政权是晋察冀抗日民主政权的中层政权，包括作为权力机构的县议会和作为行政机构的县政府。如果说县以上的边区、行署、专署是指挥系统，那么县级政权则是实施系统，它直接处理全县行政，监督地方自治事务，并在不抵触边区政府法令的范围内，制定县级单行规则，具体领导全县人民进行抗日斗争，建设民主政治，成为抗日根据地各级政权的枢纽。1939年春，在县政权民主基础进一步扩大的同时，边区行政委员会还逐步健全了县政权的行政机构，1940年以后的民选县长和县议会职权的加大，更进一步完善了县政权的新民主主义政制。

由于晋察冀边区处在与力量强大的华北日军交错的地区，尤其在广大的平原地区还有众多的交通网阻隔，使得晋察冀根据地内的许多县份支离破碎。晋察冀边区除在较为完整的县境建立独立的县政权外，在实际控制区域不完整的情况下，还创设了联合县政府和县佐公署这种新的县政权形式，即将不完整的几个县或地理上接壤的几个县的各一部分联合组成一个县政府，或在被日军交通线分割而相对较小的一半县内"增设或专设县佐公署"[①]。为此，晋察冀边区于1938年

---

① 山西省地方志编纂委员会办公室编：《山西地方史志资料丛书之三·近现代山西政权机构概况》（内部资料），1984年印行，第233页。

7月专门公布了修正的《晋察冀边区县佐公署组织章程》。总体来说，山区的独立县较多，如北岳区；平原地区的联合县较多，如冀东地区；交通线沿线的县佐公署较多，如北同蒲、正太铁路沿线的忻县（东）、崞县、阳曲（东）、榆次（北）、平定（北）等。抗日战争前期的独立县较多，抗日战争中后期的联合县和县佐公署较多。随着中共抗日政权逐渐扩大，日伪政权不断缩小，联合县政府便分开单独建立县政权。随着敌占区工作的深入和健全，县佐公署的力量也跨过交通线和另一半的县政权联成一体。晋察冀边区在接近敌占区的地方开创的"县佐公署和联合县政府这两种抗日政权的形式使晋察冀形成了对敌后包围的政治上的优势，完成了政治前哨战的胜利任务"①。

　　早在清末民初政治机构的变革中，区级政权就已经作为"县政权的分支机构"②，成为国家最低级别的基层政权。直到抗日战争初期，晋察冀抗日根据地的区级设置依旧，只是对区政作了一些改革，如：重要区设军用代办所，取消旧的支差机关；除区公所外，设立同级区政会议，作为议事机构。区设区长，由边区行政委员会委任（1940年至1943年为民主选举）。区长遴选助理员若干，协助分管民政、财政、教育、实业等项工作。由于根据地经常处在日军的分割包围之中，因此，作为领导村政权进行斗争的独立作战单位，区政权的情况多变，尤其是大小区的划设和区政权的地位问题，更是经历了多次的变更。

　　抗日战争爆发前，国民政府为了"更有利于县政府加强控制"③，各县普遍实行大区制，"甚至一个大县的区的范围有超过一个小的县分者"④。这样的大区划分不适合在战争中坚持区村政权工作，也难以灵活迅速地动员人力物力配合作战。1938—1939年冀中五次反围攻战役的情况充分证明了这一点。因此，晋察冀边区在各敌后抗日根据地

---

　　① 李公仆：《华北敌后——晋察冀》，生活·读书·新知三联书店1979年版，第68页。

　　② [美]杜赞奇：《文化、权力与国家——1900—1942年的华北农村》，王福明译，江苏人民出版社1994年版，第55页。

　　③ 同上。

　　④ 李公仆：《华北敌后——晋察冀》，第89页。

率先实行小区制,并根据客观环境,制定了划小区的原则:"一、以大道河流为界。二、区域纵横不过三十里,辖村不过五十。三、区内有几条山沟小道,并且包括一半以上的产粮村庄。"① 据此,晋察冀边区各县一般都把原来的四五个区增至六至十个区。小区的划分使区政府的工作更加深入具体,根据地精兵简政之后,大批上层机构的人员充实到区政府,使区政权的力量得到很大的加强,形成一个真正的战斗机构。

晋察冀抗日民主政权建立初期,区被视为一级政权。除了区公所,同级并存的还有1938年春成立的由区长、区群众团体代表、公正士绅组成的区政会议。1940年夏,边区行政委员会公布的《县区村组织暂行条例》改区政会议为区民代表会,区级议事机构变成权力机构。但在后来的实际工作中发现,"一县之内各区特点并不显著,区成为一级单独立法亦有碍县政之统一"②。因此,1941年冬,晋察冀边区行政委员会决定停开区民代表会。1943年1月,晋察冀边区参议会通过的《晋察冀边区县区村组织条例》明确规定:"区设区公所为县政府之辅佐机关"③。自此,区级不再是一级独立的政权,而是县政权的派出机构了。

村政权是边区抗日民主政权的最低层级。晋察冀边区政府成立时,广大乡村中乡、村、村长、村副、闾邻长等一仍旧制,虽有"各村组织救亡会或民族革命室以发扬民主协助村政"④ 的号召,但村政权并未完全掌握在进步势力手中。1939年2月,晋察冀边区实行第一次村政改造时,取消了旧的编乡、编村制,仍保留闾邻制。按照《区村镇公所组织法暨区长、村长、镇长、闾邻长选举法》的规定,在村公所之上设村民代表会为村最高议事机构,使村一级成为抗日民主政权的基层组织。1940年全区民主大选时,对村政再行改选,为集中村级行政力量,遂实行议行合一制,村仍为一级政权。闾邻制被正式废

---

① 李公仆:《华北敌后——晋察冀》,第90页。
② 山西省地方志编纂委员会办公室编:《山西地方史志资料丛书之三·近现代山西政权机构概况》(内部资料),第240页。
③ 同上书,第234页。
④ 同上书,第239页。

除，但"闾仍保持为村以下之行政区域"①。在闾的范围内，本闾公民代表互选一人为闾主任代表，也称公民小组代表，以沟通村公所和全体村民的联系。到1941年春，闾主任代表地位被明确规定为"村政执行的辅佐人员，不是一级"②。1944年2月，在村政权组织形式已经完备的情况下，晋察冀边区又对村政权进行了进一步的改造和健全。

由于村政权是边区抗日民主政权的基石，是中国共产党方针政策和抗日民主政府政令的具体执行者，因此晋察冀边区行政委员会对村政权的建设极为重视。八年中通过各种形式对村政权进行过多次整顿和改造，一改旧有基层政权单纯地对下实施专制的性质，使村政权不仅成为团结领导人民抗日的核心，而且真正成为广大村民利益的代表，拓宽和巩固了抗日民主政权的基础，从而使整个晋察冀抗日民主政权成为自下而上的稳固的塔形政权。同时，由于村政权是"不动政权"（区县可视为游动政权），在游击区和接敌区，往往无法回避日伪势力的渗透与控制，因此在这些地区村级抗日两面政权比例较大。如冀热边行署15个县共计8201个村，至1944年6月，就有6393个村为两面政权。③

层级结构在一定程度上反映了一个政权的级别。晋察冀抗日民主政权成立时，设想为省级建制。虽在国民政府和阎锡山的要求下，边区行政委员会下属各厅降格为处，但行署一级的设置，表明晋察冀抗日民主政权实际上仍为省级政权。及至抗日战争胜利后，晋察冀边区政府下设两省三区（察哈尔省、热河省、冀晋区、冀中区、冀东区），实际上升格为省以上的大区政权。

总之，抗日战争时期，晋察冀边区行政委员会根据自身情况，在政府体制上多有创新，形成了与以往不同、与别处不同的六级结构，

---

① 彭真：《关于晋察冀边区党的工作和具体政策报告》，中共中央党校出版社1981年版，第33页。

② 山西省地方志编纂委员会办公室编：《山西地方史志资料丛书之三·近现代山西政权机构概况》（内部资料），第239页。

③ 《晋察冀抗日根据地》史料丛书编审委员会编：《中国共产党历史资料丛书·晋察冀抗日根据地》第3册，中共党史资料出版社1991年版，第233页。

27

并率先实行划小区、联合县政府、县佐公署等制度。晋察冀高层政权作为全新的抗日政权，旧制因袭较少，故机构人事变动不大。中层政权依照巩固区和非巩固区之分，各县变动不一，且区划的变动大于机构的变动。而基层政权最初多承旧制，故八年中变动最大，除区划、机构、人事等变动外，性质的变化最突出。最初的村公所只是一个行政机构，村民代表会议成立之后，村一级成为政权机构，这是自民国以来基层政权由县下延至区的又一个下延。但由于村级政权所有官员均属无给职，从现代行政管理体制的角度来说，它又是一个非正规化的自治政权。

二

晋察冀抗日民主政权的组织结构，包括权力机构、行政机构和司法机构。

1938年1月10日，晋察冀边区军政民代表大会召开时，正是日军放射状向华北大举进攻之际。处于日军进攻重点的晋察冀抗日根据地，客观上无法通过直接普选的方式产生出席大会的代表，但晋察冀边区军政民代表大会筹备处本着有关代表大会召集法的规定，由部队、群众团体和各地方政府选派代表。出席会议的149名代表中，分别有共产党、国民党、抗日正规军、游击队、义勇军、114个群众团体、晋察冀三省边界39个县政府、藏蒙回少数民族、宗教界等各方代表，代表了晋察冀根据地所有抗日各阶级各阶层的意志。代表大会讨论并通过了有关建立边区统一政权及财政和战时经济政策等议题和一系列后来边区政府遵照执行的决议，最后选举产生了晋察冀边区临时行政委员会。从上述情况来看，晋察冀边区军政民代表大会的代表虽不是直接选举产生的，但它具有广泛的代表性，并且在事实上承担了诸如选举行政最高长官（边区行政委员会的委员和候补委员）、规定边区临时行政委员会政权性质和形式等权力机构所拥有的职权。所以，晋察冀边区军政民代表大会实际上是晋察冀边区初创时临时的权力机构。

从晋察冀边区行政委员会成立到1940年6月民主大选运动开始

前，晋察冀边区仍无完整的正式的权力机构。在行政机构之外，有由边区军政民各界负责人组成的边区行政会议，各县县长、人民武装自卫队总队长和县级各群众团体代表组成的县行政会议，区级还曾有过由区长、区各群众团体代表和开明士绅组成的区行政会议。边区行政会议每两个月、县行政会议每半个月召开一次，各级行政领导报告政府工作，群众代表反映群众对政府工作的意见和要求，共同审议所辖区域内的重大事项及各级政府交办事项。所有这些行政会议，实际上是军政民联席会议性质的群众参政议政的议事机构，无论是形式还是内容都很不完备，不是真正的权力机构。

1940年7月在晋察冀边区大规模的民主选举运动中，选举了边区、县、区三级权力机构代表和出席"国民大会"的代表。到1943年1月，边区参议会召开，取消了区民代表会，最终建立健全了边区、县、村三级权力机构。边区参议会是边区最高权力机构，县议会是县级政权的权力机构，村民大会是村级权力机构。边区参议会和县议会议员均以公民普选为主，在不能进行选举之区由边区行政委员会和县政府经与各方商定，聘请不超过议员总数五分之一的抗战有功人士担任，任期两年。边区参议会和县议会设正副议长，由议员以无记名投票方式互选。除特殊情况外，边区参议会每一年、县议会每半年开常会一次，其余闭会期间，边区设驻会参议员办事处，由正、副议长和三至五名议员担任驻会委员，县级由县议会议长为驻会委员，处理日常事务。驻会委员享受同级行政人员待遇，其余临时性议员均为无给职，只在开会时提供旅费，平时不另给补助。边区参议会和县议会对同级或下级行政机构有监督弹劾权，对同级行政机构有选举、罢免、创制、复决权。在闭会期间，驻会委员享有对同级行政机构的监督、弹劾、质问、建议、检查、列席同级行政会议等权力。

晋察冀边区的村级政权实行议行合一制，故村级权力机构与边区和县有所不同。作为村级权力机构的村民大会由全村公民组成，每半年开常会一次，闭会期间由村民选举的村民代表会代行职权。村民代表会设主席、副主席及秘书各一人，代表任期一年，均属无给职。村民代表会每月开一次常会，行使选举、罢免、审议、概决算、审议村公所及各方请议事项，督促检查村公所工作等职权。

作为抗日民主政权重心的各级行政机构是同级政权的执行机构。晋察冀边区实行边区、行署、专署、县、区、村六级行政制，边区行政委员会是晋察冀边区最高行政机构，以下依此为行政公署、专员公署、县政府、区公所、村公所。边区行政委员会的正副主任委员、委员和候补委员由边区军政民代表大会选举并呈国民政府任命。行署正副主任和专署专员由边区行政委员会任命。县长、秘书及各科科长初由边区行政委员会任命，县议会召开后由县议会选举产生并报请边区行政委员会加以委任。区长及区助理员最初也是委任，1940年边区民主大选产生区民代表会后，区级行政官员由各区公民普选，1943年区民代表会撤销后，复由上级委任。村级政权实行议行合一制，村长、副村长由村民代表大会主席、副主席兼任，报经区公所转请县政府加以委任。各级行政官员的任期与同级参议员或代表任期相同。晋察冀边区各级行政机构组织体系完整，设置了相应的民政、财政、教育、实业、公安（治安）、人武、秘书（区村无秘书）等工作部门。边区设处，专署和县设科，区村设委员，分掌各项具体事宜。行署作为边区的派出机构，不设分类工作部门，只在主任之下设秘书、干事、书记员、服务队员等协助主任工作。各级政府行政权力的分层分科，尤其是村级行政事务的具体化，清除了旧政权上下组织机构头重脚轻的积弊，使边的政令和指示易于贯彻落实。

各级行政机构综理本辖区所有行政事项，其职权为：执行上级政府委托交办事项，执行同级权力机构所议决事项，公布同级单行法规（村为村公约），监督所属机关及行政人员，领导同级司法机构等。在实际工作中，晋察冀各级行政机构均设置集体领导机制，实行民主集中制。边区设委员会，行署、专署设署务会议，县政府设县务会议，区公所设区务会议，村公所设村务会议，由各级主要行政官员组成，共同决定行政重要事项，议案表决以少数服从多数。同时，各级行政机构实行下级对上级的报告制度，上级对下级的巡视和检查制度。由于各级政府的官员均是直接或间接民选产生，因此各级官员在对上负责的同时，也要对下负责，这就一改过去旧式官僚制度和衙门作风，使行政机构成为真正为民办事的机构，官员成为真正为民服务的公仆。尤其是村级行政改变了过去村长一揽子式工作方式，各委员分工负责，既体现了民主集中制，又能使工作深入具体。

晋察冀边区初创时，没有统一的司法机构，各县战地动员委员会统一设有锄奸部，一些县政府设有承审科。1938年2月1日，根据边区军政民代表大会上通过的《政治问题决议案》的规定，晋察冀边区成立了临时高等法院，冀中区成立了边区高等法院办事处，各县设司法处，形成了一套独立的司法系统。但由于战争的特殊环境，要求司法工作必须与政治任务紧密地联系在一起，才能保证各项方针政策的落实。因此，在实践中晋察冀边区逐渐改变了当时条件还不完全具备的司法独立制度，将边区临时高等法院改组为司法处，与民政、财政、教育、实业各处同级，成为边区行政委员会的组成部分，直接受边区行政委员会统一领导。同时，冀中办事处相应地改为边区行政委员会司法处冀中分处，各县司法处改为司法科，受县政府领导。随着行署级司法科、专署级司法科（曾称承审处、审判处、司法处、巡回审判区）、村调解委员会的陆续设立，晋察冀边区司法机构日益健全，并与行政系统渐趋统一。1939年9月以后，晋察冀边区"各县县长一律兼任军法官，并受理特别刑事案件"[①]。

1943年1月边区第一届参议会后，随着时局的变化和根据地的扩大，司法机构的地位再次发生变化。边区司法处重新升格为边区高等法院，冀中行署司法处升为边区高等法院分院，冀晋、冀察、冀热辽各行署也增设了分院，职权与高等法院相同，各县司法科相应升格为司法处，并在数县设一地方法院。

晋察冀边区高等法院及分院院长由边区参议会选举产生，受边区政府领导，负责监督及指挥本院一切诉讼事件，审核地方司法机构案件的处理，管理边区司法行政、司法教育、司法人员违法惩戒以及监所的管理等有关司法事宜。县司法科下"有民事、刑事审判员一人"[②]，村有调解员。高等法院及地方法院内设民事法庭、刑事法庭、

---

① 《晋察冀抗日根据地》史料丛书编审委员会、中央档案馆编：《中国共产党历史资料丛书·晋察冀抗日根据地》第2册，第62页。
② 《晋中史志资料》编辑部编：《晋中史志资料》（地方志部分）1983年增刊，第138页。

书记室、司法行政科、监狱、看守所。高等法院和地方法院的首席检察官,独立行使职权,县司法处设检察官,由县长兼任。

除上述正规司法机构外,晋察冀边区还设立了调解委员会、仲裁委员会、劝戒委员会,对基层的民事纠纷和轻微的刑事行为予以调解和仲裁,并对已犯错误但尚未达犯罪程度的人予以劝戒,防患于未然,使边区大量的人民内部矛盾得以在基层化解。司法机构的大量工作不仅严厉打击和制裁了汉奸特务和一切破坏抗战的犯罪行为,还极大地维护了抗日民众的正当权益,增强了人民内部的团结,稳定了根据地的社会秩序,对晋察冀抗日民主政权的巩固和发展起了重要作用。

晋察冀抗日民主政权虽然在组织结构上分为三大系统,但不是西方国家三权分立的翻版,而是一种统一的新型关系。各级权力机构均由普遍平等的民主选举产生,各级行政机构或由上级指定产生或由同级权力机构选举产生,权力机构对行政机构的官员有选举罢免权,有创制复决权。行政机构对权力机构的决定有绝对服从的义务,权力机构是同级行政机构的"上司"。各级司法机构由同级权力机构选举产生,接受同级行政机构领导。这种政权体制是中国式的代表会议制,其特点正如周恩来所说"是一元化的,不是两权并立的"[①],更不是三权分立的。

三

晋察冀抗日民主政权的人员结构与所有抗日民主政权的人员结构一样,均为三三制,即"共产党员占三分之一,非党的左派进步分子占三分之一,不左不右的中间分子占三分之一"[②]。这种明确的但又"不是要机械地填足数目字"[③]的三三制原则,最早是毛泽东在1940

[①]《关于党的"六大"的研究》,《周恩来选集》上卷,人民出版社1980年版,第161页。

[②]《抗日根据地的政权问题》,《毛泽东选集》第2卷,人民出版社1991年版,第742页。

[③] 同上书,第743页。

年3月6日给党内的一个指示中提出来的。但在实践上，作为三三制政权核心的统一战线思想的萌芽，在晋察冀边区早已有之。

由于抗日战争初期国民党地方旧政权或被摧毁或自行瓦解或无力承担重任，客观上要求迅速地建立起一个坚强有力的新政权，而中国共产党党员、山西牺牲救国同盟会（以下简称牺盟会）会员此时挺身而出，勇敢地走上火线，出任了大部分游击县长，这就使初期的县级抗日政权基本上是以中国共产党和牺盟会等力量为主的政权，而区村政权则基本维持原状。随着日本侵华的步步深入和抗日根据地的日渐巩固，边区中上层阶级的政治态度也在发生变化，"地主阶级的态度改变了，差不多全部转向了抗日或同情抗日"①。为了团结更多的中间阶层抗日，客观上提出了建立一种除汉奸反动派以外所有人员均可参政议政的新型政权模式的要求。在1938年1月晋察冀边区军政民代表大会上，聂荣臻、黄敬等人提出了建立抗日民族统一战线政权的主张。稍后成立的晋察冀边区临时行政委员会9位委员中，除聂荣臻外绝大多数是以国民党地方行政官员或军队官员的身份出现的，而实际上包括聂荣臻在内共有5人是中国共产党党员，4名是国民党员，这样的比例虽不是严格的三三制，但在当时的特殊情况下，已在很大程度上体现了各抗日阶级的联合，并为后来三三制思想的提出提供了宝贵的经验，可以说三三制在晋察冀边区最先萌芽。

三三制原则在晋察冀边区正式实行始于1940年。1940年8月公布的《晋察冀边区目前施政纲领》第五条规定：在民意机关和政府人员中，争取并保证共产党员占三分之一，其他抗日党派及无党派人士占三分之二。②在随后的边区大选中，各级政府认真贯彻执行了这一纲领，并按三三制"重新审查自己的方针"③，为此做了相当的努力，逐步纠正了一些"左"的偏向，不仅允许顽固分子也参加选举，而且还赋予他们被选举权，"如果竞选结果他们当了选，那末，不但要容

---

① 彭真：《关于晋察冀边区党的工作和具体政策报告》，第8页。
② 山西省地方志编纂委员会办公室编：《山西地方史志资料丛书之三·近现代山西政权机构概况》（内部资料），第226页。
③ 《抗日根据地的政权问题》，《毛泽东选集》第2卷，第743页。

许他们参加三三制的政权，而且要承认他们的权利，纵然成为四四制即四个四分之一，也应听之"，因为"在我们和进步分子占优势的前提下，个别顽固分子当选，对我们实害少而利多"①。经过普遍的民主选举，晋察冀边区县、区、村三级基层政权基本上实现了相对的三三制。据不完全统计：北岳区13个县的656名县议员中，共产党员占49.7%，进步分子占28.35%，中间分子占21.95%。其中比例悬殊较大的行唐县，51名县议员中，共产党员占74.5%，进步分子占7.85%，中间分子占17.65%。比例悬殊较小的完县，44名县议员中，共产党员占34.09%，进步分子占34.09%，中间分子占31.82%。再如，北岳区12个县的4231名区代表会代表中，共产党员占46.94%，进步分子占41.57%，中间分子占11.49%。其中比例悬殊较大的阜平县，331名区代表中，共产党员占90%，进步分子占5.2%，中间分子占4.8%；比例悬殊较小的定县292名区代表，共产党员占42.84%，进步分子占34.91%，中间分子占22.25%。村级政权中一般是"贫雇农占三分之一，中农占三分之一，愿意抗日的开明绅士和地主占三分之一"②。1943年1月边区参议会召开，到会参议员288人，其中国民党员32人，无党派人士78人，社会名流学者54人，非共产党人士几占三分之二。边区参议会7名驻会参议员中只有两名共产党员，实际不到三分之一。新当选的边区行政委员会9名委员中只有3名共产党员，国民党员和无党派人士占三分之二。

从上述人员结构的比例数据来看，晋察冀抗日民主政权三三制实行的基本情况是：第一，抗战初期除边区行政委员会外，县级政权中共产党员比例太大，区村政权中旧有人员过多，经过几次村选、区选和县选后，县区村政权结构有了很大的变化。第二，一般情况下，上层政权三三制比例掌握较为适中，越到基层，比例悬殊越大。第三，民选的权力机构三三制比例很难完全符合要求，而委派的行政机构往往能够完全实行三三制。在实际运作中，中国共产党除严格掌握三三

---

① 彭真：《关于晋察冀边区党的工作和具体政策报告》，第29页。
② 《晋中史志资料》编辑部编：《晋中史志资料》（地方志部分）1983年增刊，第64页。

制原则，做了大量耐心细致的工作外，如遇选举中国共产党党员人数严重超过三分之一标准时，多采取共产党员主动退出或辞职的办法，以保证党外人士所占比例。总之，三三制在晋察冀边区的实施，合理地调节了各抗日阶级、阶层之间的关系，进一步扩大和巩固了抗日民族统一战线，也使晋察冀边区抗日民主政权的社会基础更加广泛和深厚，大大调动了各阶级、阶层抗日的积极性。

（未刊稿）

简析晋察冀边区的联合县政府

1938年1月晋察冀边区行政委员会成立后，在巩固和扩大抗日民主政权的过程中，根据客观形势的需要，不拘旧制，在其辖区内创设了联合县政府这种新形式的县政权。但目前学术界尚未对这种普遍存在于晋察冀边区的现象进行专门研究。本文不揣谫陋，拟对此问题作些简要论述。

一

所谓联合县政府，就是抗日战争时期中国共产党在日伪势力控制中心城镇和交通线的情况下，在县境边缘地带将几个相连县份的部分地区联合组成的抗日县政权。它是抗日战争这一特定时期、敌后根据地这一特定环境下的历史产物，是晋察冀边区严峻的对敌斗争形势的必然产物。

1937年8月，日本侵略者以北平、天津为据点，开始沿平绥、同蒲、平汉、正太、津浦各铁路干线向整个华北地区呈放射状扩大侵略，逐步控制了华北地区的主要铁路和绝大部分重要城镇。晋察冀边区正是在这种情况下开创的，这就决定了它以后的发展势必会受到日军占领的主要交通线和重要城镇的阻隔。事实上，晋察冀边区最早的联合县也正是出现在铁路沿线，如平绥铁路沿线的宣（化）涿（鹿）怀（来）、昌（平）宛（平）和平汉铁路沿线的房（山）良（乡）、涞（水）涿（县）、正（定）新（乐）等联合县。

日军占领武汉、广州之后，停止了大规模的战略进攻，集中力量加强对已占领区的控制。华北地区是日本发动全面侵华战争后最重要

简析晋察冀边区的联合县政府

的占领区，因此日军对华北地区倍加重视。从1939年1月到1940年3月，日本华北方面军发动了三期所谓"肃正"作战，从1941年3月到1942年12月又开展了五次所谓"治安强化运动"，使日伪在华北地区"约有90%的县行政机关恢复设置"。这就是说华北地区约有90%的县城被日伪所控制。具体到每个县，平均有67%的县政控制权落在日伪手中，其中，作为晋察冀边区主要辖区的河北省更是高达76%。① 也就是说华北地区平均每个县有67%、河北省平均每个县有76%的地区是日伪政权政令所及之地。虽然这67%或76%的地区包括了游击区的两面村，但是毫无疑问，1940年以后华北地区大多数的中心城镇和重要资源地都不同程度地被日伪所控制，只有大约30%的巩固区和各县边缘地带是八路军和抗日游击队的活动区域。同时，日军从占领华北地区开始就非常重视对交通线的控制，日本华北方面军司令多田骏为此提出了所谓的"囚笼政策"，在铁路、公路、水路之外，还挖了大量的封锁沟，制造了许多无人区，将华北的许多县肢解得支离破碎。因此，晋察冀边区的抗日民主政权也就不可能完全像和平时期或大后方一样，以县城为行政中心，维持原有县界，在一县范围内行使县政，而只能部分地打破原有县界，重新组合，建立联合县政府。联合县就是在这种情况下，应战争环境的客观需要而出现的。

二

在整个抗日战争时期，晋察冀边区联合县的设置主要是随着战争的进程而不断变化，战争的各个时期有所不同，边区的各个地区也有所不同。

从时间上来看，联合县政府在抗日战争初期较少，中期逐渐增多，后期最多。1938年1月晋察冀边区行政委员会成立时，日军正在对中国进行大规模的战略进攻，华北地区的日军主力已南下至青岛、兖州、临汾一线，其身后的晋察冀大部分地区相对空虚，而原有的国

---

① 日本防卫厅战史室主编：《华北治安战》上册，天津市政协编译组译，天津人民出版社1982年版，第415页。

民政府地方政权基本上被战争摧毁，新的日伪政权尚未巩固，暂时还没有形成敌强我弱的局面。因此，晋察冀边区政府所辖的36个县，虽然政权不完整，机构也不健全，但基本上都是单一县。尽管其中代县包括五台的西北部，繁峙包括阜平一部分，广灵包括涞源和灵丘的一部分，这一部分地区由于地域关系，为便于领导而就近并入了上述各县，至少从名称上来看，代县、繁峙、广灵仍是单一县。所以晋察冀边区行政委员会成立之初，并没有严格意义上的联合县。最早建立的一批联合县政府应该是1938年3月邓华支队挺进平西后陆续建立的宣（化）涿（鹿）怀（来）、昌（平）宛（平）、涞（水）涿（县）、房（山）良（乡）4个联合县政府①，稍后还有1938年4月建立的正（定）新（乐）联合县政府以及5月建立的应（县）山（阴）联合县政府。②

抗日战争进入相持阶段后，日本的侵略重心转向华北地区，使晋察冀边区承受着巨大的军事压力，整体上处于敌进我退的游击状态之中，发展极为艰难，因此在新建立的政权中，联合县政府的比例也在不断增加。据不完全统计，1939年新建立的12个县政权中有8个是联合县政府，约占67%；1940年新建立的15个县政权中有12个是联合县政府，占80%；1941年新建立的4个县政权中有3个是联合县政府，占75%；1942新建立的14个县政权中有12个是联合县政府，约占86%。③不仅新建立的县政权中联合县政府的比例在增加，就是总体比例上也是逐年上升，1938年10月晋察冀边区61个县政权中有8个联合县政府，约占13%④；1940年晋察冀边区84个县政权中有24个联合县政府，约占28%⑤；1942年晋察冀边区95个县政权

---

① 魏宏运主编：《抗日战争时期晋察冀边区财政经济史资料选编·总论编》，南开大学出版社1984年版，第211页。
② 同上书，第227页。
③ 同上。
④ 《晋察冀抗日根据地》史料丛书编审委员会、中央档案馆编：《中国共产党历史资料丛书·晋察冀抗日根据地》第1册，中共党史资料出版社1988年版，第209页。
⑤ 河北省社会科学院历史研究所等编：《晋察冀抗日根据地史料选编》上册，河北人民出版社1983年版，第486—487页。

中有37个联合县政府，约占39%①；1944年晋察冀边区107个县政权中有54个联合县政府，约占50%。联合县政府比例如此之高，在敌后各抗日根据地中也是少有的。这说明抗日战争进入相持阶段之后，在晋察冀边区内，尽管八路军在不断壮大，抗日民主政权在不断增加，但是敌我力量的对比总体上还是敌强我弱，因此抗日根据地的扩展时常受到限制。当然，联合县政府的设置，也有一些主观上的原因，例如：晋察冀边区政府根据中共中央指示，从1942年开始实行精兵简政，对政权机构做了适当调整，将一些铁路沿线日伪控制严密或县辖区域太小的单一县政府合组成联合县政府，如冀西的徐（水）定（兴）联合县政府、定（县）唐（县）联合县政府和平西的房（山）涞（水）涿（县）联合县政府等。1945年夏天，抗日根据地迅速扩大，而地方干部又极度缺少，因此晋察冀边区政府又在新解放区组建了一些联合县。直到抗日战争胜利后，日伪政权全部被摧毁，晋察冀边区的联合县政府才逐步分开，设立单一的县政府。1946年4月，晋察冀边区行政委员会对全区行政区划再做调整，各地一律恢复战前旧县治，晋察冀边区的联合县最终宣告结束。

从地区分布上来看，晋察冀边区内巩固区的联合县政府较少，游击区的联合县政府较多；平汉路西的联合县政府较少，平汉路东的联合县政府较多；山区的联合县政府较少，平原的联合县政府较多。

如果按1940年底晋察冀边区的行政区域划分，北岳区（包括晋东北、雁北、冀西）的33个县政权中只有两个联合县政府，约占6%；冀中区的35个县政权中有9个联合县政府，约占26%；冀热察区（包括冀东、平北、平西）的16个县政权中有13个联合县政府，约占81%。② 如果再按1943年1月晋察冀边区的行政区域来划分，北岳区（包括晋东北、雁北、冀西、平西）40个县政权中有7个联合县政府，约占18%；冀中区39个县政权中有14个联合县政

---

① 山西省地方志编纂委员会办公室编：《山西地方史志资料丛书之三·近现代山西政权机构概况》（内部资料），1984年印行，第245—247页。
② 河北省社会科学院历史研究所等编：《晋察冀抗日根据地史料选编》上册，第486—487页。

府，约占36%；冀热边区（包括冀东和平北）16个县政权全部是联合县政府，占100%。①联合县政府的地区分布大致和八路军对晋察冀各地开辟的时间先后一致，也和日伪政权在晋察冀地区势力的强弱分布相符。

　　北岳区是晋察冀抗日根据地中开辟最早的地区。1937年9月，正当日军长驱直入北岳地区时，八路军115师开抵晋东北，在平型关战斗中旗开得胜，首战告捷，对北岳区人民产生了广泛积极的影响。同时，第二战区民族革命战争战地总动员委员会此前在这个地区做了大量的工作，奠定了一定的政权基础，因此在原有单一县政权的基础上建立起来的北岳区县级抗日民主政权，建制一般比较健全，工作很快走上了正轨。当日军重兵转向华北占领区时，北岳区的抗日民主政权已粗具规模。除了在1942年日军大"扫荡"时为了坚持敌后游击战争，适应反"扫荡"形势，边区政府主动撤销了一些单一县制而合并成立少数联合县政府之外，基本上都是单一县政府。

　　冀中区地处华北大平原，在平汉、津浦、北宁、石德四条铁路干线之间，境内公路密布，河流纵横，是晋察冀边区交通网最密集的地区，同时土地肥沃，物产丰富，又是晋察冀边区最富庶的地区，从战略位置来看它还直接威胁着北平、天津、保定、石家庄等日据重要城市。因此，抗日战争进入相持阶段之后，日军特别加强了对冀中的控制，除了频繁的军事"扫荡"之外，还在冀中地区实行所谓的"囚笼政策"，即利用铁路、公路、水路等交通线和人为的封锁沟等达到分割冀中平原，"置冀中军民于囚笼"而分块蚕食的目的。冀中区的联合县就是在这种情况下由单一县分别组合而成的。1939年至1940年冀中区出现的联合县基本上都在石德铁路沿线，如深（县）束（鹿）、晋（县）深（泽）无（极）、束（鹿）晋（县）、藁（城）无（极）、束（鹿）冀（县）、晋（县）藁（城）、藁（城）正（定）获（鹿）就是冀县、束鹿、深县、深泽、晋县、无极、藁城、正定、获鹿等县被铁路分割开后分别组成的联

---

①　河北省社会科学院历史研究所等编：《晋察冀抗日根据地史料选编》下册，河北人民出版社1983年版，第567—569页。

合县。1942年以后出现的一批联合县则主要集中在北宁铁路南侧、平汉铁路东侧，如新（城）容（城）固（安）涿（县）第一联合县、雄（县）霸（县）新（镇）第二联合县、永（清）固（安）安（次）宛（平）第三联合县等，这一地区在北平、天津、保定三角地带，是日军严密控制的地区，日伪政权对县政控制的比例非常大，因此只能根据实际情况，组成联合县政府，以便于继续坚持敌后政权工作。

包括冀东、平北、平西的冀热察区开辟较晚，而且几乎全是联合县。之所以如此，从客观上来看，这一地区是东北与华北的交界处，早在"七七事变"之前部分地区就已陷于敌手，日伪在这个地区陆续建立了一套从村到县的完整的政权机构。1944年7月，日军还将冀东划为特别行政区，把它纳入"伪满"势力范围，派驻重兵，实行军事管制，冀东地区敌强我弱的态势非但没有改变，而且愈到抗日战争后期，敌我斗争愈激烈。在这个地区始终"不可能创造出北岳区或冀中平原同样的根据地"①，因此，也就不可能建立起像北岳区或冀中平原那样巩固而健全的单一县政府。从主观上来看，八路军开辟平西、平北、冀东根据地时，工作重心主要放在武装斗争上，政权工作除了服务于武装斗争之外，更多的则是服从于武装斗争。县政府常随部队行动，行政区划也多随游击区划而变动，因此这个地区几乎全是联合县，即使有个别单一县，其辖区也不完整。

三

从原则上讲，联合县政府的组织机构、人事安排、职能运作等都与单一县政府相同。但是在实际上，由于联合县政府多处于敌强我弱的险恶环境中，情况十分特殊复杂，所以联合县政府又表现出与单一县政府诸多的不同之处。

第一，联合县政府的组织机构多不健全。以冀东为例，在整个政

---

① 《晋察冀抗日根据地》史料丛书编审委员会、中央档案馆编：《中国共产党历史资料丛书·晋察冀抗日根据地》第1册，第532页。

权草创时期，联合县政府一般仅设县长、行政科、财务科、特务队。①1940年底以后，冀东根据地政权逐步走向正规化，虽然统一规定县级政府的组织机构为县长、民政科、教育科、司法科、财政科、秘书处、军用代办所。但是在实际上，联合县政府各科设置仍不完备。例如，到1943年，当时的迁（安）卢（龙）抚（宁）昌（黎）联合县政府就只有民政科、财务科、教育科；承（德）平（泉）宁（城）联合县政府只有财粮科、武装科；凌（源）青（龙）绥（中）联合县办事处除主任外只设有民政科。一般都没有设立办理土地、森林、水利、道路、商务等有关经济建设事项的实业科。再如，冀东区第一个县政权丰（润）滦（县）迁（安）联合县政府成立时，"县政府只有县长一人"②，1940年9月相继设立了民政科、教育科、财粮科、公安科、敌工科，到1942年才有了一个比较完善的县政府组织。曾任冀东迁（安）卢（龙）抚（宁）昌（黎）联合县办事处主任的高敬之也回忆说："一九四二年秋，迁卢抚昌联合县办事处成立，我任书记兼主任（办事处主任相当于县长）。实际上当时并没有机关，也没有多少干部，'寡人'一个人说了算，我走到那里，那里就是办事处。"③

第二，联合县的组合和区划变动大。由于联合县是在几个县的结合部，因此随着游击根据地的发展变化，联合县的组合和区划也经常性地调整。例如，晋东北的应县在1938年1月晋察冀边区政府成立时还是单一县，到5月即与山阴县一部分组成了应山联合县政府。同样，晋察冀边区政府成立时还是单一县的正定，到4月与新乐县组成了正新联合县政府，至10月又分设为两个单一县政府。冀东地区联合县的变动更大，1940年10月以丰（润）玉（田）遵（化）联合县的南部地区为基础成立的丰（润）玉（田）宁（河）联合县政府，到1943年初因大部分地区被"蚕食"，又与丰玉遵联合县政府合并为

---

① 冀热辽人民抗日斗争史研究会编辑室编：《冀热辽人民抗日斗争·文献·回忆录》第3辑，天津人民出版社1987年版，第10页。
② 冀热辽人民抗日斗争史研究会编辑室编：《冀热辽人民抗日斗争·文献·回忆录》第2辑，天津人民出版社1987年版，第158页。
③ 同上书，第310页。

丰（润）玉（田）遵（化）宁（河）联合县政府，当年10月情况好转后再次恢复丰玉宁联合县政府建制。1942年成立的迁（安）卢（龙）抚（宁）昌（黎）联合县到1943年7月也曾分为迁（安）卢（龙）青（龙）和卢（龙）抚（宁）昌（黎）两个联合县，到1945年初再次分开。再如，原属平北区的丰（宁）滦（平）密（云）联合县1943年2月曾一度划归冀东区，到1945年5月为便于平北地区向热河西部进军，又划回平北区。

第三，联合县政府的人员构成大都未能实行"三三制"。由于联合县基本上是位于敌我势力交错地带，环境险恶，敌我斗争尖锐，辖区内大多数上层人士虽然赞成抗日，但是对参加抗日政权工作有顾忌，往往不敢公开站出来工作。况且联合县政府流动性大，上层人士也不可能抛弃家庭随政府奔波。在联合县比较多的冀东、平北等地，又没有国民党的公开活动。因此，联合县政府基本上都是由中国共产党上级党委或八路军的人员组成，而非选举产生，更不是"三三制"构成。不过，村政权基本上能够做到"三三制"，尤其是在冀东地区敌我政权并存的"两面村"中，各阶层的代表及旧办公人员多被吸收进抗日村政委员会，这样既做到了统一战线，又牵制了乡村上层人士和旧有办公人员不致投敌。

第四，相对于单一县政府而言，联合县政府具有更多的军事职能，这种现象尤其突出地表现在冀东地区早期的联合县政府身上。例如，1939年冬丰（润）滦（县）迁（安）联合县政府宣布成立时，基层的一些党员和干部就认为光宣布成立县政府、区政府，什么也没有增加，残酷环境也改变不了，所以没有大的反响。"以后，县、区行政工作实际上并没有开展，我们游击队仍然是把全部精力用在开展对敌斗争上。"[1] 这种情况一方面说明地方党组织对政权建设没有足够的认识，另一方面是由于在当时日伪疯狂"扫荡"的特殊情况下，燃眉之急是以武装斗争对付日伪的"清乡""扫荡"，联合县政府不得不以军事斗争为主。

---

[1] 冀热辽人民抗日斗争史研究会编辑室编：《冀热辽人民抗日斗争·文献·回忆录》第2辑，第182页。

四

由于联合县政府部分地存在着组织上的不规范，加上老百姓固有的狭隘的地域观念，因此"在联合县政府最初设立的时候，人们多是瞧不起这一政府，轻视地称之为'联合县儿'"①。但经过长期艰苦的努力，绝大多数联合县政府不仅站稳了脚跟，而且发挥了不可替代的重要作用。

首先，联合县政府的建立形成了对日伪政权的包围之势。日伪在华北占领区内普遍地建立政权，企图将华北变成第二个"满洲国"，尤其是铁路沿线和冀东等地，除了牢固地控制县城之外，还将县郊及重要乡镇置于其控制之下。而在这些地区建立的联合县政府恰恰以周边合围的形式，"形成了对敌后包围的政治上的优势，完成了政治前哨战的胜利任务"②。这也是中国共产党农村包围城市思想在抗日战争时期的发挥。

其次，联合县政府的建立增强了敌占区民众的抗战信心。中国人民与日本侵略者的斗争，除了军事方面和经济方面之外，还有政权方面的斗争。联合县政府的建立就是中国共产党在敌占区与日伪进行政权斗争的胜利成果，它不仅部分地解救了日伪统治下的民众，而且也使所有敌占区的民众意识到抗日政权的存在，从而增强了他们坚持抗战的信心。

最后，联合县政府的建立为游击根据地的存在和发展提供了保障。游击根据地和联合县政府是相互依存的，游击根据地为联合县政府的建立提供了依托，而联合县政府的政权工作又为游击根据地的巩固和发展提供了保障。尤其是在抗日战争的中后期，当冀东、平北等地在日军反复"扫荡"中遭受重大损失，游击根据地几乎全变成游击区时，这些地区的联合县政府在极端困难的情况下，坚持

---

① 李公朴：《华北敌后——晋察冀》，生活·读书·新知三联书店1979年版，第66页。
② 同上书，第68页。

地方政权工作,为抗日武装力量和游击根据地的恢复和发展做出了重大的贡献。

(原载《历史教学》2004年第3期)

试论晋察冀抗日根据地的救国公粮制度

在抗日战争时期，敌后抗日根据地的财政问题与前线的军事问题同等重要，是争取抗日战争胜利的重要环节，而其中"粮食问题在财政问题里边，要占一半的地位"[①]。因此，晋察冀边区政府根据实际情况，首创了适应战争环境的救国公粮制度，并推广于其他抗日根据地。这种不同于传统的完粮纳税制度，不仅保证了根据地抗日武装力量和民主政府的粮食供给，还减轻了根据地人民的赋税负担，在一定程度上改善了民生，成为根据地坚持持久抗战的重要因素。本文即拟对救国公粮制度略作探讨。

一

抗日战争全面爆发后，晋察冀地区的旧政权很快在战争中瘫痪，原有的财政税收制度被破坏，对于各种抗日武装的军需供给也就不可能有正常的渠道。在有半政权性质的战地动员委员会的地区，主要是由战地动员委员会进行政治动员，用临时的"有钱出钱，有力出力"的合理负担的办法来解决。但实际上则"专靠向富有者征收或募捐"[②]，多数县级战地动员委员会都是"把各村的富户尖子（即各村最有钱的地主）请来开会，共同协商和议定该出多少钱和粮，然后请

[①] 魏宏运主编：《抗日战争时期晋察冀边区财政经济史资料选编·财政金融编》，南开大学出版社1984年版，第12页。

[②] 同上书，第2页。

试论晋察冀抗日根据地的救国公粮制度

他们吃顿饭,由动委会定下来"①。虽然老百姓普遍欢迎这种做法,但负担面太小,地主富户多有意见,为此战地动员委员会在筹粮过程中"曾与地主、富户发生过激的摩擦和矛盾"②,"并有部分地主逃往敌区"③,在一定程度上影响了抗日民族统一战线。

此外,抗日战争时期晋察冀地区内各色武装繁杂,"司令赛牛毛,主任遍天下",其中抗日发财者有之,与敌伪勾结者有之,专门鱼肉乡民阻碍群众抗日者有之。所有这些杂牌武装大都自设关卡,巧立名目,滥行征税,随意派粮,甚至还押人罚款,掠人勒赎,老百姓对此苦不堪言。由于分辨不清真假抗日武装,群众的抗日热情因此而受到影响,对真正的抗日武装也不愿捐输,因此也更加大了部队筹粮的困难。

1938年1月,在晋察冀边区军政民代表大会上,不少与会代表提出了有关军粮筹支的提案,建议由政府统筹统支,以利长久抗战。晋察冀边区政府成立后,根据代表们的提议和边区的实际情况,逐步统一了边区财政工作,抗日部队的粮食供给开始由当地政府统筹统发。但是由于边区政府没有统一的规定,因此各地的做法不完全一致。路东的冀中地区多以粮食征发的形式直接供给部队军粮,而路西的冀西及晋东北地区则多采取现金供应、自行购买的办法,即由边区政府统一发放购粮款,各抗日部队通过当地县军用代办所用现金代购粮食。1938年10月,日军对冀中地区进行"扫荡"。在反"扫荡"过程中,多数实行粮食征发直接供给的部队随处就村取粮,给养得到了保证,而少数"当时实行购粮的政府机关及团体便遭遇了买不到粮食吃不上饭的严重困难"④。事实证明了实物征发的公粮制度在游击战争中是行之有效的。同时,经过前一段时间的实践,边区政府也认识到:第一,农民卖了粮食纳税,由于卖粮时粮价低,纳税额无形中增加,农民的负担加重;第二,战时物价不稳,大批采购军粮容易刺激粮价上

---

① 中共山西省委党史研究室:《战动总会简史》,文津出版社1993年版,第141页。
② 魏宏运主编:《抗日战争时期晋察冀边区财政经济史资料选编·财政金融编》,第2页。
③ 同上书,第53页。
④ 魏宏运主编:《抗日战争时期晋察冀边区财政经济史资料选编·总论编》,南开大学出版社1984年版,第682页。

涨，如果奸商趁机囤积居奇，操纵市场，制造粮荒，不仅会影响到军粮的采购，而且还会影响到民生；第三，华北城市与交通要道被日军控制，不仅物流不畅，而且运输也不方便，用货币大量购粮供应军队客观上存在很多困难。相比之下，冀中地区以粮食征发直接供给部队军粮的做法，基本上避免了上述问题。有鉴于此，晋察冀边区政府经过慎重考虑，决定从1938年冬天起，在全边区统一实行以实物征发为主要特征的救国公粮制度。

二

1938年11月，晋察冀边区政府公布了《晋察冀边区征收救国公粮条例》。《条例》共八款，主要从三个方面对征收救国公粮的有关事项作了规定：第一，条例首先说明征收救国公粮是"为坚持持久战，扩大巩固边区，充实抗战物质计"，其用途主要是"供给军食，优待抗属，救济灾荒，有余作为政府收入之一部"①。第二，根据晋东北和冀西的人口，以及对当年产粮概数的估计，按4%的征收比例，决定1939年度首先在晋东北及冀西各县征收救国公粮16万石。同时由于"小米吃去方便而且价格也比较便宜"②，因此规定征收救国公粮的种类以小米为主，酌量折收杂粮棉花或现款，但"杂粮限定百分之二十五、棉花小麦各不超过百分之十"③。第三，条例规定了救国公粮的免征点为人均年收入折合小米一石四斗，收入在一石五斗至二石者征收3%，收入在二石一斗至三石者征收5%，以上每增加一石递增1%，至20%为止；不种粮食者以所产之物按当地标准价格折合小米计算；工商业者按其收入折合小米计算。

在公布《晋察冀边区征收救国公粮条例》的同时，边区政府还专门发出《关于动员救国公粮的指示》，说明条例规定的征收数量和免

---

① 魏宏运主编：《抗日战争时期晋察冀边区财政经济史资料选编·财政金融编》，第180页。
② 同上书，第183页。
③ 同上书，第180页。

征点、递增率等只是根据估计而定的，是否符合各地的实际情况，需要各级政府、各群众团体通过深入的调查统计予以衡量，必要时可稍加变通。至于山货杂粮的折合以及工商业者收入的折算等，则需要发动群众，请教老百姓，总的原则是"不能让人民吃亏"①。《指示》还要求全区将救国公粮征收工作与健全区村政权、巩固群众组织、开展大众教育、改善民生等工作联系起来，依靠各级政府，发动群众，分工合作。从事这一工作的同志在具体工作中要做到"脑筋到、脚到、眼到、嘴到、手到"②，认认真真地对待制表、量粮、称东西、打算盘等琐碎工作。为了保证救国公粮征收工作的顺利完成，边区政府还号召各县、村采用"竞赛突击多种多样的工作方式"③，对于民众则应"耐心地解释说服和鼓励"④。同时，"为发动民众积极自动地捐纳公粮，各机关团体工作人员及一切热心救亡工作者，应以身作则，慷慨捐出公粮，以激励民众效法自己热忱爱国的精神"⑤。但是由于救国公粮制度实行初期，一般民众对此重要意义了解不深，而且人均小米一石四斗的免征点定得过高，负担面只有40%—50%，加上缺乏经验，征收工作拖拉，因此截至1939年3月，16万石救国公粮的计划完成得并不理想。据不完全统计，晋东北和冀西21个有统计数据的县中，只有浑源、阜平、平山、井获100%完成任务，其余多未过半数，最低的仅完成5%，平均也只有46%强。⑥为此，晋察冀边区政府再次发出"加紧完成救国公粮"的号召。晋东北专署专门召开会议，要求各县以竞赛形式，突击完成救国公粮的征收工作。⑦1939年冀中区也

---

① 魏宏运主编：《抗日战争时期晋察冀边区财政经济史资料选编·财政金融编》，第83页。

② 同上书，第185页。

③ 晋察冀边区行政委员会：《为动员十六万石救国公粮保证军食坚持持久战而斗争》，《抗敌报》1938年11月23日，第1版。

④ 《完成募集救国公粮计划》，《抗敌报》1938年12月2日，第1版。

⑤ 同上。

⑥ 《晋察冀边区晋东北区及冀中区救国公粮统计表》，河北省档案馆馆藏档案，0579—1—7，第1页。

⑦ 《决定改进各县工作作风突击救国公粮及村普选》，《抗敌报》1939年3月5日，第4版。

49

全面实行了救国公粮制度,稍后晋察冀其他各区也相继实行。后经过边区各级政府和广大人民群众的共同努力,1939年度的救国公粮征收工作才基本完成,平均达到63.6%。①

1941年救国公粮以统一累进税的形式征收后,其征收工作进一步制度化。首先,晋察冀边区政府根据全区当年产粮情形和军政民需粮情况做出总预算,然后向各行署分配征收任务,各行署再向各县分配征收任务。各县政府接到行署的分配数字后,根据全县统一累进的分数具体分配到各村。各村公所再召开村代表会,按照合理负担的原则,依分数的多少最终确定每户缴纳救国公粮的数量。但是,由于最初在分配任务时存在一定的主观主义,严重影响了征收任务的完成。如1941年征收"粮食的分配数字游击区占了百分之五十以上,而粮食未完成的数字,基本上在这里"②。1942年以后边区政府吸取教训,在分配任务时,根据实际情况,"巩固地区及能运粮的地区多征粮,在游击区不征粮或少征粮"③。加之在征收过程中纠正了分数计算的错误,群众缴纳更加踊跃,保证了征收工作的顺利完成。1940—1942年冀中地区连续三年大旱,连年歉收,但是"乡亲们节衣缩食,自己吃糠咽菜,也先交公粮"④。1944年,在精兵简政和大生产运动的情况下,为了减轻民众负担,晋察冀边区政府决定减征公粮,立即得到边区各界的热烈拥护,平山的老百姓还表示"一定积极生产,多打粮食,好增加抗战力量,来回报共产党关怀爱护我们的好心"⑤。其次,为了统一领导征收工作,加强工作效率,各县设征收处,由县粮食局派人参加,并邀请团体及其他机关人员协助。区设征收分处,由粮秣干事及其他人员临时组织,每区划成几个征收区,分派征收分处的干部到各征收区工作。但由于战争环境变动较大,区征收分处所起的实

---

① 魏宏运主编:《抗日战争时期晋察冀边区财政经济史资料选编·财政金融编》,第191页。
② 同上书,第440页。
③ 同上书,第444页。
④ 中共保定市委宣传部、中共保定市委党史研究室编:《保定抗日战争历史资料汇编》(内部资料),1995年印行,第96页。
⑤ 《平山老乡热烈拥护共产党》,《晋察冀日报》1944年5月28日,第2版。

际作用并不大,所以后来又改为县村两级征收处,区主要负责督促检查。最后,除了每年度征收工作之始的政治动员外,在具体的征收过程中,先由各县将制好的空白纳税证按各村应纳税户数,分订成册,分发给各区并附分配表。区再分发各村,同时协同村公所召开村代表会,将各户具体数字确定后,帮助村公所填写纳税证,其正联交给纳税户保存,存根联由区公所掣回。群众在规定期限内将粮食备齐,持纳税证向各区(后为各村)征收人缴纳,经查验属实后即在证上盖征收处收讫图章及征收人手章。区村征收分处收到的粮食每五日至十日结算一次,交各村公所拨入村粮库,取具收据解交县征收处,最后由县征收处结账备案。

晋察冀边区政府根据"有粮出粮,粮多多出、粮少少出"的合理负担原则制定的《征收救国公粮条例》,既不搞平均摊派,也没有将全部负担强加在富有者身上,到1940年负担面已扩大到60%。[①] 1941年统一累进税实施后,边区各阶层民众的负担更趋合理,负担面扩大到80%左右。根据当时的统计资料表明:"北岳区贫农负担最高不超过其总收入的7%,中农为15%,富农为25%,地主为70%。"另据冀中区三县六村的统计,各阶层纳税占总征收额的比例分别是:地主15.35%,富农35.53%,中农42.54%,贫农5.95%,商人0.1%。[②] 由此可见,农村中占大多数的贫雇农负担较轻或免于负担,从而使他们的生活得到改善,进一步激发出了他们生产和抗战的积极性。实行合理负担,也减轻了边区工商业者的负担,加之奖励工商业与农村副业的方针更促进了边区工商业的活跃。累进税的进一步修正还减轻了地主富农的负担,地主富农只负担了一半,这有利于团结他们,巩固抗日民族统一战线。由于税率的合理和宣传的深入人心,救国公粮制度在晋察冀边区逐渐"成为一般民众习惯了的制度"[③],以至于"到时候不去要,老百姓还要问我们为什么还不收公粮呢"[④]。

---

① 魏宏运主编:《抗日战争时期晋察冀边区财政经济史资料选编·总论编》,第529页。
② 《晋察冀抗日根据地》史料丛书编审委员会、中央档案馆编:《中国共产党历史资料丛书·晋察冀抗日根据地》第2册,中共党史出版社1991年版,第123页。
③ 魏宏运主编:《抗日战争时期晋察冀边区财政经济史资料选编·财政金融编》,第5页。
④ 魏宏运主编:《抗日战争时期晋察冀边区财政经济史资料选编·总论编》,第76页。

同时,"征收动员开展到敌占区,冀中各大小据点有半数以上都给我们缴纳公粮"①。

在广大的敌后农村,既无便捷的交通工具,也不可能建立大型的粮食仓库,因而公粮征收后的贮藏保管就成为整个粮食供给的重要环节。为此,晋察冀边区政府在1938年11月出台了《晋察冀边区救国公粮储存保管办法》,规定了各乡村所征公粮以分存各该乡村为原则,一户所出公粮在一石以上者仍由该户存储,一石以下者数户集中一户,或觅公共地点存储,接近敌区或临近铁路的乡村,所征公粮须移存于安全地区。各村各户所存公粮由各该村户负责保管,不得损失糜烂,否则照价赔偿,同时须能随时交出,不得借故拖欠。各村所存公粮种类数目地点均须造具底册,分存区村公所并由区造总册呈县以便统计分配。未经政府命令或无军用粮票,任何人不得动用公粮。区村每月动用公粮数目须于月底将支付命令及军用粮票报县注销,各县每月动用公粮数目须于月底汇报上级注销以便稽核调度。

根据晋察冀边区政府的规定,巩固区各村基本上都建有公粮粮库。由于各地具体情况不同,储藏的方式也因地而异。有的村公所集中储藏;有的先集中过秤然后易户而存,分散保管;有的"把小额零星的粮秣集中选择花户保存"②。游击区和接敌区则多将公粮运集巩固区储藏,如冀东的两面村,多是"财粮委员从抗日区政府的财政助理那里领来应摊数额,与办事员一道将各户的应征数计算出来,然后要站岗的青年报国队员通知各户,夜里送粮食(多为小米)到财粮委员处,最后再选择时间(黑夜)派人将粮食秘密送到部队"③。还有一些部队机关则将公粮"交与民众和区公所代为保存,也有少数由自己直接保存"④。但是,在救国公粮制度实行之初,各级政府多注重公粮的动员征收,而忽略了公粮的储藏保管。许多地方"只是把应交的数

---

① 魏宏运主编:《抗日战争时期晋察冀边区财政经济史资料选编·总论编》,第689页。
② 魏宏运主编:《抗日战争时期晋察冀边区财政经济史资料选编·财政金融编》,第340页。
③ 魏宏运主编:《抗日战争时期二十世纪三四十年代冀东农村社会调查与研究》,天津人民出版社1996年版,第78页。
④ 《机关部队存粮归还粮库》,《晋察冀日报》1942年2月8日,第3版。

目记下来，并不当面彻底入库，临到动用时就没有了"①。此外，腐烂、虫吃、鼠咬现象严重，挪用、偷窃、贪污公粮的事件也时常发生，仅北岳区易县1941年至1942年6月一年半时间内就有35起公粮失窃案，损失粮食4900多斤。冀热察区的平北四县甚至直到1943年仍未能建立真正的粮库制度，"粮库制度只是形式的"②。

为了避免上述现象的继续发生，储存保管来之不易的救国公粮，晋察冀边区政府于1942年4月召开粮食会议，特别强调要正确执行包括仓库制度在内的粮食三大制度，进一步加强对粮库的管理。北岳区党委在讨论粮食问题时要求基层党支部参与粮库管理，并规定"有支部之村粮食发生问题时不管支部是否公开直接管理都必须负责"③，同时还建议"对真正贪污盗卖公粮者政府将颁条例严加处置，对过去动用盗卖者要严格追究，不管其为任何人"④。冀热边行署颁布的《冀热边公粮制度》中强调了仓库保存公粮必须保证：敌人到来，不遭损失；凭票支用，随要随有；不少不烂，收支公平三条原则。⑤针对早期粮库制度不健全的情况，冀热边行署还提出"粮库要保证一村一库"⑥，按规定随征随交库，粮秣干部要账目清楚，坚持月报制度。要求管库人员坚持手续制度，无票不付，无调动命令不开库。至于存粮多少，则由各县依据当地部队及工作人员来往多少，具体决定数字。村库缺粮时由区负责调剂，一区无粮食由县负责调剂，尽量避免粮食集中一村的现象。为了更好地储藏粮食，边区农林局的技术人员经过一年多的苦心研究，还摸索出一套适合全边区实际情况的储粮方法。⑦

"藏粮于民"的分散保管方式，便于缴纳，减少了运输之繁，在

---

① 魏宏运主编：《抗日战争时期晋察冀边区财政经济史资料选编·财政金融编》，第192页。

② 河北省社会科学院历史研究所、河北省档案馆编：《晋察冀抗日根据地史料选编》下册，河北人民出版社1983年版，第329页。

③ 同上。

④ 同上。

⑤ 河北省档案馆编：《冀热边抗日根据地档案史料选编》，1994年印行，第140页。

⑥ 魏宏运主编：《抗日战争时期晋察冀边区财政经济史资料选编·财政金融编》，第84页。

⑦ 《边区农林牧植局发表贮藏粮食方法》，《晋察冀日报》1945年7月22日，第3版。

敌人经常的"扫荡"和疯狂的掠夺情况下，群众深藏密窖，坚壁清野，也减少了敌人对粮库的破坏。而且村村有粮库，村村是兵站。虽然中国共产党领导的分散的非集团化的游击战争无法做到兵马未动，粮草先行，但部队每到一处，都可以凭边区政府所发粮票支取粮食。这种"兵马所到，处处有粮草"的形式更适合游击战争中部队流动作战的实际情况。随着抗日战争的旷日持久，随着中国共产党宣传动员的不断深入，广大人民群众对保管公粮有了越来越深刻的认识："如果军队没有的吃，咱们也就没了命。"① 所以，在残酷的敌后斗争中，人民群众常常不惜牺牲自己的利益甚至生命来保卫公粮，保证抗日部队的军需供给。可以说边区每个人都以这种特殊的方式参与战斗，投身于反对日本帝国主义的战争之中，充分体现了中国共产党全民抗战路线的精神，这种"建立在人的抗日责任心上"的粮库制度，也只有在中国共产党领导的敌后抗日根据地才能够实行。

1938年11月，晋察冀边区政府在颁布《征收救国公粮条例》和《救国公粮储存保管办法》的同时，为了适应游击战争，便利军需供给，规范支领手续，还专门制定了与之配套的《军用粮票使用办法》。办法规定：军用粮票分二十斤票、一百斤票、五百斤票、一千斤票四种，领用粮食分小米、玉黍面、小麦、花料四种；每月月终由边区政府按各部队应需数目发给下月适量粮票，各部队凭票向村中领用救国公粮；非军事吃紧时，各部队凭票领粮须先通过区公所，以便统筹分配，避免各村存粮偏枯或过剩；各村收到粮票时，须立即按粮票所开粮类斤数照付粮食，每月月终呈解区县政府核算，以便提前调配。使用办法最后还以附则的形式规定：未持军用粮票不得向地方要粮，违者法办；军用粮票不得转移民商，违者以贪污论；军用粮票挖补涂改者依法惩处；伪造军用粮票以伪造钞票论罪。

从1939年1月1日起，晋察冀边区正式实行军用粮票制度，由边区政府在此前军区供给部二联单的基础上统一印制发行二联式军用粮票，部队凭预算领票，凭票领粮，手续简便易行，既增强了军粮供

---

① 晋察冀人民抗日斗争史编辑部编：《晋察冀人民抗日斗争史参考资料》第18辑《晋察冀人民翻身记》（内部发行），1982年印行，第107页。

给的计划性，又堵塞了一些单位开白条领粮的漏洞。"只要有粮票，到什么地方都有饭吃。"① 但是，在粮票制度建立之初，各地也不可避免地存在一些问题。例如，由于粮票的领用手续不严格，有的随便借用支领粮票，粮食浪费现象很严重。同时，由于早期的粮票不分月份，报销制度又不健全，因此出现了粮票二次流通的现象。更有甚者，领粮不给票，多余的粮票换东西吃改善生活或将粮票出卖，"粮票起了货币的作用，秘密流通起来，因此公粮中就发生了贪污现象"②。此外还有一种情况，即人民群众对粮票的认识不够，有的还怕危险，不愿收取保存粮票。③

针对上述问题，边区各级政府和各部队在加强教育与检查的同时，陆续对粮票制度本身进行了修正和完善。首先，改用三联定月粮票，编号发行，分月使用。1942年1月1日起，为简便起见，又改为二联粮票，分"回执"和"缴查"两联。要求付粮机关在付粮时，必须查明两联相连相合，如以一联支付，不论收方或付方均以舞弊论罪。"新粮票上之斤数、种类、号码、期限，一律不允许挖补涂改，违者作废。同时，粮票不挂失，如有伪造者以军法论罪。"④ 对偷卖粮票者"除依政府法令与军事纪律处罚外，党员并以党的纪律严厉处置"⑤，基本上杜绝了粮票自身缺陷造成的流弊。其次，在粮票的印发管理上，最初是由边区按预算统一印发，但随着敌人"扫荡"进攻，根据地被分割，各地曾一度自行印发粮票。如冀中区"各级可以自印粮票"⑥，冀热察区原由冀东办事处统一发粮票，后改为"各县自己制定粮票"⑦。由于粮票印发的不统一，给粮票管理和粮食预决算带来了困难，各行署又陆续将粮票印发权收回，冀中区由行署统一印发，

---

① 魏宏运主编：《抗日战争时期晋察冀边区财政经济史资料选编·总论编》，第75页。
② 同上书，第76页。
③ 同上书，第779页。
④ 《边委会重申前令并制定新粮票使用办法》，《晋察冀日报》1942年1月1日，第3版。
⑤ 魏宏运主编：《抗日战争时期晋察冀边区财政经济史资料选编·财政金融编》，第114页。
⑥ 魏宏运主编：《抗日战争时期晋察冀边区财政经济史资料选编·总论编》，第712页。
⑦ 同上书，第778页。

冀热边则由"行署拟订票样，通令各专署统一印制，按所批准的预算数逐季发付各军政民运机关"，而且规定"凡粮票票面盖有特定地区专用戳记者，除在规定地区使用外，其他地区不得使用"①。1944年边区政府统一规定"粮票由各行署印制掌握，在边区可以通用"②。再次，在粮票面额上，1938年11月边区政府规定为一千斤、五百斤、一百斤和二十斤四种，这种面额对于部队集体行动比较适合，但对于出差外勤等单独行动或零星用餐就很不方便。因此，1942年边区政府制定新粮票使用办法时，特将粮票面额定为一千斤、一百斤、五十斤和一斤六两（旧制），冀热边行署发行的粮票最小面额则只有八两（相当于新制半斤）。③这种小额粮票方便了临时出差入伙或在老百姓家中吃派饭。同时，为了更便于区别，粮票的样张也分大小，面额大的样张也大，面额小的样张也小。最后，在粮票管理上，一方面强调部队机关必须凭票领粮，来往客人和工作人员下乡吃饭一律自带粮票，"因顾情面不收粮票，而向上级请求报销亏空时，概不补发"④；另一方面规定二联粮票之"缴查"联由付粮方在付粮后定期逐级上报抵销，以杜绝粮票的重复使用。冀热边行署还规定区、村在按时将粮票上缴到县后，"由专署派员或经专署委托专人监视销毁"⑤。

经过一段时间的宣传教育，粮票制度逐步受到了重视，老百姓对粮票也有了新的认识。如：冀中的交河在敌人"扫荡"时对区级干部在村里吃饭没带粮票，事后村里就主动向区里要求补给粮票。⑥李公仆先生等人初到晋察冀边区时也曾碰到过"花钱买粮食跑遍了一村也买不到，老百姓向我们要粮票"⑦的情况。

---

① 河北省档案馆编：《冀热边抗日根据地档案史料选编》，第139页。
② 河北省社会科学院历史研究所、河北省档案馆：《晋察冀抗日根据地史料选编》下册，第466页。
③ 河北省档案馆编：《冀热边抗日根据地档案史料选编》，第141页。
④ 魏宏运主编：《抗日战争时期晋察冀边区财政经济史资料选编·财政金融编》，第137页。
⑤ 河北省档案馆编：《冀热边抗日根据地档案史料选编》，第141页。
⑥ 魏宏运主编：《抗日战争时期晋察冀边区财政经济史资料选编·总论编》，第109页。
⑦ 李公仆：《华北敌后——晋察冀》，生活·读书·新知三联书店1979年版，第109页。

三

　　统一累进的征收原则，分散保管的储存办法，凭票领粮的支取方式，使救国公粮从征收、入库到支出逐渐形成了一整套合理、严密的制度，对晋察冀抗日根据地的巩固发展，对坚持持久抗战，争取抗日战争的最后胜利，具有重要的历史意义。

　　首先，救国公粮制度的制定与实施，保证了晋察冀抗日根据地党政军各方面的粮食供给，为坚持持久抗战奠定了坚实的物质基础。在晋察冀边区政府成立之初的经济建设实施方案上曾明确提出："我们今天赖以抗战的，第一就是粮食"①，"如果能很好将粮食问题解决了，那么就等于解决了全部问题的三分之二"②。正因为如此，晋察冀边区政府为妥善解决党政军各方面的粮食供给问题，制定实施了救国公粮制度，从1938年开始征收救国公粮。尽管其间出现了自然灾害、敌人进攻等诸多困难，而且随着抗日武装力量的扩大，军粮需求量也越来越大，但在全边区各级政府的努力推动和广大民众的积极响应下，每年的公粮征收基本上都能达到期成数，有的地方还能超额完成任务，这就保证了边区党政军各部门的正常运转。尤其是专门供应武装部队战斗时支用的战斗粮，边区政府还有特殊规定，要求各级政府都必须按指定地点及规定的数量拨存，非战斗情况下任何人不得支用，一经支用，该管政府立即设法按原规定数调剂补足。北岳区特别强调在公粮的分配上"先战斗部队而后其他机关"③，使抗日一线人员有充足的粮食保障。例如，在"百团大战"中，晋察冀军区参战49个团，边区政府与军区供给部相互配合，组织了大量的人力物力，为参战部队实施了强有力的物资和粮食保障，仅为保证正太铁路作战的两万人的给养，战前就调拨150万斤战斗粮，从物资上保证了"百

---

① 魏宏运主编：《抗日战争时期晋察冀边区财政经济史资料选编·总论编》，第574页。
② 同上书，第130页。
③ 魏宏运主编：《抗日战争时期晋察冀边区财政经济史资料选编·财政金融编》，第204页。

团大战"的胜利。

其次，救国公粮作为统一累进税的重要形式，为晋察冀边区财政建设的日益成熟做出了重要贡献。由于粮食问题在财政里边要占一半的地位，所以财政建设的好与坏，主要反映在粮食问题上。边区政府成立之前，各种抗日武装力量随意征粮，财政最为混乱。边区政府成立后，逐步实行救国公粮制度，粮食由政府统筹统支，财政也逐步走向正规化。以粮食为基本征收标准的统一累进税实施后，边区政府始终紧抓粮食问题，在对敌斗争的困难时期保证了粮食供应，其他财政问题也就迎刃而解。另外，在财政预算方面，最初因为是用钱购粮，所以既要根据需要预算粮食，又要根据购粮数量预算购粮款。然而由于战时粮价高涨不定，因此这方面的预算往往比较困难。而征收救国公粮后，党政军一律吃公粮，不再用钱购粮，直接"预算粮食就够了，不必预算钱"①，既简便又准确，增加了战时财政预算的可行性。救国公粮"这个制度是个创造，在民国的历史上，财政的建设里面，没有这样一个制度"②，它的成功为边区财政建设日趋成熟做出了贡献。

最后，晋察冀边区首开征收救国公粮的先河，为其他抗日根据地解决粮食问题树立了典型示范。1938年6月，冀中政治主任公署率先在冀中区试行征收救国公粮，直接供给抗日部队的军粮，并在当年秋季的反"扫荡"中显现出了实物征发、随处取粮的优势。晋察冀边区政府学习推广其工作经验，从1938年11月开始在全边区征收救国公粮，并逐步确立和完善了救国公粮的征收、储存、支领一整套规章制度，对晋察冀抗日根据地坚持持久抗战发挥了积极的作用。此后华北各抗日根据地借鉴晋察冀边区的先进经验，陆续在各自的根据地内制定救国公粮制度，征收救国公粮。例如，在晋冀鲁豫根据地，1940年4月的黎城会议确定了每年征收一次救国公粮的制度，规定个人最高负担率不超过收入的30%，并降低了起征点，扩大了负担面，纠正了

---

① 魏宏运主编：《抗日战争时期晋察冀边区财政经济史资料选编·财政金融编》，第25页。

② 同上书，第5页。

过分取之于地主富农的做法。在晋绥根据地，1940年10月晋西北行署也颁布了征收救国公粮条例，规定以实际产量为计征标准，一年征收一次。1941年9月晋西北行署还根据晋绥地区的实际情况，再次颁布《征收抗日救国公粮条例》，根据"粮多的多出，粮少的少出"的原则，重新划定征收标准，扩大了负担面，兼顾了各阶层人民的利益，同时也逐步建立完善了公粮支付保管制度。

总之，抗日战争时期晋察冀抗日根据地首创的救国公粮制度，适应了战时敌后财政的特殊情形，有效地解决了根据地军政部门的粮食需求，对根据地的巩固和发展，对争取抗日战争的最后胜利，做出了重要贡献。

（原载《晋阳学刊》2007年第2期）

晋察冀抗日民主政权的功能

任何政权都具有一定的功能，而不同的政权，其功能也有所不同。在旧政权被摧毁的废墟上建立起来的晋察冀抗日民主政权，对诸如镇压人民反抗、以封建伦理道德约束人民行为等功能予以坚决摒弃。同时，为适应抗日战争形势的需要，晋察冀抗日民主政权还努力使自己肩负起更多的责任，给政权赋予了新的内容和使命，对抗日根据地的发展和调动一切力量坚持抗战发挥了重要的作用。在此，从政治、军事、经济、教育四个方面探讨战时晋察冀抗日民主政权所具有的功能。

一 组织群众抗战、保障人民权利的政治功能

旧有政权的政治功能是代表统治阶级的利益，对下实施控制。晋察冀抗日民主政权的政治功能则是动员组织群众参加抗战，对汉奸反动派实行专政，保障抗日群众的各项权利，并增强民众关心国家、参与政治的意识。

（一）动员组织群众参加抗战

晋察冀抗日民主政权正式建立之前，华北地区已有抗日救亡团体对民众进行了广泛的抗日宣传和动员。他们"尽量把亡国亡种、沦为殖民地的可怕前景告诉民众，唤起民众的爱国情绪。"[①] 山西牺牲救国同盟会和第二战区半政权性质的民族革命战争战地总动员委员会也曾

---

① 聂荣臻：《聂荣臻回忆录》中册，解放军出版社1984年版，第383页。

担负过动员群众组织群众的紧急任务。然而在日军大举进攻、旧政权土崩瓦解、社会秩序一片混乱的情况下,要真正做到动员群众组织群众,首先得安定人心稳定情绪,使群众摆脱无政府无依靠的恐慌和不安。晋察冀抗日民主政权的建立就"如同树起一面大旗,使人民群众和各种抗日力量聚集在这面大旗之下"①。这就为更好更有效地动员群众组织群众提供了前提条件,因为"政府——在老百姓的眼里,是很有权威的"②。

与国民党旧政权拒绝动员民众参加抗战截然不同,晋察冀抗日民主政权建立之后,为使千百万民众投身到反对日本帝国主义的滚滚洪流之中,在动员群众组织群众方面做了大量的工作:第一,响应毛泽东"为动员一切力量争取抗战胜利而斗争"的号召,规定县区村各级政府主要官员皆负民众动员工作之责,从组织上为动员民众提供保证。第二,在实际工作中,注意将政府施行的减租减息、增加工资、合理负担、废除苛捐杂税、改善民生等与群众切身利益有关的政策同抗日战争的大局联系起来,同"打鬼子求生存"③ 联系起来,以此调动群众抗日救亡的积极性,使"拿起武器,保卫家乡"的口号成为群众参加抗战的自觉要求和行动。阜平县的农民就喊出了要打日本、要吃饭、要下租子(减租)的口号,冀西地区七八个县一下子就有15000多人参加游击队,减租的结果比空洞的宣传更有效地动员了广大农民参加抗战。第三,通过扶持群众团体,来动员群众组织群众。晋察冀边区施政纲领曾明确规定:一切抗日人民有结社自由,各级政府的民政部门负有掌理社团事宜的责任。陆续成立的工、农、妇、青、童、文各界抗日救国会"以争取民族的解放为宗旨"④,成为组织群众动员群众的直接承担者,政府的职能很大程度上是通过他们来实现的。可以说"晋察冀边区一切工作的计划和布置都要经过他们的

---

① 薄一波:《七十年奋斗与思考》上卷,中共党史出版社1996年版,第215页。
② 聂荣臻:《聂荣臻回忆录》中册,第383页。
③ 李公朴:《华北敌后——晋察冀》,生活·读书·新知三联书店1979年版,第19页。
④ 河北省社会科学院历史研究所等编:《晋察冀抗日根据地史料选编》上册,河北人民出版社1983年版,第345页。

两手，通过了他们而传达到一千二百万民众，推动一千二百万民众"①。

（二）对汉奸反动派实行专政

晋察冀边区政权的抗日民主属性决定了它必然要对汉奸、特务、反动派实行专政。边区行政委员会成立之初，旧的警察制度以及机构被取消，辖区内各县普遍成立人民武装自卫队，临时担负惩治汉奸、维护地方治安的任务。1939年6月，晋察冀边区公安总局成立，随后各行署、县、区、村先后设置了相应的公安局、公安科、治安委员等机构和岗位，冀西部分农村还一度建立了政治警察制度。各级公安机关是政府的职能部门，除依照边区施政纲领有关"肃清一切破坏团结抗战，破坏边区的特务、奸细，打击妥协投降派"和"对死心塌地的汉奸严于惩处"的规定，严格履行对汉奸、特务、反动派实施打击的职责外，还注意发动依靠广大群众合力锄奸。1941年4月，晋察冀边区行政委员会制定颁布了《公安局暂行条例》，对边区公安局的性质、行动、工作、权限和机构设置等作了明确的规定。此后，边区公安部门的工作得到进一步加强。

（三）保障抗日群众的各项权利

在对汉奸特务实施专政的同时，抗日民主政权还对抗日各阶级各阶层群众的各项权利予以保障，并尽可能地给人民提供参政议政的机会，提高群众对国家命运的关注程度。在长期的封建专制统治下，中国普通民众尤其是广大农民缺乏鲜明的国家观念和民族意识，虽然在日本帝国主义的侵略面前，他们本能地起来进行了一些抵抗，但还不可能把这种抵抗的意义上升到捍卫国家主权和民族尊严的高度，更不可能意识到自己作为国家的一分子有参战的义务，更有参政的权利。直到晋察冀抗日民主政权建立后，通过广泛的民主选举的事例才逐步提高了广大群众对国家命运的关注程度，增强了其参政议政的意识。

---

① 李公朴：《华北敌后——晋察冀》，第134页。

二 协助抗战的军事功能

在战争的特殊环境下，政权必须肩负起一定的军事职能。在晋察冀根据地，正规战役由八路军充当主体，但补充部队兵源、组织地方武装、进行战事协作等任务则均由政府来完成。

（一）补充部队兵源

抗日战争初期，由于战事的紧急，八路军主力部队兵源又严重不足，因此在扩军过程中，旧军队的散兵游勇、兵痞流氓、亡命之徒等均有混入八路军的。而普通老百姓在"好铁不打钉、好男不当兵"的传统观念下，很少主动参军。随着晋察冀抗日民主政权的建立和巩固，征兵工作也逐步走上了正轨。1940年晋察冀边区政府在《双十纲领》中明确提出："扩大边区人民子弟兵，充分保障其给养和经常的人员。"①

为了保证兵源，边区政府首先在组织上予以高度重视，在各级政府中设立相应的部门分管兵役工作。边区由民政处分管，各县有专门的人民武装部掌理，村归人民武装中队部负责。除专司兵役的各部门外，晋察冀各机关各部队各群众团体实际上也都以不同的形式参与兵役工作。其次在兵役制度上进行改革，逐渐废除旧的封建募兵制，推行志愿义务兵役制。1942年1月，边区行政委员会颁布了《晋察冀边区志愿义务兵役制度实施暂行办法》，规定：凡本边区之男子在18岁以上35岁以下者，均有服兵役之义务；志愿服兵役者，应依本办法报名登记，听候征召入伍。新兵役制的规定不仅有利于杜绝拉兵、买兵、派兵等不良现象，而且从群众心理上提高了当兵入伍者的地位，因为应征者在志愿的前提下，还得通过一定的审查，"听候征召"，这就在保证兵源数量的同时保证了兵源的质量。最后，结合新兵役制度，各级政府和群众团体利用墙报、壁画、报告、演剧、开会

---

① 中共中央党校党史教研室选编：《中共党史参考资料》第4册，人民出版社1979年版，第189页。

等各种形式，深入广泛地进行宣传，形成群众动员的热潮，以保证动员计划的完成。

（二）组织地方武装

除了动员群众参加主力部队外，晋察冀边区政府还组织了自己的地方武装，主要有属于各县公安局的警卫队、正规化的地方军、接敌区的地方游击队和不脱产的人民武装自卫队。警卫队人数不多，主要活动在城镇，以协助公安局清查户口，锄奸缉匪，从事敌工，维持后方治安。地方军和游击队均为脱产的武装组织，地方军较游击队规模更大，装备更好，机动性更强，与正规军配合作战较多，后期多转化为正规军，如初期的马本斋回民支队等。游击队多是以县为组织单位，区域性较强，以定期集合与分散活动相结合的方式进行游击作战，同时也在本县区内配合主力部队作战。地方军与游击队是主力部队的重要助手，人民武装自卫队则是乡村性自卫组织，最为普及，建制也最完善。1939年9月颁布的《晋察冀边区人民武装自卫队暂行组织条例》规定：边区"凡年在十六岁以上，五十岁以下之人民，无残废疾病者，不论男女均得参加自卫队"[①]。16至23岁的队员编为青年抗日先锋队，是自卫队中的骨干力量和特殊力量；24至35岁的队员编为模范队，另外还有专门的妇女队。

在组织系统上，边区设人民武装自卫委员会，专署设区队部，县设总队部，区设大队部，中心村设中队部。最初，各级自卫队隶属于各级政府，各级自卫委员会由各级行政长官、群众团体之武装部长及其他代表组成。制度日益健全后，各级自卫委员会设队长、政治指导员、军事干事、政治干事、妇女干事、总务干事，由各级自卫队代表大会选举产生，采取民主集中制原则，在各级政府指挥下进行一切工作。到1941年，边区人民武装自卫队已具相当规模，其中以青年抗日先锋队和模范队为主体的民兵总数达30万人。再行整顿后，民兵的军事性和集中性大为加强，成为活跃在广大乡村田间的劳武双料能手。每当有战事时，民兵在各级政府的组织下，随军担任向导、侦

---

① 李公朴：《华北敌后——晋察冀》，第128页。

察、破路、运输、联络、救护转送伤员等任务，以各种方式配合主力作战。

（三）进行战事协作

在战斗中，各级政府还组织广大群众协助作战。1938年春，平汉、津浦线的大破击战时，就有好几县的群众都参加了破路和搬运战利品。百团大战更是军政民配合的典范，仅晋中区就动员了10万余群众参加破路，冀东区动员了8万群众，同时破坏七八个县的公路和电线，正太沿线动员了2万多民兵，编成50个大队，在前线与主力部队并肩作战。可以说，晋察冀八路军取得的所有辉煌战绩，都是晋察冀军政民合作的结果。

三　发展生产保障供给的经济功能

最早出现于敌后的晋察冀抗日民主政权可以说是白手起家。国民政府虽然承认了晋察冀边区政府，但在经费、枪支、弹药和物资方面，边区政府得不到任何接济。在延安的中共中央，由于自身经费的短缺，客观上也不可能大力帮助。就是在这样的情况下，晋察冀边区行政委员会本着既要有利于抗战又要有利于民生的原则，制定了一系列正确的财政经济政策，在以下几个方面发挥了巨大作用。

（一）保障军政供给

晋察冀抗日民主政府成立伊始，所面临的迫在眉睫的任务就是保障军政供给。虽然晋察冀边区行政委员会成立时，根据地内的八路军只有几千人，各级政府机构人数也不多，但随着八路军队伍的迅速壮大和各级政权的进一步完善，军政供给的数额越来越大，除了有限的外援和少量的缴获日伪资产以及自力更生外，新生的抗日民主政府主要靠合理负担的办法，取之于民，解决供给问题。

在敌后抗日根据地中最早实行合理负担的当推晋察冀边区。早在抗日战争全面爆发前，阎锡山就在山西提出了合理负担的主张。晋察冀抗日根据地初创时，晋东北18个县先后在动委会和抗日民主政府的领导下实施合理负担。1938年3月，边区行政委员会按照晋察冀边区军政民代表大会通过的有关"废除一切苛杂的间接税，建立合理的直接税"的建议，公布了《村合理负担实施办法》及相关政策，对合理负担作了严格的规定，废除战前近30种苛捐杂税，统一各种赋税，一律按村户"分数"负担。每家每户的负担额是根据其财产、收入和消费的情况，依照统一标准进行计算，再经村评议会审核确定，每年两次进行征收。这种富者多出，贫者少出或不出的办法使负担面扩大到50%左右，既消除了过去穷人既出钱又出力的不合理负担现象，使大多数贫农、雇农负担减轻或免于负担，又纠正了部分地区不利于统一战线的"富户负担"、擅自摊派的偏向。在村合理负担普遍推行并取得一定成绩的基础上，平山、唐县等地又开始实行县级统一合理负担，1941年进一步发展到全边区实施统一累进税，使各阶层负担更为合理。

　　晋察冀边区行政委员会成立之初，抗日军队的给养是就地筹划，全边区并不统一。边区财经工作逐步走上正轨后，边区政府开始承担各抗日部队军费统一发放任务。在粮秣问题上，边区政府先后采取过县合理负担、公债购军粮、发给军队现款自行解决等办法，但由于战时的特殊情况和边区内各县经济发展不平衡，上述办法实施起来均存在诸多不便。为从根本上解决抗日军队的粮秣问题，边区行政委员会于1938年秋公布了《征收救国公粮条例》，规定以合理负担的原则在晋东北冀西征收救国公粮，"用以供给军食，优待抗属，救济灾荒，有余作为政府收入之一部"①。征收办法以各家全部收入（包括农业、副业、畜牧业、工商业、放贷业等）折米计算，按百分比递增累进。救国公粮作为一种税收，与一般税收最大的区别在于征收之后的储存保管不是集中于政府手中，而是分存于各村各户。军队如需用粮，可随时随地用边区行政委员会所发之军用粮票，通过区公所军用代办所向各村领用救国公粮。这种独特的财经制度是晋察冀边区政府的创举，它妥善地解决了坚持敌后抗战的军粮供给问题，变"兵马未动粮草先行"为"兵马任动粮草随行"，既方便了军队也便利了群众。

---

① 李公朴：《华北敌后——晋察冀》，第107页。

（二）组织发展生产

晋察冀边区政府是边区人民的政府，因此在适当征收赋税、取之于民的同时，还特别注意以政府行为帮助群众发展生产，尤其是发展边区支柱经济——农业。其具体做法如下：

第一，实施减租减息，帮助农民从繁重的地租和高利贷盘剥中解脱出来。至1940年6月，仅北岳区两个专区就减租614.5万斤，四个专区减息32.6万元，极大地调动了农民的抗日和生产积极性。

第二，把握住生产的关键环节，不失时机地组织并协助农民的耕种与收获。从1939年起，晋察冀各级政府便按季节成立春耕、护麦、护秋等专门机构，统一组织生产。每到春耕时节，边区政府或是召开联席会议，或是制定有关条例，直接推动群众生产。对种子、农具、耕畜有困难的农户还贷款以帮助。1940年春，边区政府对北岳区20个县种子借贷4767石，补充耕牛6921头。夏收和秋收往往是敌我双方田间地头非军事对峙最激烈的时候，边区政府就将各级政府机构的干部分配下基层，组织群众在主力部队的配合下武装保卫夏收秋收，并指定干部负责收获后的坚壁工作。1943年秋收时，完县地方政府动员了500名民兵，7天中抢收了1300亩庄稼。

第三，鼓励垦荒，扩大耕地面积。边区政府先后颁布了《垦荒单行条例》《垦修滩荒方法》，规定新荒地和连续两年未耕种的熟荒地，农民可以无租耕种，土地所有权归承垦农民所有；滩荒先由土地所有人垦修，土地所有人不能垦修者，则由地方政府招人垦修。在政府的积极鼓励下，广大农民及部队和政府机关人员纷纷垦荒，使耕地面积逐年增加。据不完全统计，1938年春耕时边区共开荒3万亩，1938年至1939年仅平山等9县就垦荒15000余亩，1943年新熟荒共开垦53万亩。抗战八年晋察冀边区共开荒120余万亩，修滩地25万余亩，耕地面积的扩大直接增加了农业生产总收入。

第四，在巩固区大力提倡和积极推广农业新技术、新品种，并改进农具，在条件容许的情况下，晋察冀边区政府还组织科学实验，以增加粮食产量。如晋察冀农林牧植局就曾通过实验使小麦产量增加了10%。

第五，民办公助兴修水利，有计划地凿井、开渠、修堤，增加水浇地面积。1940年春，边区政府通过银行向五台、盂县、定襄、忻县举办水利贷款，共修水渠20条，灌溉农田13385亩。1941年4月冀中滹沱河长堤工程竣工，河间等14县水患威胁大为减小。1944年平山一县就开渠65条，第一、三两区的8个县凿井4046眼。水利的兴修，水浇地面积的增加，有力地促进了农业生产。

第六，通过拨工互助和合作社的形式将农民组织起来。中国农民历来习惯于分散的个体生产方式，但在战争造成劳动力减少的情况下，这种分散的力量往往无法保证生产。在后来的生产实践中，农民逐渐意识到要克服战争造成的劳动力困难，就必须组织起来。在1943年开展的大生产运动中，阜平等地出现了拨工互助形式，而且取得了相当大的成绩。到1944年，边区许多群众组织起来了，全区20%的人口参加了28000个拨工组，劳动效率一般都提高了30%。在实践中，农民还将拨工互助的规模扩大，由小组而分队而大队，再至劳动互助合作社。在游击区和接敌区，主要是劳武结合，民兵掩护和协助群众生产。农民组织起来后，解决了部分地区劳动力缺乏的问题，提高了劳动效率，节省了劳动时间，还互助互学，提高了生产技术，提高了生产热情。总之，在边区行政委员会的领导和帮助下，晋察冀边区的农业生产迅速恢复和发展，既改善了人民生活，又为抗日战争提供了丰厚的物质基础。

（三）进行灾荒救治

古今中外皆有灾荒，因此救灾赈荒就成为政府的基本职能之一。抗日战争期间，晋察冀人民除了遭受战争灾难的创伤外，还倍受自然灾害的侵扰。据不完全统计，自1939年始，晋察冀边区共发生特大重大的水、旱、蝗、雹、震等灾害十几次，1939年特大水灾时，日军还趁机在冀中决堤128处，使灾情加重，累及30余县近万村庄，灾民300余万人。1945年，冀东同时遭遇旱、水、雹、蝗、震数灾，100万亩土地绝收。另外，由于日军在根据地内散布毒菌，喷射腐烂性毒瓦斯，致使霍乱、伤寒、鼠疫、疟疾等疫病流行，军队和老百姓罹毒染疫而死亡者甚多。1939年8月，一个月内华北地区因霍乱伤寒而死亡者就达四五万人，晋察冀边区这次死亡者当不在少数。所有这些灾害对于生产力低下且正在遭受日军"扫荡"包围的晋察冀根据地人民，尤其是极端贫困的北岳区人民来说，无异于雪上加霜。

为了帮助灾民战胜自然灾害，渡过难关，恢复和发展生产，坚持抗战，晋察冀边区政府认真履行政府职责，根据《双十纲领》第十一条，各级政府都相应地成立了救灾委员会，积极采取各种救灾措施，减免灾荒所造成的损失。第一，灾荒发生后，县区两级干部立即深入调查灾情，根据情况减免灾区公粮的征收额。第二，"在'保证不饿死一个人'的口号下，进行救济活动"①，在重灾区无偿发放救济，分设粥厂以济灾民，政府拨款赠医施药。如1939年特大水灾发生后，边区政府当即拨款10万元紧急救济，次年又赈济100万元帮助灾民渡春荒。1943年大旱之后，边区政府发放了60余万元救济款，4000大石救济粮，进行紧急赈济。同时拨出300万元专款修建被毁房屋，数十万元添置灾民衣被，300万元购置药品。第三，为灾情较轻的地区贷粮贷款，解决种子、肥料、牲畜，帮助灾民恢复生产，修复被洪水冲毁的农田。如1940年春，边区政府仅为头年遭水灾的北岳区就贷款300万元，借贷种子4767石，补充耕牛6921头、驴2902头、骡1127头，帮助灾民完成春耕。据不完全统计，北岳区20个县修复滩地14万亩，恢复被冲土地的94.5%。第四，号召军政机关节约，提倡群众互助。1939年8月，边区行政委员会曾对军政民每人每天节约粮食数做过如下规定：部队官兵1两，政府和群众团体工作人员4两，一般民众2两，特别劳动者1两。节约之粮均用于灾民。1942年至1943年的大旱中，边区人民自动募集互助，仅冀西群众就募集粮食8377大石、糠1693石、米200余石、菜3004斤、边币20余万元。有的开明绅士也主动募捐，1941年繁峙县20余名开明绅士组成"募捐救灾委员会"，带动全县地主富农捐出小米300余石、边币300余万元、麦种50余石，对解决春荒起到了一定作用。

以上临灾而救的措施虽是必要的，但不是根本的办法，因此边区

---

① 日本防卫厅战史室编：《华北治安战》下册，天津市政协编译组译，天津人民出版社1982年版，第265页。

政府在救灾的同时，注意引导群众生产渡灾，生产自救。1939年水灾时，边区行政委员会成立了"灾民工作介绍所"，安排灾民参加地方工作，从事生产劳动。1943年，边区政府贷款210万元，帮助重灾的冀西三个专区发展家庭副业和运销业，组织群众割荆条、挖药材、打猎等，解决了相当一部分灾民的衣食问题。另外，边区政府还注意采取积极的预防措施，力争防患于未然，如禁止开垦超过三十度以上的荒山，以优惠政策鼓励修梯田，提倡植树造林，筑堤治河兴修水利，耕三余一以丰年备荒年等。尤其值得一提的是全民灭蝗。近代历史上也曾以"灭蝗"作为人工除害的手段，但实际上对于"蝗灾"的救治根本无济于事。然而，1944年和1945年发生在晋察冀根据地的"灭蝗"却有着与近代历史上的"捕蝗"完全不同的结果。边区政府调动军政民力量齐动员，对群众灭蝗还给予奖励。阜平县县长亲自带头，冀西14县约有60万人参加打蝗队。1945年冀西3个专区灭蝗38万余斤，挖蝗卵4万余斤，基本控制了灾情的发展，减少了蝗灾的危害，从而也就稳定了人心。

由于边区政府采取了一系列正确的灾荒救治措施，因此晋察冀根据地虽灾害不断，农业生产因此而受到严重影响，但并没有导致人口锐减、农业生产凋敝、民变骤起、社会动荡的严重后果。相反，政府的帮助不仅使广大灾民的生活得到妥善安排，生产迅速得到恢复，1940年个别地区还超过灾荒前的水平。共产党和抗日民主政府的形象因此更加完美，根据地更具吸引力，甚至连一些敌占区的灾民都到根据地参加生产自救。

四 新民主主义的教育功能

抗日战争时期晋察冀边区的教育是与抗战密切联系的。1938年1月晋察冀边区行政委员会成立时，教育处作为四大处之一被单独设置，以后随着各级政府的建立健全，教育机构也日益完善。行署有分管教育的干事，专署和县有教育科，大县还设有督学，区有教师助理员，村有教育委员。晋察冀抗日民主政权正是通过这一套完善的教育行政系统加强了对边区教育事业的领导和管理，发挥着特有的教育功能。

(一) 为抗战培养各种人才

早在1938年1月晋察冀边区军政民代表大会通过的《文化教育决议案》中就特别规定了战时文化教育工作的基本任务：培养军事政治干部，加强抗战力量；造就专门技术人才，建设抗战时期的各项事业；培养热情的新青年，扩大民族革命的基础力量。晋察冀根据地抗战建国的急需人才，主要是通过包括高等学校、中学、各类干部学校和培训班等各种形式的干部教育来培养。

在晋察冀的土地上，先后有过4所战时非正规高等学校：1939年2月，由延安迁至河北灵寿的抗日军政大学第二分校主要是培养敌后抗日军事人才，到1943年初共培训了10期学员。1939年7月在延安成立后转到冀西的华北联合大学是边区的最高学府，主要培养适合敌后工作的、有坚定的政治方向、高尚的革命品质和实际工作能力的党、政、文教、民运各方面的高级干部。华北联合大学在1941年2月与抗战建国学院合并后，鼎盛时期下设社科、文艺、工人、青年、师范、法政、群工等学院，教职学员4000多人，截至1942年年底共培养了3000多名干部，并先后为边区七所中学配备了主要干部。1939年秋，晋察冀边区政府创办了抗战建国学院，主要是轮训在职干部，与华北联合大学合并前，共培训了区政助理、税收、银行、合作事业、财政、秘书、妇女等各类行政和经济建设人才1000余人。[①] 1945年5月，冀中行署还曾开办过行政干部学院性质的五一学院，虽然存在时间不长，但700余名学员中有不少人参加了后来的解放战争，为中华人民共和国的建立贡献了自己的力量。

为了解决失学青少年继续学习和基层干部培养提高的问题，晋察冀边区政府从1939年开始，先后在各专署开办了9所民族革命中学和抗属中学以及抗大二分校附中。此时边区中学的目标已"不是为了升学"[②]，而是为了在以后能补充边区政府、军事部门以及生产单位对

[①] 《晋察冀抗日根据地》史料丛书编审委员会、中央档案馆编：《中国共产党历史资料丛书·晋察冀抗日根据地》第2册，中共党史出版社1991年版，第207页。

[②] 《根据地普通教育的改革问题》，《解放日报》1944年4月7日，第1版。

人员的需要。此外还有白求恩卫生学校、军政干部学校、群众干部学校、农业职业中学、蒙藏学校等中等学校以及各种各样的培训班。晋察冀边区的干部教育在华北敌后根据地中成绩最为显著，不仅解决了基层干部短缺的问题，还为边区培养了一大批急需的专门人才。1939年至1940年，北岳区和冀中区通过专区和县办培训班以及在中学附设培训班的形式，共培训了1万余名教师，补充了边区师资，推动了晋察冀边区教育事业的发展。

(二) 普及小学义务教育，扩大教育面

晋察冀边区多是贫瘠的山区，历来文化落后。冀西山区许多村庄甚至连一个识字的人都没有。冀东文化稍发达，但农村中仍有80%的文盲。在遭受日本帝国主义侵略后，本来就很少的学校，或是校舍被毁，或是教师被杀，晋察冀边区的学校教育几乎停顿。边区行政委员会成立后，曾以行政手段要求各级政府帮助未直接遭受敌人炮火威胁的小学校迅速恢复教学，并一律免除学费，对贫苦学生还发给必要的书籍和纸笔等日用品，使穷人的孩子都能上学。经过一年的努力，各县小学大部分恢复，有些文化落后原本就没有学校的地方还建立了一些学校。到1939年，全边区小学校已发展到7063所，入学儿童达36万余人，占学龄儿童的60%。在此基础上，边区政府第二年制定的《双十纲领》又进一步规定，"在提高国民文化水准及民族觉悟的目标下，实行普及的义务的免费的教育，建立并健全学校教育，至少每行政村设一小学，每行政区设一完全小学或高小，每专区设一中学"①。同时，边区政府还进一步建立教育行政领导体制，改善教师生活，基本完成了普及的义务的免费的小学教育任务，推动学校教育向正规化发展。1941年以后，由于日寇的残酷"扫荡"，边区小学有所减少，边区政府开始对全边区小学进行整顿改革，并在游击区和接敌区创造了巡回小学、隐蔽小学、两面小学等适应战争环境的灵活多样的办学形式，顽强地坚持学校教育。1944年教育会议之后，晋察冀边区推广小学民办公助，使边区小学教育进一步得到普及和发展，从而

---

① 中共中央党校党史教研室选编：《中共党史参考资料》第4册，第191页。

广泛地提高了国民的文化水平和政治觉悟。

（三）进行教育改革，开创新民主主义教育

晋察冀边区的教育是在战争环境下坚持的教育，因此不可能按部就班维持旧的教育秩序。同时，晋察冀边区政权的抗日民主性质也决定了其教育必定会在坚持抗战、发扬民主的要求下有所改革，有所创新。

首先是教育结构上的改革。传统的教育多局限于学校教育，而晋察冀边区在坚持和发展学校教育的同时，更重视干部教育和群众教育。这种教育结构上的改革，完全是为适应战争的需要，因为广泛的干部教育和群众教育"是当前深入动员群众参加与坚持抗战，培养革命知识分子与干部的重要环节"[①]。干部教育主要是通过各种高等教育和中等教育以及干部培训班来完成的。群众教育则是通过各村建立民革室、救亡室、俱乐部一类的文化教育活动中心，开办各种民众学校、夜校、识字班以及各中心市镇的民众教育馆等形式，形成广泛的全民的学习热潮，从1938年冬天开始的"冬学运动"便是这种热潮的主流。据不完全统计，1938年北岳区各县冬学有4000余处，1939年增加到5379处，1940年增加到8373处，学员达到52万余人。巩固区和部分游击区几乎村村有冬学，在提高广大群众文化水平的同时，也增强了群众的民族抗战意识。

其次是教育内容上的改革。晋察冀边区的教育不仅仅是传播一般的文化知识，更不是着力灌输儒家的伦理纲常，而是以新民主主义为基本内容。1940年，随着中学教育正规化的提出，中学课程设置被要求为基础文化课占40%，政治课占30%，军事课占20%，艺术课占10%。政治课所占比例虽不是绝对大，但实际上文化课的课文内容是以抗战、民主为主，军事和艺术也是服务于抗战的。小学课程除一般的国语、算术、史地、唱歌、运动等外，还有自然、社会、劳作、公民、常识，就是一般课程的课本也多是配合抗战建国而编写的，因此

[①] 中共中央书记处编：《六大以来——党内秘密文件》下册，人民出版社1981年版，第812页。

政治方面的内容实际上"占课本60%强"。① 另外，基本生产技能的传授也占一定比例，尤其在1943年以后，小学生的生产成绩被列为评定学生成绩优劣的标准之一，这就使小学教育的培养目标开始有了新的含义。

（四）新开社会风气，推动根据地的社会变革

在边区政府的提倡和组织下，各种各样的学习运动前所未有地深入到晋察冀边区的每个角落。教育不仅使晋察冀人民逐渐扫除了文盲，也使他们认识了中国，认识了世界，认识了抗战，认识了几千年都不曾认识到的自我，教育给他们开辟了一个新天地。

教育还推动了晋察冀妇女解放运动的发展。由于中国重男轻女的传统观念，女子入学受教育的很少。晋察冀边区政府通过广泛宣传，动员女童入学，几年间取得了相当大的成绩。如1941年冀西的阜平县小学生中女生所占的比例达到了43%。1938年冀中各县小学女生总数仅为22410人，平均占小学生总数的13.15%，1941年增加到197157人，平均占小学生总数的43.44%，最高的县达到50%。② 不仅如此，在群众性的学习运动中，广大农村妇女前所未有地冲破束缚，走出家门，参加识字班。1940年仅冀中第八专区7个县的统计，参加冬学识字班的女学员就占学员总数的47.38%。③ 男女拥有同等受教育的机会，这就在最大的范围内实现了最基本的男女平等，成为许多妇女干部走上革命道路的起点。

晋察冀抗日民主政权是最早在敌后根据地实行新民主主义制度的统一战线政权的典范，从其发挥的有效功能来看，新生的抗日民主政权具有不同于旧政权的特点：第一，作为抗日民主政权主要工具的常备军已不是统治者的特殊武装，而是人民的子弟兵。此外还有特殊武装——游击队、全民武装——自卫队，共同肩负保卫政权、

---

① 李公朴：《华北敌后——晋察冀》，第138页。
② 《晋察冀抗日根据地》史料丛书编审委员会、中央档案馆编：《中国共产党历史资料丛书·晋察冀抗日根据地》第2册，第217页。
③ 同上书，第215页。

保卫家园、维持治安等重任。第二，旧政权总是代表少数人的利益对多数人实施统治，而晋察冀抗日民主政权是代表根据地内绝大多数人的利益，对外组织抗日战争，对内实施对少数汉奸卖国贼的专政。第三，工农群众已经把自己上升为统治阶级，积极参政议政，联合抗日的其他阶级阶层共同管理政权，这说明晋察冀抗日民主政权已经发生了不同于旧政权的质的巨变，事实上成为新民主主义中国的雏形。

（原载《重庆社会科学》2018年第4期）

中国同盟会筹备会议与会者人数及省籍考略

1905年7月30日,孙中山与黄兴等人在东京赤坂区桧町三番地黑龙会会所的内田良平家中,召开了中国同盟会筹备会议。会议正式确定了同盟会的名称、纲领、誓词、入会仪式,还推举了会章起草人。与会者依黄兴提议,各人"书立誓约"①,成为首批中国同盟会会员。至此,中国同盟会成立了。此后,"留东各省学生逐日加盟者络绎不绝"②。

对于这次会议,冯自由在《中国同盟会史略》一文中将其与8月20日的成立大会并称为"第一次"和"第二次"会议。③ 田桐的《同盟会成立记》④和曹亚伯的《武昌革命真史》⑤以及李四光的《追忆同盟会成立大会》⑥,都直接称其为成立会,可见这次会议之重要。然而,长期以来史学界在论及这次会议时,对会议的参加人数及其所属省籍这两个基本问题颇多歧异。

首先,来看参加会议的人数问题。

主张40余人说的主要代表是曹亚伯。他在《武昌革命真史》中多处提到40余人:"到者有龚国煌、时功玖、田桐、居正、李烈钧、

---

① 中国史学会主编:《中国近代史资料丛刊·辛亥革命》第2册,上海人民出版社1957年版,第6页。
② 冯自由:《革命逸史》第2集,中华书局1981年版,第139页。
③ 同上书,第137—139页。
④ 罗家伦主编:《革命文献》第2辑,台湾正中书局1959年版,第2页。
⑤ 曹亚伯:《武昌革命真史》上册,上海书店1982年影印本,第15页。
⑥ 尚明轩等主编:《孙中山生平事业追忆录》,人民出版社1986年版,第562页。

唐继尧、阎锡山、尹昌衡等四十余人"①,"是日到会四十余人。黄兴、孙文、宋教仁、张继、杜禹、汪精卫、马君武、李根源、吕天民、冯自由、于德坤、程家柽、孙毓筠、黄复生、周代本、胡瑛、吴春阳、石志泉、李书城、耿觐文、但焘、田桐、何晓柳、宫崎寅藏、张昉、陈天华、曹亚伯、秋瑾等。大约各省皆有一二"②。另外,田桐也持40余人说。

主张50余人说的主要代表是傅启学。他在《国父孙中山先生传》中记道:"一九〇五年七月三十日,国父……偕梁慕光、冯自由等自横滨莅会。各省同志由黄兴、宋教仁、程家柽等通知到会者,有张继、陈天华、田桐、邓家彦等十三人;由冯自由通知到会者,有马君武、胡毅生、朱少穆、刘道一、曹亚伯、但焘等十一人;由胡毅生带领到会者,有汪精卫、朱执信、李文范、古应芬诸人;由宫崎寅藏通知到会者有内田良平、末永节诸人。计到会者,共有五十余人。"③

主张60余人说的主要代表有冯自由和李守孔。冯自由虽然在《田桐事述略补》一文中有"是日莅会宣誓者五十余人"的记述,但他在《革命逸史》一书中又记为:"兴中会员孙总理、梁慕光、冯自由三人,自横滨莅会,各省同志之由黄兴、宋教仁、程家柽等通知到会者,有张继、陈天华、田桐、董修武、邓家彦、吴春阳、康宝忠、朱炳麟、匡一、鲁鱼、孙元、权道涵、张我华、于德坤诸人。由冯自由通知到会者,有马君武、何天炯、黎勇锡、胡毅生、朱少穆、刘道一、曹亚伯、蒋尊簋、但焘、时功玖、谢良牧。由胡毅生带领到会者有汪精卫、朱大符、李文范、张树楠、古应芬、金卓、杜之杕、姚礼修、张树棠诸人。由宫崎寅藏通知到会者,有内田良平、末永节诸人,计莅会六十余人。"④ 李守孔在《国民革命史》中也称"计到中

---

① 曹亚伯:《武昌革命真史》上册,第15页。
② 同上书,第16页。
③ 傅启学:《国父孙中山先生传》,台湾各界纪念国父百年诞辰筹备委员会1966年版,第13页。
④ 冯自由:《革命逸史》第2集,第137页。

国本部十七省留学生（甘肃无留学生）六十余人"[1]。从李著开列名单的记述形式看，除将鲁鱼、孙元混写成鲁元和缺少张我华之外，其余与冯自由《革命逸史》的记述完全一样。

主张70余人说的占绝大多数，但具体人数又各说不一。邱钱牧主编的《中国政党史》记为："到会的有孙中山、黄兴、宋教仁、陈天华、陈家柽、田桐、冯自由、张继、邓家彦、吴春阳、马君武、刘道一、蒋尊簋、朱执信以及日本友人宫崎、内田等2人，其中：湖南籍20人，湖北籍9人，广东籍6人，广西籍7人，安徽、江西籍各2人，直隶、陕西、浙江、福建省籍各1人。"[2] 蒋永敬在其编著的《民国胡展堂先生汉民年谱》中称"今据考订，可得名单如下：安徽程家柽、吴春旸，浙江蒋尊簋，陕西康宝忠，江西陈荣恪、张华飞，广西谭鎏翰、马君武、卢汝翼、朱金钟、蓝德中、曾龙章、邓家彦，湖北时功玖、耿觐文、涂宗武、金仲勉、曹亚伯、周斌、陶凤集、叶佩熏、蒋作宾、李仲逵、刘通、李叶乾、范熙绩、许纬、刘树湘、匡一、田桐、但焘，湖南陈天华、曾继梧、余范傅、郭先本、黄兴、姚越、张夷、刘道一、陶镕、李峻、宋教仁、周斌、邹毓奇、高兆奎、柳杨谷、柳刚、宋式善、范治焕、林凤游、郭家伟，福建王孝缜，直隶张继，广东黎勇、朱少穆、谢延誉、黄超如、冯自由、姚东若、金章、汪兆铭、古应芬、杜之杕、李文范、胡毅、朱大符、张树楠、何天炯，四川吴鼎昌。另孙中山、宫崎寅藏、内田良平、末永节"[3]，共73人。王俯民所著《孙中山详传》引罗刚《中华民国国父实录》为注，也称73人，所列名单与蒋永敬同，只是少记湖南柳刚一人。[4] 郭汉民主编的《中国近代史实正误》"依据《中国同盟会成立初期（乙巳、丙午两年）之会员名册》（以下简称《名册》），并参照其他著述"[5]，列出79人名单，绝大多数与蒋著同，只是在73人的基础上增

---

[1] 李守孔：《国民革命史》，台湾各界纪念孙中山百年诞辰筹备委员会1966年版，第83页。
[2] 邱钱牧主编：《中国政党史》，山西人民出版社1991年版，第88页。
[3] 蒋永敬：《民国胡展堂先生汉民年谱》，台湾商务印书馆1981年版，第47页。
[4] 王俯民：《孙中山详传》上册，中国广播电视出版社1991年版，第250页。
[5] 郭汉民主编：《中国近代史实正误》，湖南人民出版社1989年版，第396页。

加了湖北陶德瑶，安徽王善达、吴春生，四川陈道循，河南章炳麟，山东徐镜心。陈锡祺主编的《孙中山年谱长编》也记为79人，与郭著相比，除湖北增加王家驹、刘一清，少但焘；安徽增加王天培、孙榮；山东、河南、四川无人外，广东还缺冯自由、汪兆铭、朱少穆、谢良牧、黄超如、姚束若、金章，其余与郭著同。①

张玉法在《清季的革命团体》一文中，对参加筹备会的人数有这样的记载："除不能确定的二十九人和日本二人外，还有七十人"②，总计即为101人。

笔者认为，70余人说更接近于史实。宋教仁在筹备会当天依时辰而记的日记中就明确记为70余人，同时还记道：孙中山演讲后，黄兴"请各人签名云，乃皆签名于一纸"③，稍后又"由各人自书盟书"④。由此可知，筹备会上先有"皆签名于一纸"的签到名单，之后还有当即入盟者各自书写的盟书。而先前的签到名单应该是参加筹备会的全部人员名单，遗憾的是，这个名单至今尚未披露。在这种情况下，早年由同盟会本部人士刘揆一、何天烔等人保管的《名册》当是相对可靠的依据。《名册》所录人物凡962人，其中绝大多数都署了加盟日期，但由于当时在日留学生新旧历混用，名册上5人明确记为西历某年某月某日，4人以黄帝纪年行之，其余绝大多数人只记乙巳某月某日或丙午某月某日，并不注明新旧历。《名册》上"加盟年月日"一栏明确记为乙巳六月二十八日者15人：蒋尊簋、张华飞、谭莺翰、卢汝翼、朱金钟、蓝得忠、曾龙章、时功玖、耿觐文、余仲勉、周斌、陶凤集、蒋作宾、王孝缜、汪兆铭。可以肯定，这15人都参加了筹备会，因为乙巳六月二十八日即新历1905年7月30日。明确记为乙巳七月三十日的有48人：陈荣恪、马君武、邓家彦、涂宗武、曹亚伯、叶佩熏、李仲逵、刘通、李叶乾、范熙绩、许伟、刘树湘、匡一、陈天华、曾继梧、余范傅、郭先本、黄兴、姚越、张

---

① 陈锡祺主编：《孙中山年谱长编》，中华书局1991年版，第342—343页。
② 转引自金冲及、胡绳武《辛亥革命史稿》第2卷，上海人民出版社1985年版，第20页。
③ 中国史学会主编：《中国近代史资料丛刊·辛亥革命》第2册，第211页。
④ 同上。

夷、刘道一、陶镕、李峻、宋教仁、周咏曾、邹毓奇、高兆奎、柳扬谷、柳刚、宋式善、范治焕、林凤游、郭家伟、张继、黎勇（即黎勇锡）、朱少穆、谢延誉、黄超如、冯自由、姚东若、金章、古应芬、杜之杕、李文范、胡毅（即胡毅生）、朱大符、张树楠、何天炯。按理七月三十日有两种可能，一是旧历七月三十日，即新历8月30日；一是新历7月30日。然而《名册》所署加盟日期中，乙巳年除七月三十日人数最多外，加盟人数其次的是十月一日（包括记为十月初一者），共18人，其余则为几人或10余人。也就是说，只有在筹备会这种人员集中的情况下，才有可能一下加盟40余人。再者，黄兴、宋教仁、冯自由等确定与会者都写成七月三十日，由此可知，筹备会当天各人自写盟书时，相当一部分与会者使用了新历，依盟书登记的《名册》自然也就使用了新历。又因《名册》上明确署上八月三十日的另有湖北的汪鸿藻和山东的舒元馨两人。因此大致可以肯定，《名册》上署七月三十日的48人使用新历，即参加了筹备会。《名册》上加盟日期只记乙巳六月的有陕西的康保忠和湖北的陶德瑶两人，其中康保忠在冯自由、邹鲁和邓家彦的回忆文章中均有记载，曹亚伯的《武昌革命真史》中虽未列出康保忠的名字，但书中提到筹备会上签名时，"最后有二人年颇长，北方人，盘辫于顶，忘其名"[1]，恰各书记载筹备会与会者多为南方人，北方人除直隶张继可以肯定外，别无他人，时康保忠确为"年老者"[2]，由此基本上可以确定康保忠参加了筹备会。湖北的陶德瑶虽未注明具体日子，但从《名册》上看，陶德瑶前后10余人均署七月三十日或六月二十八日，又因陶德瑶与其后的刘树湘属襄阳同乡，故陶德瑶也极有可能与刘树湘一起参加了筹备会。山东徐镜心的入盟日期，《名册》上记为乙巳六月七日，此日期如是旧历，新历即为7月9日，如是新历，旧历则为五月初五，如是六月十日、六月十七日、六月二十七日的笔误，也都不是新历7月30日，故疑为七月六日，即新历8月6日，徐镜心作主盟人就是在此

---

[1] 曹亚伯：《武昌革命真史》上册，第16页。
[2] 中国人民政治协商会议陕西省委员会文史资料研究委员会编：《陕西辛亥革命回忆录》，陕西人民出版社1982年版，第164页。

日期之后，因此徐镜心不可能参加筹备会。最后，《名册》上未署日期的有 33 人：程家柽、王天培、孙棨、吴春生、王善达、吴春阳、李苎、但焘、王家驹、刘一清、田桐、赵师杜、区金钧、吴鼎昌、陈道循、贺子才、喻毓西、李仁炳、魏宸组、胡铮、周泽椿、朱和中、祝乾迹、王鸿猷、左德新、钱祖元、史青、刘荫苇、胡秉柯、李藩昌、陈宽沅、程光鑫、潘宗瑞，其中贺子才以下 18 人系在欧洲加入同盟会，其余 15 人中，程家柽、田桐是确定与会者，江苏的李苎、直隶的赵师杜可以肯定没有参加筹备会。从《名册》上前后人员加盟的相连日期推断，湖北的王家驹和刘一清、广东的区金钧应与前后人员一样参加了筹备会，而安徽的王天培、湖北的但焘、四川的吴鼎昌和陈道循应与前后人员一样没有参加筹备会，安徽的孙棨、吴春生、王善达、吴春阳 4 人则无法确定日期。从上述对《名册》的例推，基本上可以确定日期署六月二十八日的 15 人、署七月三十日的 48 人、署乙巳六月的 2 人和未署日期的 6—9 人以及孙中山、宫崎寅藏、内田良平、末永节共 75—78 人参加了筹备会。

关于参加筹备会议人员所隶属的省籍问题，从上述与会者的例推结果看，就可以清楚地知道，参加筹备会议的 70 余人中，除了 3 位日本友人外，其余人员分属安徽、浙江、陕西、江西、广西、湖北、湖南、福建、直隶、广东 10 省。

（原载《历史档案》2000 年第 2 期）

1917—1921年墨西哥排华风潮探析

近代以来，华工大批出洋，为美洲、澳洲等地的开发建设做出了巨大贡献。然而由于种种原因，华人在侨居国屡屡遭受不同程度的排挤。19世纪70年代以后，随着美墨铁路的修筑，大批华人从美国进入墨西哥，另有大批华工直接从中国招募而来。所有这些华人成了墨西哥早期资本主义发展中的一支重要力量。尤其是在墨西哥北部诸州，华人在商业和农业方面占有一定优势，但因此也招致了一些墨西哥人的嫉妒和不满。此后数十年间墨西哥的排华风潮不断，其中1917年至1921年是墨西哥排华形式和性质发生转变的一个过渡时期，中墨条约的修订，更是为二三十年代大规模的排华埋下了祸端。近年来，学界对近代排华问题的研究日渐增多，但研究对象主要集中在美国和东南亚国家，专题研究墨西哥排华问题的论文仅见一篇，[①] 且是对1910年至1934年墨西哥排华进行整体分析。本文则主要是在现有史料的基础上对1917年至1921年墨西哥的排华风潮、旅墨华侨的自保自救以及中国政府的应对等问题略作考察，从而揭示墨西哥排华风潮不断升级背后的深层原因，以期为我国当前的护侨工作提供借鉴。

一 1917—1921年的排华风潮

1917年2月墨西哥资产阶级革命后成立的卡兰萨政权颁布新宪法，对外国在墨资本大加限制，此举刺激了墨西哥民众的排外情绪。尤其在北方的索诺拉和西拿鲁（Sinaloan，即今锡那罗亚）两州，排

---

① 朱东芹：《墨西哥排华初探》，《八桂侨刊》2002年第2期。

华组织纷纷建立，排华活动此起彼伏。早在1916年，索诺拉的种族主义者何塞·马丽亚·阿拉纳（Jose Maria Arana）就在索诺拉州（Sonora）发起了一场助推排华浪潮的政治运动，又称"研究与思考"运动。阿拉纳污蔑华人对墨西哥种族的损害，"尤如蝗虫对庄稼的影响"①，号召墨西哥人起来阻止华人致圮墨西哥种族。为此，他将其支持者组成各种洪达（Junta，即委员会），专门游说地方和中央政府的政治家，企图推动政府制定限制华人的法律。至1917年，阿拉纳声称他组织的洪达已遍及"索诺拉、下加利福尼亚以及三个北方州和一个南方州奥克萨隆（Oaxaca）"②。在他们的鼓动下，墨西哥的民族主义情绪进一步高涨。1918年9月15日墨西哥国庆日的深夜，索诺拉州的排华分子向华人商铺投掷炸弹，数名华侨被炸伤。排华分子还时常唆使地痞流氓与华人为难，对华人打家劫舍，华人的生命财产遭受了严重的损失。但这种过火行为，卑鄙恶劣，为法律所不许。后经华侨团体多方周旋，当地政府不得不酌情处理，排华分子亦时有被捕，只是出狱之后又复如故。墨西哥排华事件仍在不断升温，排华范围进一步扩大。

至1919年墨西哥革命党与政府军交战，国内颇形骚动，索诺拉和西拿鲁等州的排华活动达到高潮，"上下一心，官民一致，视吾如鱼肉杀我如鸡豚"③。是年初，排华分子鼓动地方政府收取华侨人头税，无力缴税者被充作苦工，并时常遭受鞭笞虐待。华侨不甘受辱，奋起反抗，结果"致被该党伤毙多人"④。此事又给排华分子以寻衅滋事之口实，他们借机诋毁和诬陷华人，煽动墨西哥人的排华情绪。在排华势力的挑唆下，不仅北方各州排华活动风起，就连墨西哥城也是"华人房屋被焚毁"⑤。至下半年，墨西哥排华势力"动辄杀我同

---

① ［美］胡其瑜：《散居在拉丁美洲及加勒比地区的华人——以墨西哥和秘鲁为例》，《中国海洋发展史论文集》第5辑，台湾"中研院"1993年版，第621页。
② 同上。
③ 《为墨侨呼吁之血泪语》，《民国日报》（上海版）1919年8月29日，第10版。
④ 《旅墨华侨惨被杀戮原因》，《广肇周报》1919年第29期，第4页。
⑤ "Chinese are Victims of Mexico City Mods", Chung Hwa English Weekly, Vol. 1, No. 23, 1919, p. 10.

胞，劫我商店，被杀伤死亡者甚多"①，索诺拉、西拿鲁等州"一夜之焚掠达数十家，一日之死亡至数十口，赤身牵去不见回家，孩童哭泣，闻声立遭枪决"②。有消息称，仅索诺拉的华人商铺被迫关闭者近半数，全墨西哥华人被惨杀人数"有四百七十一人"③，其数量之大，极其惊人。墨西哥华侨的处境到了"极危险地位、迫急万状"④的程度。

1920年年初，墨西哥各政党为7月的总统改选纷纷运动，使内乱加剧，政局进一步动荡。华侨既受战乱兵燹之蹂躏，又受排华势力之蓄意排挤，惶恐不安，"纷纷闭户以避祸乱"⑤。科阿韦拉州托雷翁市（Torreon，亦译莱苑）的奸商鼓动歹徒设立排华机关，上街演讲，分发传单，排华之势有如山雨欲来。华人之商铺常被排华分子及地痞流氓闯入抢劫，生命亦受威胁。墨西哥城的华人"身居墨城之中，犹处危幕之上，侨民等辗转寻思，莫谋善状，午夜彷徨，焦灼万分"⑥。

如果说1910年至1917年墨西哥资产阶级革命期间的排华主要是抢劫杀戮等暴力形式，那么1917年革命胜利后更多的是以经济压制和法律歧视的形式排挤华人。索诺拉的排华分子不仅利用报刊舆论污蔑华人，还设立排华会公然排斥华人，大有不驱逐华人出境绝不罢休之势。他们极力鼓动当地政府出台一些针对华人的政策，如：对华商征收的综合税"从每月5元提高到每月30元"⑦；对华商经营多加限制，禁止华人从事多种工作。移民局还对入境华人多方敲诈刁难，对每位华人收取"美银十元或五元"⑧的护照费用。后经索诺拉华侨团体总会据理力争，方有所收敛。

除了极端分子的暴力排华活动外，墨西哥一些地方当局也由原来

---

① 《请救旅墨华侨之涵电》，《申报》1919年8月27日，第10版。
② 《墨西哥华侨的呼吁》，《申报》1919年8月24日，第10版。
③ 《墨西哥之大混乱》，《旅游周刊》1919年12月20日，第2页。
④ 《华侨联合会请援墨侨》，《民国日报》（上海版）1919年8月25日，第10版。
⑤ 《旅墨华侨之呼吁》，《申报》1920年8月5日，第6版。
⑥ 同上。
⑦ [美]胡其瑜：《散居在拉丁美洲及加勒比地区的华人——以墨西哥和秘鲁为例》，《中国海洋发展史论文集》第5辑，第620页。
⑧ 《旅墨华侨之呼吁》，《申报》1917年4月30日，第6版。

对排华行为有所约束逐渐转变为参与排华。如索诺拉、西拿鲁等州政府在华侨遭受迫害时，不仅不按中墨两国条约之规定施行保护，反而多加刁难，寻找各种借口关闭华人店铺并没收财产，限制华人可营业的种类，准许墨西哥人随意终止与华人的合同而不受任何处罚等。索诺拉、西拿鲁、科阿韦拉、奇瓦瓦等州还纷纷出台排斥华人的条例，禁止华墨通婚，限定华人居住区域。索诺拉总督胡尔塔更是视两国签订之条例为无物，公然发布告令驱逐华商和华工离境，否则没收财产。有的地方甚至以稽查居留册为名，光天化日之下在路上拦截华人，尔后设法驱逐出境，或遇华人入境者，"无不种种留难"，"拒绝登岸"①。

墨西哥议院也有不少排华分子，他们每次会议均不遗余力地诋毁华人，企图利用自己的职务之便使排华成为国家意志。1919年11月，在排华分子纷纷要求废除1899年中墨通商条约的情况下，有议员提议修改中墨条约，禁止华人入境。由于排华议员的多方运动，此案最终"以二十四人对十七人"②在上议院通过，并于1921年9月26日与中国政府签订了《暂行修改中墨一千八百九十九年条约之协定》，明确规定"此后华工，非有中、墨两国政府认可，不得来墨"③，从政府层面对入墨华人加以限制。

二 旅墨华侨的自保自救

自我保护和自我救助是在近代中国护侨法律尚不完善、护侨机构尚不健全的情况下，海外华侨在异国他乡谋求生存的重要手段。尽管19世纪60年代就有大批华工自美国进入墨西哥，但中墨两国之间一直到1899年始有双边条约。1903年清政府在墨西哥设立分馆，由驻

---

① 《中墨条约展限协定换文案》，《外交文牍》第3册，全国图书馆文献缩微复制中心，第898页。
② 同上书，第887页。
③ 王铁崖编：《中外旧约章汇编》第3册，生活·读书·新知三联书店1962年版，第192页。

美使臣兼管，并在"墨西哥设总领事兼驻墨分馆参赞一人"[1]。中华民国成立后，改派驻墨全权公使，另配二等秘书、随员和主事各1人[2]，但民初的驻墨公使均未到任，而由二等秘书代办使事，并且无专门办理侨务的领事馆。如此有限的力量，加之北京政府关于保护华侨的相关法律不完善，导致许多工作都难以开展，这使得墨西哥华侨利益受损时，得不到及时的应有的保护。因此，华人社团就成为旅墨华侨自保自救的重要组织。

据现有资料显示，墨西哥最早的华人社团是创建于1900年的致公堂，后有洪门民治党、华侨团体会、中华商会以及各种行业性、地缘性的社团相继成立。早在1915年的墨西哥排华风潮中，科阿韦拉州托雷翁市的华侨工商社团就曾组织自救，并通过联系英国领事馆寻求帮助，得以减少损失和伤害。1917年索诺拉排华事件发生时，旅墨索诺拉华侨团体总会积极维护侨商利益，组织收集不法分子的排华证据，并起诉于墨西哥地方政府。在索诺拉地方官员未按中墨两国条约之规定秉公办理，反而纵容包庇排华分子的情况下，华侨团体总会转而电报兼办墨西哥外交事务的驻美公使顾维钧，希望通过外交途径向墨西哥政府交涉。

在墨西哥排华形势越来越严重的情况下，旅墨华侨又陆续成立了一批社团，如墨西卡利市的中华会馆、海晏公所、冈州会馆、中山会馆，蒂华纳市的华侨协会、华人团体会，覃必古的中华商会等。这些组织更多的是华侨同乡间交往和进行商业协调的机构，各不相属，平时多各行其是，事不关己则不愿出力，更不愿共同合作。但遇有排华事件时，大多数华侨社团基本上还是能积极地行动起来，或召集会议研究对策，商讨自救方案；或出面与地方当局交涉，争取墨西哥政府的公正处理；或联络墨西哥亲华人士从中斡旋，化解险情；或聘请律师奔走呼吁，伸张正义；或组织募捐救济华工和受害华侨。

---

① 中国第一历史档案馆、福建师范大学历史系合编：《清季中外使领年表》，中华书局1985年版，第87页。

② 程道德主编：《中华民国外交史料选编（1919—1931）》，北京大学出版社1985年版，第595页。

1919年墨西哥排华高潮时期，华侨团体一方面召集会议讨论自救措施，告诫华商在情况危急时关闭店铺，停止营业，若遇匪徒劫掠店铺财物，切勿反抗，以免伤及性命。同时，由于旅墨华侨团体属于民间组织，"不能与彼国交涉"①，无法通过正常的外交途径来维护自身利益，而一些地方政府甚至还封锁有关消息，欲置华人于孤立无援的境地。因此，旅墨华人社团决定派人出境寻求救援。8月，华侨代表兵分多路，分别前往美国、东南亚及中国。赴美华侨代表在当地华侨的协助下，向美国政府提出了设法保护的请求，美国方面最初曾考虑施以援助，但提案在议院遭到否决。赴东南亚的华侨代表则是动员当地热心侨务之华侨，为救援旅墨华侨出钱出力。

回国华侨代表的主要任务是敦促政府与墨西哥交涉，请求政府出面予以保护。但是代表们到北京后，竟然找不到相应的受理部门，其他部门又"无人肯负责"②。无奈之下，代表们只得四处奔波，希望动员国内有影响力的团体设法相助。其中上海华侨联合会最为热心，在接到墨西哥华侨代表的信函后，于8月23日召开特别紧急会议，积极地商讨对策，向各方致函呼吁，联系各大报刊转载报道。很快，《申报》《益世报》《大公报》《民国日报》《盛京时报》等各大报纸纷纷转载华侨联合会救援墨西哥华侨的呼吁，指责政府对于墨西哥排华的严重事态"不特毫无处置办法，且未闻有一言之慰藉"③，刊登相关消息，披露墨西哥排华真相，唤起国人对事件的关注。不仅如此，上海华侨联合会、上海总商会、上海华侨俱乐部等团体还致电北京政府国务院、农商部和外交总长陆征祥以及广州军政府等，强烈要求政府"速令驻墨中国代理公使向墨国政府提出严重之抗议，要求华侨将来生命财产之安宁"④，切实采取措施保护在墨华侨。在强大的舆论压力和社会各界的努力下，墨西哥排华问题开始受到北京政府的重视，墨西哥华侨也逐步得到来自祖国的关怀和帮助。

---

① 《请救旅墨华侨之涵电》，《申报》1919年8月27日，第10版。
② 《华侨请愿设立侨务总局》，《申报》1920年5月21日，第10版。
③ 庸：《旅墨华侨之呼吁》，《申报》1919年8月29日，第11版。
④ 《华侨俱乐部与在墨华侨》，《盛京时报》1919年8月30日，第5版。

三 中国政府的应对措施

　　1917年8月出版的《东方杂志》曾刊登了一篇美国驻墨记者的文稿，介绍居留墨西哥之各国侨民情况，其中用相当的篇幅谈及华人在墨西哥"几不齿于人类"①的处境和惨遭残虐屠戮的情况，但并未引起国人的注意，政府亦无相应的措施。1919年4月17日的《申报》又报道了有关墨西哥华侨"在索诺拉及西拿鲁两处时被抢掠及伤害"②的消息，但此时正值巴黎和会期间，举国上下的关注焦点都集中在山东问题上，因此，这一消息很快便石沉大海，没有了后续。及至8月，在旅墨回国华侨代表的请愿和社会各界的舆论压力下，北京政府外交部才电令驻墨代办冯祥光向墨西哥政府提出强烈抗议，切实保护华侨之生命财产，并电令驻美公使顾维钧商请美国政府出面救济援助。同时，北京政府决定就墨西哥华侨被虐待事件在内阁会议中"讨论保护方法"③。

　　作为中国驻墨西哥最高外交代表，冯祥光受命后，一方面派人了解在墨华侨状况，向墨西哥移民局证实华侨入境人数，并登报澄清排华分子所谓"华侨在墨数逾十万，去年只六月一个月内来者已达万人"④的不实传言。另一方面，冯祥光积极地向墨西哥外交部提出强烈抗议。通过严正交涉，墨西哥总统卡兰萨虽承诺制止索诺拉总督阻止华人入境事并"添兵保护"⑤。但事实上，卡兰萨统治时期，墨西哥政局动荡，除土匪横行外，各地总督拥兵自重，政府军势力控制地区"不过中央数省"⑥，"中央政令囿于一隅"⑦。割据势力完全无视总

---

① 美国旷观报驻墨通讯员撰稿：《居留墨西哥之各国侨民》，愈之译，《东方杂志》1917年第8号，第75页。
② 《在墨西哥之华侨》，《申报》1919年4月17日，第6版。
③ 《各通信社电》，《申报》1919年8月26日，第6版。
④ 《中墨条约展限协定换文案》，《外交文牍》第3册，第887页。
⑤ 同上。
⑥ 《墨西哥内乱与美墨邦交》，《申报》1919年12月14日，第18版。
⑦ 《送冯玉潜代使返国序》，《申报》1921年1月15日，第1版。

统命令，索诺拉总督更是公然宣称，"不遵政府命令，必达驱逐目的"①。见形势难以控制，北京政府遂"派兵舰前往保护"②墨西哥华侨，并接回欲回中国之侨民。但是，由于各种原因，回国之华侨很少，留墨华侨的生命财产问题仍然有待解决，保护华侨的工作困难重重。针对索诺拉诸州日益高涨的排华形势，为更好地维护华侨利益，保护旅墨华侨，北京政府于1919年12月29日决定在墨西哥北部"添设领事"③。

是年冬，墨西哥内乱加剧，索诺拉的倭布瑞冈派以卡兰萨总统干涉本州内部事务为借口，策划武力反抗联邦政府，大战在即，西北诸州排华活动再次高涨。冯祥光向墨西哥外交部提出抗议，要求墨西哥对华侨切实实行保护之责。同时，冯祥光通过墨西哥上层亲华人士多方疏通，并在他们的帮助下，"诱临省军队往震摄"④。为了统一调度墨西哥华人社团，使其发挥更大的作用，冯祥光于1920年将华侨社团改组成墨西哥华侨总机关，凡是联系报馆、联络墨西哥议员等不便由领事馆出面处理的事务则委以总机关办理。经冯祥光及在墨华侨团体的努力，卡兰萨政府于1920年2月发表声明，承认1899年中墨条约规定的两国邦交及通商仍然有效，联邦中央政府不会允许华人被索诺拉当权者威逼离境，并承诺"如果必要的话会派遣军队阻止此举"⑤。但是，在5月索诺拉军队攻入墨西哥城，卡兰萨总统被刺身亡后，所有这些努力都成为泡影。不仅如此，6月，以排华著称的索诺拉总督胡尔塔出任墨西哥临时总统，华侨在墨西哥的处境更加危险。出于权宜之计，冯祥光两次电请北京政府外交部速速承认胡尔塔之地位，对其"施以小惠，防其毒螫"⑥。外交部再三权衡后决定承认胡尔塔政权。此后，"数月来排华事不复闻"，胡尔塔所主持的修改华工

---

① 《中墨条约展限协定换文案》，《外交文牍》第3册，第887页。
② 《各通信社电》，《申报》1919年9月15日，第6版。
③ 《各通信社电》，《申报》1921年12月31日，第6版。
④ 《送冯玉潜代使返国序》，《申报》1921年1月15日，第1版。
⑤ "Current Event: Mexico Decides Chinese May Stay", *Chung Hwa English Weekly*, No. 42, 1920, p. 490.
⑥ 《送冯玉潜代使返国序》，《申报》1921年1月15日，第1版。

条例的工作也暂停。这种委屈求全的做法确实为旅墨华侨换来一时的安宁,但并没有改变墨西哥排华的总体形势。尤其是在中墨1899年签订的通商条约即将到期之际,墨西哥排华政客纷纷要求另订新约,企图通过条约形式使排华合法化。

早在1920年2月2日冯祥光就向北京政府反映墨西哥国内尤其是排华分子要求修约的情况,希望外交部随时指示工作。但直到3月30日,外交部才回复称:"墨人运动改约事呈电均悉,仍希相机交涉,促令打消为要。"① 冯祥光虽经努力,但仍不能扭转墨西哥坚持修约的局面。为此,北京政府升任冯祥光为专任驻墨西哥公使,显示了北京政府对中墨修约的重视。9月,冯祥光卸任后,王继曾继任驻墨公使,继续与墨西哥方面交涉,希望续订原约。但墨西哥政府执意重修条约,并于11月11日照会中国政府。1921年初,在墨西哥强烈要求修约甚至是废约的压力下,北京政府外交部专门设立了"修改墨约研究会",切实跟进修约事宜。其间,墨西哥新任外交总长坚持排华立场,不愿赓续旧约,也不愿重订新约,使双方谈判困难重重。墨西哥外交部不仅不愿把保护华侨明定于商约之内,甚至提出限制华人入墨之条件,导致谈判一度搁置。后经双方多次协商,至同年9月,中墨两国《暂行修改中墨一千八百九十九年条约之协定》签订。与1899年《中墨通商条约》规定的两国人民"彼此皆可任便前往侨居"② 相比,此次条约对华人入墨大加限制,明确地将"华工非得中墨两国许可不得来墨"③ 的规定行诸文字,为20世纪二三十年代墨西哥更大规模的排华风潮留下了隐患。

四 对1917—1921年墨西哥排华的思考

华工出国与排华现象是近代中国史上的一个重要问题。在1910

---

① 《中墨条约展限协定换文案》,《外交文牍》第3册,第887页。
② 王铁崖编:《中外旧约章汇编》第1册,生活·读书·新知三联书店1957年版,第934页。
③ 陈翰笙主编:《华工出国史料汇编》第6辑,中华书局1984年版,第289页。

年到1934年的墨西哥排华史上，从1917年墨西哥颁布新宪法到1921年中墨《暂行修改一千八百九十九年条约之协定》签订的短短几年间，墨西哥的排华就从革命党借以"得政权""得民心"①的突发性非政府行为逐渐发展为有法律依据的政府行为。然而，冰冻三尺非一日之寒。墨西哥政府对华侨的政策之所以如此迅速地改变，既有其深远的历史背景，也有其现实的利益需要，更是中国国势衰弱的必然结果。

16世纪之前，墨西哥为印第安人所据，西班牙人占据后遂反客为主，此后几百年间不断有外国侨民进入。1910年墨西哥资产阶级革命爆发时，外国在墨侨民约有116000人，其中以美国侨民为最多。墨西哥人对侨居墨西哥之外国人，除了因早期殖民统治的原因"与西班牙人为仇"②外，"美籍侨民，尚能得土人欢心"③，"法民之在墨者，与土民颇能相安无事"④，"德侨与土民相习"⑤，"英国侨民亦多为土民所欢迎"⑥。唯有华侨，因受传统宗族观念的影响，虽身在海外，但"其族自成团体，不与土民联络"⑦。同时，在墨华侨大多处于社会下层，生活困苦，没有接受过教育，他们自身的形象就成了被攻击的话柄之一。墨西哥人不仅"对华侨之感情非佳"⑧，甚至"视华人不齿于人类，可以任意供其玩弄"，有的墨西哥人还"以杀害华人为娱乐"⑨。又因华侨多有娶墨西哥女子为妻，故排华分子以此为借端，污蔑华人是自私、肮脏的劣等人种，与墨西哥人的结合，败坏了墨西哥

---

① 陈匡民：《美洲华侨通鉴》，纽约美洲华侨文化社1950年版，第517页。
② 美国旷观报驻墨通讯员撰稿：《居留墨西哥之各国侨民》，愈之译，《东方杂志》1917年第8号，第74页。
③ 同上书，第73页。
④ 同上书，第74页。
⑤ 同上书，第77页。
⑥ 同上书，第74页。
⑦ 同上。
⑧ [日]长野郎：《中华民族之国外发展》（下），黄朝琴译述，国立暨南大学南洋文化事业部1929年版，第218页。
⑨ 美国旷观报驻墨通讯员撰稿：《居留墨西哥之各国侨民》，愈之译，《东方杂志》1917年第8号，第75页。

种族，挑动墨西哥民众对华人的仇视。正因为如此，在墨西哥资产阶级革命时期，受民族主义思潮煽动起来的排外风潮中，虽然各国侨民都受到不同程度的损失，但华人所受残虐屠戮最严重，华人无辜被杀者，不可胜数。根据美国记者的观察，"墨西哥人之残杀华侨，实不由于仇恨，而由于蔑视"①，华侨在海外的地位由此可见。

墨西哥资产阶级革命胜利后，卡兰萨政权在政治上无法掌控全国局势，地方割据势力各自为政，中央政令囿于一隅，"即在联邦地区，将军们也任意劫抢住宅，枪杀平民"②。手无寸铁的华侨自然就成为被抢劫的对象。更有甚者，一些地方官员还"以排斥华侨为取得多数国民同情之利器"③，迎合和鼓励排华，华侨成为墨西哥政治斗争的牺牲品。在排华势力控制国家政权后，排华被写进法律条文，最终上升为国家意志。经济上，墨西哥1917年新宪法中关于国家是土地、河流、矿藏的所有者，有权限制外国人使用等规定，提供了墨西哥经济排外的大背景。此前，外国在墨西哥的投资中，美国偏重于铁路，英国偏重于矿山，法国偏重于银行，德国偏重于大商业，而华侨主要从事于小商业、服务业和农业。如华人聚居的索诺拉，小商业"属于华人者九成以上"，农场"亦占八成"。④"正是由于华人不像欧美人那样投资墨西哥人无力经营的资本密集企业，而主要是从事一些墨西哥人自信能够做到的中等程度的经济活动，这使得墨西哥人难以接受。"⑤ 因此，墨西哥北方各州，尤其是索诺拉的中下层民众就成了排华运动的中坚力量。在墨西哥新政权暂时没有巩固政权发展经济的有效手段时，只好纵容民众排外，转移民众的注意力。排华就成为墨西哥解决国家政治、经济困境所采取的畸形政策。

---

① 美国旷观报驻墨通讯员撰稿：《居留墨西哥之各国侨民》，愈之译，《东方杂志》1917年第8号，第75页。
② [美]派克斯：《墨西哥史》，瞿菊农译，生活·读书·新知三联书店1957年版，第293页。
③ 《旅墨华侨请订新约之急切》，《申报》1921年8月9日，第12版。
④ 陈匡民：《美洲华侨通鉴》，第532页。
⑤ Evelyn Hu-DeHart, "Immigrants to a Developing Society: The Chinese in Northern Mexico, 1875–1932", Journal of Arizona History, No. 21, 1980, pp. 49–86.

从中国方面来看，北京政府主观上重视程度不够，是导致墨西哥排华风潮不断升级的重要原因。中国政府历来对海外华侨存在偏见，对保护华侨的责任意识不强，因此在保护华侨的机构设置、法律政策方面都很不完善。1920年之前，北京政府没有设置专任的驻墨公使，缺乏足够的人力和财力，历任中国驻墨代办只能相机行事，难有建树。虽然在第一次世界大战爆发后，英、法、俄等国在华招募大批劳工，北京政府为此专门制定了《侨工保护法》《侨工出洋条例》等一系列法规条文，并于1917年11月专门成立了侨工事务局，但所有这些主要是针对赴欧契约华工，而对早期出洋的旅墨华侨并没有起多大作用。且第一次世界大战结束后，侨工事务局已形同虚设。北京政府在处理墨西哥排华事件时，虽也曾有所行动，但总体来说反应不及时，应对措施不得力，交涉态度也不够强硬。自墨西哥内乱始，各国侨民均受损失，于是各国多派兵保护。美国更是以强力制裁、断绝外交相威胁，决定"派遣军队于墨西哥以保护在墨美国人及美国人财产"[1]，结果"美国兵轮入境，美人遂安；英舰一来，英人无恙"[2]。而我国侨民"上无政府之庇护，下无武力以自防。数万同胞，束手待毙"[3]。可见政府对侨民的关注与否和处理侨务态度的强硬与否是侨民在侨居国安全的保障。

客观上，"中国势弱力衰，谈不到保侨的问题"[4]，使得海外华人遭人轻视。对侨民的保护是国家形象、国家责任和国家能力的体现。近代中国的内忧外患极大地限制了北京政府处理墨西哥排华事件之能力。1917年中国对德宣战后，参战的相关问题成为北京政府的头等大事。1919年巴黎和会期间，北京政府的外交焦点集中在山东问题上，此间还有直皖战争、中日军事协定案、福州惨案交涉案、西原借款等事件，因此对发生在历来关注不多的墨西哥的排华风潮确有忽略。此外，1921年中墨双方修约谈判时，在墨西哥方面允诺"取消领事裁

---

[1] 《美国对墨西哥武力干涉决议》，《盛京时报》1919年8月7日，第1版。
[2] 《旅墨华侨被虐呼吁》，《民国日报》（上海版）1919年8月24日，第10版。
[3] 同上。
[4] 薛典曾：《保护侨民论》，商务印书馆1937年版，自序第3页。

判权同时换文"① 的情况下，北京政府为了能在稍后的华盛顿会议上继续提交撤废领事裁判权的提案，同意墨西哥有条件地限制华工入境，并放弃对墨西哥排华风潮中伤害无辜华人的责任追究和索赔，以示让步。然而北京政府在谈判中的妥协退让并没有使墨西哥排华有所收敛，相反，墨西哥排华势力得寸进尺，在二三十年代掀起了更大规模的排华浪潮。

（原载《东南亚研究》2015年第4期）

---

① 《中墨条约展限协定换文案》，《外交文牍》第3册，第897页。

陈济棠与倒唐事件

唐绍仪是清末民初著名的政治家和外交家，曾任中华民国第一任内阁总理。1931年唐绍仪担任南京国民政府西南政务委员会常务委员，同时以广东省中山模范县训政实施委员会主席身份兼任中山县县长。在此期间，唐绍仪与"南天王"陈济棠在政治和经济等方面发生了诸多冲突，最后因所谓的"控唐案"和中山县驻兵闹饷而被迫辞去中山县县长职务，此后逐渐淡出政界。这就是当时轰动广东政坛的"倒唐事件"。这一事件的发生和结局反映了广东国民党各派系之间、上层与地方之间的诸多矛盾与冲突，对宁粤对峙时期的西南反蒋大局也产生了一定的影响。

一 倒唐事件的经过

唐绍仪自1931年3月莅任中山县县长后，由于利益冲突，从省到县各方运动倒唐之事就不断。先是陈济棠的亲信、广东省党部委员林翼中"示意中山县党部常委杨熹，暗中策动中山县人民团体攻击唐绍仪施政失当，并利用县党部所主办之《国民日报》为喉舌，大事宣传"[1]。后又鼓动地方人士向西南政务委员会及广东省党政机关控告唐绍仪，并故意在唐绍仪作为政委会常委值班时将控唐文件呈上，让其难堪，企图以此迫使唐绍仪自动辞职。

到1934年，随着唐绍仪与中山地方势力矛盾的加剧，林翼中等

---

[1] 罗翼群：《唐绍仪生平概述》，中国人民政治协商会议广东省委员会文史资料研究委员会编《广东文史资料》第13辑，广东人民出版社1964年版，第103页。

人"又重新计划倒唐"①,遂使"倒唐"出现高潮。5月初,旅沪中山县民李谦等人致电南京国民政府行政院院长汪精卫,"陈述中山县长唐绍仪八大罪状,请将唐氏撤职严办"②。6月28日,中山县公民罢唐代表团陈学平等6人分赴国民政府行政院和立法院、监察院请愿,要求将唐绍仪撤职查办。

7月3日上午,"中山县党员九人,率民众三百人抵省"③,一路打着"中山县各界民众来省请愿撤换县长唐绍仪"的横幅,先至西南政务委员会请愿,以唐绍仪"破坏自治、侵夺民产、任用私人、钳制舆论、包庇烟赌、走私漏税、吞蚀公款、放弃建设、摧残教育、升科舞弊、妨碍地政、纵容贪劣"十二大罪状,要求将其撤职。请愿团再转赴第一集团总部时,陈济棠亲自接见,但以中山县长系国民政府简任,撤换手续须由国民政府核夺为由假意推诿。在向政委会、第一集团总部和省政府分别请愿后,绝大多数"请愿者认为满意,随即收队"④,只有少数人仍滞留广州。

不料第二天,作为西南党务之喉舌的《广州民国日报》赫然刊登题为《如此之模范县长》的社论⑤,对唐绍仪大加抨击,指其"晚节不修,贻白圭之玷"。认为"中山县非偏僻之地,离省不及一日之程,该地民众决不敢无中生有,以莫须有之罪,加诸声势显赫、在西南握有大权之党国元老",因此,"中山各界代表所控唐氏之罪名,无论是否完全真确,律以春秋责备贤者之义,则唐氏皆不能不束身司败,以受法律之审判",甚至"希望政府当局效德总理希特勒氏作事彻底之精神,毅然决然,不徇情,不为私,不煦煦为仁,孑孑为义,先行将唐氏免职,然后组织委员会调查审问,务求水落石出,真相大白,使作恶者无所逃其刑,违法者无所避其罚"。《广州民国日报》的社论

---

① 罗翼群:《唐绍仪生平概述》,中国人民政治协商会议广东省委员会文史资料研究委员会编《广东文史资料》第13辑,第104页。
② 《中山县旅沪公民电请撤惩唐绍仪》,《申报》1934年5月5日,第6版。
③ 《粤人请撤唐绍仪》,《盛京时报》1934年7月6日,第2版。
④ 《中山县民请愿撤换县长唐绍仪》,《广州民国日报》1934年7月4日,第1张第4版。
⑤ 《如此之模范县长》,《广州民国日报》1934年7月4日,第1张第3版。

无异于推波助澜，使"倒唐"影响进一步扩散，愈发不可收拾。为此，西南政务委员会于5日、6日连续召开临时会议，经讨论最后议决："（一）用政务会名义电慰唐绍仪。（二）派员调查真相。（三）去电国府报告。"① 后再经讨论，仍认为案由不足，无法定论，故有意搁置。

此次"控唐案"初起时，唐绍仪曾致电政委会和国民政府，欲辞中山县长职。后经萧佛成、邓泽如等元老派人士相劝，加之"中山县民二十二日在石岐开县民大会，议决拥护唐绍仪"②，使唐绍仪一度重新振作，还"具呈省府，请将中山县晋省请愿代表拘办，治以诬告反坐之罪"③。但随着事态的发展，唐绍仪清楚地意识到背后支持者的咄咄逼人和同情者的支持乏力，心灰意冷，遂于8月2日允诺成立县参议会后即离职，县长由参议会选举，"倒唐"事态暂时平息。

但是，反对唐绍仪的主使者仍不甘休，他们继续寻找新的契机。未几，有唐绍仪被刺未遂案发生。④ 10月5日，又有县兵处特务小队长林军日率县兵百余人由石岐到唐家湾，以索饷为名包围县署，将正与唐绍仪会商接收县兵计划的新任县兵处长林警魂绑押至石岐，并对唐绍仪实施"武力压迫，形同禁锢"⑤。寓港之胡汉民得知此事后电饬陈济棠，请派军队"将中山乱兵解散，保护唐绍仪安全来省"⑥。西南政务委员会随即开会讨论中山兵变事，并委前往中山维持治安的教导师罗策群团长暂时兼理中山县政。10日唐绍仪夫妇乘前往迎接的执信舰离开中山至广州，随即入院留医，15日再转赴香港疗养。18日，唐绍仪自香港致电中央，要求政府派员查办，严加议处。同时，唐绍仪不顾政委会挽留，决辞政委会常委及广东省政府委员职，此后很少再涉足广东政坛，并逐渐淡出政界。

---

① 《唐绍仪辞职、粤派员调查真相》，《中央日报》1934年7月8日，第2版。
② 《中山县民拥唐大会》，《申报》1934年7月24日，第9版。
③ 《唐绍仪请拘请愿代表》，《申报》1934年7月26日，第10版。
④ 《粤中山兵变》，《申报》1934年10月17日，第8版。
⑤ 《粤中山县潮已平息》，《申报》1934年10月27日，第8版。
⑥ 《西南政务讨论中山事变》，《申报》1934年10月10日，第10版。

二　倒唐事件的原因

与同时期广东省其他地方的民众控告县长案不同,"控唐案"时间长,规模大,层次高。从唐绍仪上任不久到1934年,不仅数百人入省上街游行,还波及上海南京;上诉不止于省政府,甚至控告到国民政府行政院、立法院、监察院,惊动中央;"民控"不成最后则施以兵变。很显然,此次倒唐的背景非同一般。唐绍仪在向中央的报告中即称"此次县兵叛变,显有企图组织"①,不能"仅视为县事纠纷"②。萧佛成在致胡汉民的信函中更明确地指出:"此次三藏(唐绍仪)事件之发,虽由一群小妖作怪,然主其事者,乃爵绅(陈济棠)之介兄也。"③ 另外,时人的回忆和后人的著述也多指陈济棠策动"倒唐事件"。究其原因,主要有以下几点:

第一,国民党内部政治上的矛盾冲突。1931年5月,因蒋介石软禁胡汉民,反蒋势力齐集广州,召开国民党中央执监委员非常会议,发表反蒋宣言,组成以唐绍仪、汪兆铭、萧佛成、林森、古应芬、孙科、许崇智、邓泽如、李宗仁、陈济棠等人为委员的广州国民政府,与蒋介石南京国民政府分庭抗礼,几至兵戎相见。后因"九·一八"事变爆发,全国反对内战的舆论压力,双方会议谈判达成协议,广州方面取消非常会议和国民政府,以国民党中央执监委员会西南执行部和国民政府西南政务委员会(简称政委会)取而代之,两广仍维持半独立状态。

在两广半独立状态下,广东省主要由三派势力联合执政。一是以胡汉民为首的元老派,包括唐绍仪、萧佛成、邓泽如、林云陔等;二是以陈济棠为首的实力派,包括林翼中、区芳浦、黄麟书等;三是孙科的太子派,包括伍朝枢、张惠长、陈策等人。三派在反对蒋介石独

---

① 《唐绍仪电请中央议处》,《申报》1934年10月19日,第3版。
② 《粤中山县潮已平息》,《申报》1934年10月27日,第8版。
③ 陈红民辑注:《胡汉民未刊往来函电稿》第11册,广西师范大学出版社2005年版,第444页。

裁统治方面拥有共同的政治利益，因而形成了与中央抗衡的"西南大局"，但在争夺广东权力方面，内部又存在尖锐的矛盾。

早在1929年，国民政府接受唐绍仪、孙科等人的建议，将中山县确定为模范县，直接隶属于中央政府，由唐绍仪、孙科、钟荣光等中山籍知名人士组成训政实施委员会，指导监督县长实施训政、建设县政。而广东省政府对其只能"接受委员会之决定计划，转令中山县长依照执行"，且对中山县长之任免亦须征得县训政委员会同意。1931年1月14日，国民政府再次修正中山县训政委员会组织大纲，更是直接规定中山县长由县训委会主席兼任，唐绍仪因此由训委会主席兼任中山县县长。时陈铭枢任广东省政府主席，陈济棠主要掌握广东省军权，故在中山县的问题上尚无直接冲突。

1931年"西南事变"时，陈济棠借助于元老派和太子派的力量，势力发展很快，俨然成为反蒋联盟的盟主，随后开始对其他各派予以排斥和限制。西南政务委员会成立时，唐绍仪等元老派为了分割陈济棠独霸的广东地盘，削弱陈济棠的势力，同时也为自己谋一立足之地，遂以琼崖地区不易受军事影响、足为三民主义之试验场为由提出了"琼崖改特案"。即划出广东省的琼崖地区为特别行政区，直接隶属于南京国民政府，设立行政长官，授予全权，以25年为期，试行三民主义。如是，则琼崖完全脱离广东的统治，陈济棠对此自然不能容忍，于是指使一些琼崖的国民党组织搞所谓的"反改特运动"，要求西南政务委员会收回成命，同时对受命为琼崖特别行政区长官的伍朝枢实施打压，迫其提出辞职，琼崖仍归广东省管辖。"琼崖改特案"虽不了了之，但陈济棠与元老派的矛盾进一步加深，对唐绍仪也怀恨在心。

到1934年，独揽广东党政军大权于一身的陈济棠，势力达到顶峰，能"以一人私意而法院易长，及以无教育经验握一省之教育机枢"[1]，还在省市遍布亲信。当时广东全省96个县，只有中山县是陈济棠无法掌控的"特区"。为"使中央无从染指于中山县"[2]，从而一

---

[1] 陈红民辑注：《胡汉民未刊往来函电稿》第11册，第434页。
[2] 同上书，第404页。

统广东天下计,陈济棠千方百计欲谋取中山。然而由于中山县地位的特殊、相关条例的制约以及唐绍仪资深望重轻易无法撼动,非一般民众控告即能推翻,所以陈济棠屡试而不得,最后只得采取非常手段迫使唐绍仪"自动"离职,造成非常局面,然后再以非常方式取而代之。

第二,陈济棠对中山财政的觊觎。在陈济棠统治广东期间,实际上一直面临着被蒋介石吞并的威胁。为此,陈济棠不断扩军,军费开支与日俱增,"广东省课税收入百分之九十以上用于军费"①,而"广东历年课税收入平均占岁入总额百分之六十多"②,也就是说广东全省岁入总额的半数以上用于军费开支。同时陈济棠为了增强与南京政府抗衡的实力,从1933年开始实施"广东省三年施政计划",众多的建设项目也需要大量的资金。然而当时广东省财政早已入不敷出:1930年国、省两库财政收入8100.3548万元,支出12231.4534万元,赤字为4131.0986万元;1931年国、省两库财政收入7959.8054万元,支出12273.1323万元,赤字达4313.3269万元;1932年国、省两库财政收入8544.1249万元,支出11991.6741万元,赤字仍有3447.5492万。③直到1934年年度预算仍不敷千余万,陈济棠不得不"令军政机关厉行紧缩,政务会亦由每月六万减至二万"④。在这种财政窘况之下,陈济棠必然会把开辟财源的目光转向早已垂涎的富庶而特殊的中山县。

中山县地处珠江三角洲腹地,交通便利,经济发达,"每年国税收入五十七万七千二百元、省税一百二十七万四千二百元、地方税一十三万元、附加税五万九千元",共计二百余万元,"一年的收入胜过

---

① 秦庆钧:《民国时期广东财政史料》,中国人民政治协商会议广东省广州市委员会文史资料研究委员会编《广州文史资料》第29辑,广东人民出版社1983年版,第47页。
② 同上书,第46页。
③ 广东省财政厅:《广东省财政纪实》上册,沈云龙编《近代中国史料丛刊三编》第52辑,台北文海出版社1989年版,第112—115页。
④ 《粤预算不敷——各行政机构厉行减缩》,《中央日报》1934年9月19日,第2版。

贵州全省一年的收入"①。然而根据1929年2月国民政府颁布的《中山县训政实施委员会组织大纲》规定，"中山县每年国省税收入总额至少保留百分之二五为本县地方行政之用"，这使陈济棠控制的广东省财政每年减少财政收入数十万元。唐绍仪任县长后，干脆"把国税省税一概截留，没有分文上缴"②，陈济棠对此更是恼火，但又无可奈何。

同时，陈济棠在中山县沙田问题上也与唐绍仪发生了摩擦。沙田是沿海、沿江、沿河等地方由于泥沙淤积而形成的新耕地。根据土质肥沃贫瘠情况，沙田可分为上、中、下三等，各等沙田所纳花息不一样。由于沙田的土质会随着耕种年限的增加而越来越好，所以政府规定沙田等级要不断承升，直到升至上等为止。这样一来，沙田承升过程中就存在很大的征税操作空间，因此管理沙田成为各方争利者眼中的肥缺。广东沙田又以中山为最多，全县共有158万多亩，"几占全省之半"③，陈济棠对此早已垂涎三尺。在陈济棠的授意下，广东省财政厅不仅派员到中山"直接受理人们承升之案……且不惜用重金招徕方法如优给介绍人奖金并准业户核扣回佣"等，与中山县财政"几成公开竞争之势"。④唐绍仪为此专门致函省政府，要求对省财政厅行为予以约束。当财政厅长区芳浦向唐绍仪表明这是陈济棠的意图时，仍遭唐绍仪拒绝，直接驳了陈济棠的面子。在唐绍仪的把持下，陈济棠不仅未能分得中山一杯羹，相反地，中山县作为国民政府树立的模范县，省财政为其下拨的行政费用还远远高于全省各县。以1934年为例，中山县的"行政费一百六十余万、特别费六十余万，为各县所无"⑤。这一进一出数百万的损失，陈济棠当然不可能坐视，正如萧佛

---

① 郑励石：《唐绍仪生平二三事》，中国人民政治协商会议广东省委员会文史资料研究委员会编《广东文史资料》第7辑，广东人民出版社1962年版，第176页。
② 同上。
③ 周瑞颂：《中山县沙田之争夺》，广州市政协学习和文史资料委员会编《广州文史资料存稿选编》第8辑，中国文史出版社2008年版，第239页。
④ 唐绍仪：《请函省政府令饬财厅遵照清佃章程办理沙田承升》，中山县训政实施委员会年刊，1933年，第39页。
⑤ 《唐绍仪辞中山县长，用钱太多，陈济棠不满，萧佛成因此亦萌退志》，《大公报》1934年7月6日，第3页。

成所预料的:"爵(陈济棠)方已志在必得三藏(唐绍仪)寺产,则断不就此罢手"①,"必去之而后快"②。因此,还在控唐案初期,陈济棠就迫不及待地"拟乘唐绍仪被控中,由财特署派员接管该县财政,使国库增益"③。

第三,地方势力的争权夺利。中山县为全国模范县,地位特殊,行政级别高于他县,其局长薪级即相当于省之厅长薪级。因此,众多地方人士均四处活动,以求谋得一职。然而唐绍仪任人唯贤而非任人唯亲,且为避免地方人际关系的纠葛,多聘用有资历和有学历的外地或中山籍在外人士。如:县训委会秘书唐有恒是留美学生、前清农科进士出身,曾在中央任职;县政府秘书兼教育局长但焘,曾任国会秘书;财政局长张树棠是留日学生,民初曾任广东省财政副司长;公安局长吴飞曾任广州市公安局长;第一区区长刘玉麟曾任前清出使英国大臣。而对原石岐镇公所主席梁鸿洸、原教育局长李成等人的求职不予承允,还对县政府中不称职的"皇亲国戚"予以裁汰,从而招致了部分地方势力的攻击。他们指责唐绍仪"看不起地方人士,并谓绍仪谈地方自治不用地方人,何足以言自治"④。曾经支持唐绍仪的沪港澳等地中山籍人士也开始怀疑唐绍仪是否真的用人不当,施政失误。

在求职和言事不遂者群起攻击唐绍仪时,还有一些人则是想浑水摸鱼,乘机谋夺中山县长职。如广州市党部委员程岳恩等人,他们利用与陈济棠亲信林翼中、区芳浦、黄麟书等人的关系,上蹿下跳,一方面唆使组织倒唐请愿活动,另一方面又收买中山县参议会和县党部成员,"于上级派员来查时,说绍仪确是不洽舆情"⑤,以混淆视听,增加对唐绍仪的负面影响。

另外,唐绍仪在任期间的诸多举措还直接损害了一些既得利益者的利益,因而遭到忌恨。中山县土地问题历来复杂,豪强地主多隐瞒

---

① 陈红民辑注:《胡汉民未刊往来函电稿》第11册,第445页。
② 同上书,第444页。
③ 《中山县财政》,《中央日报》1934年7月18日,第3版。
④ 罗翼群:《唐绍仪生平概述》,中国人民政治协商会议广东省委员会文史资料研究委员会编《广东文史资料》第13辑,第104页。
⑤ 同上。

土地，漏缴赋税，其中"沙田一项积弊最深，自民元以来，虽迭清理，然迄无相当效果。按之现状，沙棍之鱼肉良民几视为衣食之源，民间之纷争诉累未由止息，凡斯重重皆为人民切肤之痛"①。因此，唐绍仪出任中山县训委会主席后即拟定了一个土地整理大纲，计划用五年时间对全县土地进行整理，尤其着重对沙田的清查。结果查出隐瞒沙田四千余顷，这对于增加中山县财政收入无疑大有裨益，但却损害了占有沙田隐瞒不报之豪强的利益，当"倒唐"兴起时，他们也积极参与，扩大了"倒唐"的声势。再如，中山县公安局长兼县兵总队长林树巍仗着与陈济棠之兄陈维周的关系，明目张胆地走私。唐绍仪接到举报后，将其县兵总队长兼职撤销。林树巍表面上服从，暗中却指使县兵以索饷为名发动兵变，其中冲锋陷阵的特务小队长林军日即林树巍之弟。事后，甫任县兵总队长的林警魂被解往广州讯办，而主使县兵哗变的林树巍却逍遥法外。其他倒唐有功人员也多委任有差：李成任县府秘书、郑星池为县中校长、杨熹为县府顾问。在县训委会未正式推荐县长之前，梁鸿洸、朱卓文、程岳恩曾先后接任中山县长。

三　倒唐事件的影响

倒唐事件虽是针对唐绍仪，但其影响却是多方面的。

首先，对西南反蒋联盟的影响。唐绍仪在西南反蒋联盟中虽未握有实权，但以其资历和身份，对外颇负声望。在1931年5月25日要求蒋介石下野的通电中，唐绍仪名列第一。27日与南京国民政府分庭抗礼的广州国民政府成立，唐绍仪又位居榜首且为五常委之一，当天唐氏即领衔发表反蒋宣言，揭露蒋介石罪行，限令其下野。如今反蒋势力发生内讧，蒋介石正好假手他人消除异己。而且以唐绍仪的地位，一旦倒台必然引起连锁反应，反蒋势力"不折而自倒"，"不第为仇敌所快，亦且影响于大局不少"。②为防止此严重后果的出现，萧

---

① 中山县训政实施委员会：《中山县训政实施委员会会务汇刊》，1932年，第411—412页。

② 陈红民辑注：《胡汉民未刊往来函电稿》第11册，第404页。

佛成在"倒唐"风潮初期曾多方斡旋，一边拟让唐绍仪以退为进，假意辞职，再由政委会极力挽留，避免与反唐势力正面冲突；一边致函告诫陈济棠："为西南威信计，为大局利害计，使唐氏果有罪，亦当为之稍留余地，免致为仇敌所藉为口实。"① 结果，唐绍仪不以为然，陈济棠也无一置答，更有《广州民国日报》的社论火上浇油，萧佛成的担心最终还是变成了事实，西南反蒋联盟自此更形松散，实际上只有两广实力派各自的割据了。

其次，对在粤元老派的影响。由于陈济棠在夺取广东军政大权的过程中，曾得到胡汉民、古应芬的帮助和支持，因此他在对反蒋联盟中其他力量限制排斥时，对元老派还是有一定的顾忌，迟迟没有动手。到1934年，随着陈济棠羽翼的丰满，他对元老派的打击也肆无忌惮了。陈济棠利用中山地方势力与唐绍仪的矛盾大做文章，指使亲信策划倒唐，既谋夺了中山的政权和财权，又借此打击了元老派，可谓一箭双雕。陈济棠还在"控唐案"期间，趁元老派无暇顾及，乘势对省市政府进行改组，将元老派人士撤换得所剩无几。"倒唐事件"中，元老派重要人物萧佛成因《广州民国日报》社论鼓动当局效法希特勒已感到"不寒而栗"，至"中山县兵迫去县长之事，以革命策源地而有此怪现象，思之真令人如芒刺在背"②，深感陈济棠"长此不变，花样无穷，吾人真难与共事"③，因此唐绍仪离开广东不久，萧佛成以"视察私人商务"④为由请假去了泰国。年底，胡汉民也因感到处处受制于陈济棠而无法实施自己的政治主张，于是负气出国。邓泽如又于12月在广州病逝。林云陔虽仍为广东省政府主席，实际上却是被架空的傀儡。自此，元老派在粤势力江河日下，再也无力与陈济棠实力派抗衡。

再次，对中山县政和建设的影响。兵变发生后，唐绍仪几被禁锢，后又迫走香港，中山县政无人主持，一度处于混乱之中。先是县

---

① 陈红民辑注：《胡汉民未刊往来函电稿》第11册，第404页。
② 同上书，第434页。
③ 同上书，第403页。
④ 《萧佛成拟请假回暹》，《申报》1934年10月22日，第3版。

公民大会推举出临时县长朱卓文,拟10月11日赴县视事,结果朱卓文惧于事态,"力辞不就,避入省城"①。于是陈济棠为抵制《中山县训政实施委员会组织大纲》,为其亲信上台提供依据,临时推出了民选中山县长办法,并由他们收买的中山县参议会选出朱卓文、梁鸿洸、李成、程岳恩、杨熹五位"侯圈"县长呈省定夺,其人选几乎都是"倒唐"中坚。其间曾传出程岳恩有望继任和"该县有取消模范县恢复普通县制度说"②,因此唐绍仪在18日向中央的报告中表示,"仪老病侵寻,去留何足轻重",但"请政府切实维持中山模范县法案,毋使因仪去职而撤销"③。随后,在陈济棠实际操纵的政委会选定梁鸿洸暂代中山县长的情况下,远在南京的中山县训委会又推举孙科继任训委会主席,并依照组织大纲有关规定"推定杨子毅为中山县长"④。然而,身为训委会委员的杨子毅却表示"以言服务桑梓,义不容辞,以言该县复杂情形,恐非拙才所能胜任"⑤,最后以"佐理朱部长家骅(交通部)多年,彼颇不舍余去"⑥为借口推辞。虽然后来杨子毅又出任了中山县长,但在他到任之前,陈济棠已基本掌控了中山县,反唐人士及亲信被安排在各个部门;省财政厅接管中山沙田事宜,沙田收入全部解省;不仅75%的国省税不能继续截留,甚至连照章应留的25%也不能保证;经常年费由230余万降至70余万。财力不足以度支,使唐绍仪任内开展的各项经济建设大受影响,中山港停止建设,规模颇大的"中山港工商炼油厂"也宣布停业。⑦

最后,陈济棠策动的"倒唐事件"对陈济棠本人也不无影响。"倒唐事件"只是陈济棠在广东排斥异己的一个突出事件。此前,他

---

① 《中山县参议会选定候选县长》,《申报》1934年10月13日,第9版。
② 《中山县长由罗策群暂摄》,《申报》1934年10月14日,第3版。
③ 《唐绍仪电请中央议处》,《申报》1934年10月19日,第3版。
④ 《中山县训政会推定杨子毅为县长》,《申报》1934年10月22日,第7版。
⑤ 《代理中山县长梁鸿洸今日就职》,《申报》1934年10月23日,第5版。
⑥ 《杨子毅决辞中山县长》,《申报》1934年10月25日,第6版。
⑦ 赵荣芳:《唐绍仪在中山》,中国人民政治协商会议广东省中山市委员会文史委员会编《中山文史》第11辑,1987年印行,第23页。

已将孙科太子派手中的广东海空军大权夺过来,通过"倒唐事件"不仅夺取了中山县的政权和财权,还借此打击了元老派,清除了最为有力的对手,可谓粤省江山独统。但这恰恰也是反蒋联盟解体、陈济棠走上孤家寡人道路的开端。由于陈济棠在内部"已多树敌,愈猜忌而反侧愈多",空军40余名飞行员"欲骑劫三十架飞机飞往南昌"投蒋,李宗仁也乘机欲在"潮汕方面组织中华革命军……为抵抗蒋军入潮梅之准备"①,蒋介石更是伺机待动。1936年5月,胡汉民在广州突然去世,蒋介石欲趁机结束西南半独立状态,而陈济棠联络李宗仁以"抗日"为旗号主动出击,结果很快在蒋介石的各种攻势下土崩瓦解。"倒唐事件"后一年多,陈济棠自己也倒台了。

(原载《暨南学报》2009年第6期)

---

① 陈红民辑注:《胡汉民未刊往来函电稿》第11册,第434页。

试析 1943 年宋美龄访美访英之取舍

  1942 年 11 月 18 日至 1943 年 6 月 28 日，宋美龄作为蒋介石的私人特使，应罗斯福总统邀请前往美国进行访问，受到美国政府隆重的接待。1943 年 2 月 28 日，宋美龄在美国国会发表演说，不仅征服了国会议员，其演说实况在全美广播后更是引起了巨大的轰动，赢得了民间舆论的广泛支持。之后，宋美龄在美国各地巡回演说，宣传中国的抗日战争，呼吁美国人民予以支持，一路受到热烈欢迎，并在美国掀起一股"宋美龄旋风"。宋美龄这次长达七个多月的访问极为成功，不仅引起了美国民众对于援华问题的强烈反响，使美国政府加大了援华力度，而且还在一定程度上促成了美国《排华法》的废止，进一步拉近了中美关系。

  与此同时，中国的另一个盟国——英国也向宋美龄发出了访问邀请，但与宋美龄积极访美相反，她对英国的邀请迟迟不予接受。当英国外相艾登再次向宋美龄发出邀请后，宋美龄虽一度拟订了访英计划，但权衡再三，最终还是于 1943 年 5 月 7 日取消了对英国的访问计划。稍后，英国首相丘吉尔赴美与罗斯福商谈战事，罗斯福虽极力斡旋，力促宋美龄与丘吉尔会面，但又因"礼节"问题而被宋美龄拒绝。宋美龄取消访英计划又拒绝与丘吉尔会面的行为，把第二次世界大战时期的中英矛盾公开化，在英国民众心中留下"蒋夫人反英"的印象，使原本就不甚和谐的中英关系进一步受到影响。

  美英两国同为中国的战时盟国，在几乎相同的时间向宋美龄发出同样的邀请，但结果却如此迥异。究其原因，应与美英两国对华态度及中国对美英两国的依赖程度有关。当然，也与当事者宋美龄的个人因素不无关系。

一 现实利益导致美英两国对中国的态度不同

中国全面抗战爆发初期，美英两国对中国的态度大致相同：虽然在一定程度上同情中国，但由于日本侵华暂时还没有对两国利益造成严重的损害，况且它们又不愿因得罪日本而引火烧身，故都未给予中国抗战以实际的援助。随着战争进程的推移，美英两国在远东战场上利益的不同以及对于战后亚太地区乃至世界格局的看法不同，使美英两国对战时中国的态度出现了较大的差异。

1938年11月，日本发表第二次近卫声明，摒弃门户开放政策，欲独霸东亚，使美国意识到《中立法》执行起来并不是不偏不倚、公平合理的，实际上可能援助了侵略者，而拒绝了被侵略者。此后，美国开始逐渐放弃中立法，对日本实行"道义禁运"，给予中国少量贷款援助。

欧洲战争爆发后，美国在"大西洋第一，欧洲第一"的战略方针指导下，制定了初衷在于援助英国的《租借法》，对欧洲战场给予了极大的援助。但对于亚洲战场上日本"南进"问题，美国并未引起重视，认为这不是迫在眉睫的危险，因此对中国抗日战争地位的重要性没有足够认识。直到1941年4月13日《日苏中立条约》签订，不仅使中国的抗日战争形势日趋严峻，而且日本借条约解除了南进的后顾之忧，增加了对东南亚和太平洋的威胁，美国这才真正意识到中国对于美国是至关重要的，为自己的利益计也应当援助中国。1941年4月，美国政府依据《租借法》开始向中国提供租借物资。苏德战争爆发后，日本对美国的威胁越来越大，缓减威胁的唯一办法就是尽量支持中国抗战，把日本军队牵制在中国战场。为此，美国加速和扩大了对中国的租借援助，装备中国航空队，帮助整理滇缅公路，以保障外援物资的运输。

太平洋战争的爆发使美国的对华态度发生了根本改变。翌日，罗斯福就致电蒋介石，表示中国在英勇抵抗日本四年半之后，现在不再孤立了，所有遭到日本威胁的国家如今都站在中国一边。① 为便于协调和统一中国与其他盟国的军事行动，在美国的建议下设立了中国战区，由蒋介石出任统帅，并成立了由中、美、英三国代表组成的联合计划作战参谋部。此后，美国继续加大对中国的人、财、物援助，尤其是美国从战后世界格局的构想出发，努力提升中国的大国地位，力图使中国成为战后美国在亚太地区的得力助手和亲密伙伴，以填补日本在战后留下的空缺。1942年1月，美国在阿卡迪亚会议上坚持让中国与美、英、苏以同等的领衔国身份签署《联合国家共同宣言》；3月，美国向中国贷款5亿美元的协定正式达成；6月，中美签订《抵抗侵略互助协定》，约定双方在战争期间互相供给防卫用品、防卫兵力及防卫情报；1942年10月开始的中美新约交涉谈判极为顺利。所有这些表明，美国当时对华态度较为积极，符合中国战时战后的利益，因此有进一步发展的空间和可能。

反观英国，虽然在抗日战争初期比美国表现出了更多的同情与支持，但由于英国在远东地区有众多的殖民地，随着日本的侵略扩张，英国为保其自身利益，不惜对日妥协，对华态度开始发生逆转。1938年5月，英、日非法签订有关中国沦陷区海关税收的《关于中国海关之协定》，严重损害了中国的利益。1937年7月，英国不顾中国抗战亟需外援的情况悍然关闭滇缅公路，此举"无异于帮助中国的敌人"。欧洲战争爆发后，英国认为"远东的事态与欧洲的事态紧密关联，当考虑我们的立场时，必须与大不列颠家门口的局势密切联系起来"②，也就是说，当英国面临欧亚两线作战的困境时，将尽力顾及欧洲战场，在远东"则急于同日本达成妥协"③。

太平洋战争爆发后，由于英国不仅要面对德国对其本土的威胁，西班牙对其地中海属地的威胁，还要面对日本对其远东殖民地的威胁。在这种情况下，一方面，英国需要中国继续抗击日本以减轻其在

---

① 秦孝仪主编：《中华民国重要史料初编·第3编战时外交》第3册，台北"中央"文物供应社1981年版，第44页。

② 萨本仁、潘兴明：《20世纪的中英关系》，上海人民出版社1996年版，第106页。

③ 顾维钧：《顾维钧回忆录》第5分册，中国社会科学院近代史研究所译，中华书局1987年版，第37页。

远东的压力,使中国成为其盟友;另一方面,出于老牌帝国主义国家的傲慢,英国并未把中国当作真正的盟友,而是以轻蔑和歧视的态度对待中国。1942年1月的阿卡迪亚会议上,英国极力反对将中国提升为四强之一。丘吉尔认为"任何基于对中国信任的政策都是一种'大幻想'"[1],美国对中国在这场战争中所起的作用估计太高了,英国不能接受。在对华援助问题上,英国将支援中国抗战看作是单方面的负担,因此当美国决定向中国贷款5亿美元时,英国迫于形势,为"表明愿意站在美国一边"[2],不得不同意向中国贷款5000万英镑,但英国"并没有真正实施的打算"[3]。

在盟国协同作战问题上,英国总是怀着猜忌与歧视的心态对中国加以防范。如在缅甸问题上,丘吉尔担心中国会利用抗战扩大在缅印等英国远东殖民地的影响力,进而威胁英国在这些地区的殖民统治,因此迟迟不愿接受中国军队进入缅甸协同作战。用中国远征军第五军军长杜聿明的话说:"英国是宁愿把缅甸丢给日寇,而不愿让给中国。"[4]

1942年中英新约谈判时,英国坚持不放弃在西藏的特权,并煽动西藏上层分裂主义分子搞"独立"活动;在香港问题上,英国的态度更是固执蛮横,致使谈判一度陷于僵局。1943年3月21日,英国首相丘吉尔在对全世界发表的广播演讲中仍不认可中国的大国地位,将中国排除在战胜大国的名单之外,向世人宣示了他对中国的蔑视态度。5月,丘吉尔在华盛顿与罗斯福商谈战事,继续低估中国战场的地位和作用,轻视对华援助的重要性。直到宋美龄结束访美回国后的8月,在魁北克会议上英国才最终不得不接受中国的大国地位。可以说,英国在此之前的对华态度和行动,严重地影响了两国的正常关系,也影响了宋美龄对访英计划的取舍。

---

① [美]薛伍德:《罗斯福与霍普金斯——二次大战时期白宫实录》上册,福建师范大学外语系编译室译,商务印书馆1980年版,第545页。
② 顾维钧:《顾维钧回忆录》第5分册,中国社会科学院近代史研究所译,第11页。
③ 同上书,第8页。
④ 中国人民政治协商会议全国委员会文史资料研究委员会《远征印缅抗战》编审组编:《远征印缅抗战》,中国文史出版社1990年版,第36页。

二　国民政府对美英两国的依赖程度不同

抗日战争时期，国民政府过度依赖外援，尤其依赖于美英。但因两国对中国的态度不同及其自身处境的不同，美国成为中国求援外交的重点对象。

尽管抗日战争初期美国国会中立气氛浓厚，并未给中国实际的援助，但当时国民政府方面仍认为：以美国的实力，加之"美为民主舆论之国，较易引起义侠之感"①，只要时机成熟，美国必能对中国予以同情及援助。为此，中国一面"苦撑待变"，一面以美国为突破口，开展积极而艰难的求援外交。

1938年9月，国民政府召回驻美大使王正廷，特意派出颇受美国欢迎的胡适担任驻美大使，同时还派出素与美国财政部长摩根索交好的银行家陈光甫前往美国商谈贷款之事。经过胡适和陈光甫的多方活动，终于以桐油借款、华锡借款为名争取到4500万美元贷款。这两笔贷款的数额虽不大，但在汪精卫公开投降日本之时能获得美国贷款，国民政府已十分兴奋，认为"从此抗战精神必益坚强，民族前途实利赖之"②。1940年6月，蒋介石又派宋子文为特使前往美国专事求援。10月22日，中美达成了钨砂借款和平准基金借款各5000万美元。同时，美国对华的空中援助不仅保证了援华国际物资的运输，也在一定程度上保障了中国西南的空防安全。

为了获得美国的好感，以便求得更多的美援，国民政府还不断适时地向美国传递一些以示友好的信息。在德意日三国订立盟约后，蒋介石提出中美英三国合作建议，并保证在三国合作中"当随美国之领导"③。当日本及德意准备承认汪精卫政权、国民政府地位受到威胁

---

① 张其昀：《党史概要》第3册，台北"中央"文物供应社1979年版，第973页。
② 中国社会科学院近代史研究所中华民国史组编：《中华民国史资料丛稿专题资料选辑·第三辑胡适任驻美大使期间往来电稿》，中华书局1978年版，第5页。
③ 秦孝仪主编：《中华民国重要史料初编·第3编战时外交》第1册，台北"中央"文物供应社1981年版，第102页。

时，蒋介石表示只有美国才能力挽狂澜，保持中国的民心士气。[①] 因此，国民政府"于外交、军事、经济各端，莫不集目标于华盛顿"[②]。当罗斯福总统在对美国国会的咨文中提出租借法案的设想时，正在美国的宋子文抓紧时机，力促罗斯福总统派遣特使赴华访问。居里特使的到访受到国民政府相当的重视，给居里留下了良好的印象。居里的访问报告在很大程度上促使了美国对华租借物资援助及对中国大国地位的扶持。

太平洋战争爆发后，宋子文被委任为外交部部长并常驻美国，而国内部务则由蒋介石亲自兼理。如此异常的安排是因为除了希望美国能加大援华力度外，更重要的是，趁世界反法西斯同盟形成之机，确立中国梦寐以求的大国地位一事完全仰仗于美国。所以国民政府把外交的重头戏放在了美国，由外交部部长宋子文到第一夫人宋美龄这样重量级的人物频频登台美国也就理所当然了。

对于英国，蒋介石在1938年曾预言，"英国老谋深算，说之匪易"[③]，很难指望有所依赖。不仅如此，每每局势出现于英国不利的时候，英国还会损害甚至出卖中国的利益，如1939年欧洲形势危急时，英国为解后顾之忧，7月与日本达成《有田——克莱琪协定》，承认日本以武力侵略中国所造成的现实，出卖中国人民的利益。

在经济援助方面，1938年3月，国民政府曾向英国表示"我方所切望英方者为财政援助"[④]，但英国方面却以"问题复杂，又值欧洲多事"[⑤]为由推诿。10月广州沦陷后，英国从自身利益考虑，始向中国少量贷款，1938年12月提供45万英镑信用贷款；不久又有50万英镑信用贷款；1939年3月提供500万英镑平衡基金贷款；1940

[①] 秦孝仪主编：《中华民国重要史料初编·第3编战时外交》第1册，台北"中央"文物供应社1981年版，第117页。

[②] 中国社会科学院近代史研究所中华民国史组编：《中华民国史资料丛稿专题资料选辑·第三辑胡适驻美大使期间往来电稿》，第82页。

[③] 张其昀：《党史概要》第3册，第973页。

[④] 秦孝仪主编：《中华民国重要史料初编·第3编战时外交》第2册，台北"中央"文物供应社1981年版，第27页。

[⑤] 同上。

年12月分别提供500万英镑平衡基金贷款和500万英镑信用贷款。但这些贷款基本上都附有较为苛刻的条件。1942年2月英国承诺的5000万英镑的对华贷款更是开了空头支票,截至英国向宋美龄发出访问邀请之时,由于英国过于苛刻的借贷条件,中英双方就贷款问题的谈判一直没有结果。所以,1942年11月当顾维钧问及宋美龄是否接受英国的邀请时,外交部部长宋子文就说:"这完全取决于谈判中的中英条约能否早日取得圆满的结果,以及其他悬而未决的问题,比如贷款问题是否能够解决。"① 结果,直到1945年8月中国抗日战争结束时,英国仍分文未拨,对解决中国抗战急需没有起到任何作用。

在军事合作方面,太平洋战争爆发前,英国借口英日尚未开战,实则害怕"卷入"中日战争,一直没有与中国建立真正的合作关系。缅甸失守后,英国只想仗恃中国远征军收复缅甸,但对中国远征军的军事行动却不予配合。常常是中国远征军冒死救援英军,但当中国远征军遭遇围困时却得不到英军救援。英方甚至还克扣补给中国远征军的军火物资,严重影响了收复缅甸的进程。

较之于美国,英国的对华援助态度消极,行动迟缓,数量有限,有时还得美国从中施加影响和压力。以英国的一贯做派,即使宋美龄访英也未必能有多大收获,因此,中国方面对宋美龄访英从一开始就不十分积极。蒋介石最初考虑让宋美龄"在从美国归国途中以个人名义在英国访问几天"②,丘吉尔不友好演讲之后,蒋介石电嘱宋美龄:"访英问题,不要肯定,亦不要答应。"③ 最后,宋美龄还是以身体不适为由取消了访英计划。

三 宋美龄对美英两国的感情和认识不同

除了上述原因之外,宋美龄的个人因素也在一定程度上影响了访

---

① 顾维钧:《顾维钧回忆录》第5册,中国社会科学院近代史研究所译,第164页。
② 同上书,第153页。
③ 秦孝仪主编:《中华民国重要史料初编·第3编战时外交》第1册,第818页。

美拒英的最终决定。

由于宋美龄的家庭"背景及其所受之教育，皆系得诸美国，主要接触亦系美国"①，所以宋美龄有一种天然的美国情缘。她把美国称为"第二故乡"，说自己除了长相是中国人，其余都是美国化的。宋美龄言谈举止和思维方式的美国化，使她很容易被美国及美国人民接纳；宋氏家族在美国经营的广东银行能为她的活动提供许多方便；与其关系密切的美国媒体也能为她的访问助一臂之力。所有这些条件，在英国是不具备的。相反，英国作为老牌的殖民主义国家，对中国表面上彬彬有礼，实际上却充满了傲慢与偏见，以致宋美龄和"委员长有很多原因对英国不满"②。以宋美龄率直的讲话风格，她认为自己到了英国很可能"会向白厅官员坦率地陈述自己的观点，而这样做将无助于她的访问"③。其实，英国对宋美龄也有许多不满，尤其是1943年4月宋美龄在美国熊山休养时发表了有关印度问题的声明，此举被英国政府看作是在干涉英国内政。曾力邀宋美龄访英的泰弗亚勋爵在被问及宋美龄访英期间将受到何等待遇时说："蒋夫人四月里有关印度的声明已使局势有所变化。"④ 这一点宋美龄本人也十分清楚，所以对到了英国所受待遇的担心也不是没有道理的。

另外，宋美龄在礼节方面的过分挑剔与敏感也影响了她与丘吉尔在美国的会面。1943年5月，丘吉尔到华盛顿与罗斯福商讨战事，罗斯福欲邀请宋美龄与丘吉尔在白宫共进午餐，趁机弥合宋美龄取消访英计划造成的中英关系的裂痕。蒋介石对此表示赞同，并电告宋美龄：丘吉尔既到华府，如能与英相见面，则于公私均有益。此正吾人政治家应有之风度，不必计较其个人过去之态度，更不必心存意气。宋子文、顾维钧也都力劝宋美龄与丘吉尔会晤。但宋美龄认为自己是一位女士，丘吉尔应先拜访她，而不是她专程去华盛顿会晤丘吉尔，否则有失尊严。最后宋美龄不顾宋子文等人的劝告，仍以身体不适为

---

① 《英应了解中国——英报评论盼蒋夫人访英》，《大公报》1943年3月9日，第2版。
② 顾维钧：《顾维钧回忆录》第5分册，中国社会科学院近代史研究所译，第219页。
③ 同上书，第108页。
④ 同上书，第295页。

由谢绝了罗斯福的邀请，拒绝与丘吉尔会晤。

宋美龄取消访英计划又拒绝与丘吉尔会晤，使本来就不甚和谐的中英关系进一步受到影响。丘吉尔的女儿在一次宴会上说："蒋夫人不来英国是因为她不喜欢这个国家。"① 蒋介石的高级幕僚唐纵也在日记中写道："闻蒋夫人在华盛顿不愿与丘吉尔见面，中英国交前途从此多忧矣。"②

（原载《江西社会科学》2008年第7期）

---

① 顾维钧：《顾维钧回忆录》第5分册，中国社会科学院近代史研究所译，第310页。
② 唐纵：《在蒋介石身边八年——侍从室高级幕僚唐纵日记》，群众出版社1991年版，第357页。

浅论陈济棠与 1949 年海南改设特区

1988 年海南建省并成立经济特区后，学界关于近代海南建省的讨论也随之增加，但重点主要在晚清和民国前中期，而关于抗日战争胜利后真正意义上对海南开发建设付诸实施的 1949 年海南改特问题并没有详细论述。本文尝试从战后海南建省的考虑、陈济棠出长海南期间所作所为及战后海南开发的探索等方面对 1949 年海南改特问题略作探讨。

一　海南改特的背景

海南岛位于中国最南端，一直隶属于广东省。海上丝绸之路鼎盛时期，海南岛是中国通往南亚、西亚、西欧、非洲的交通要冲。19 世纪 80 年代中国边疆危机发生后，由于"该处孤悬海外，逼近越界"，情形"较台湾尤为吃重"①，其海上战略地位的重要性也日益突显。因此，清末有识之士张之洞在任两广总督之时曾亲临海南视察，并基于巩固海防和开发利源的考虑，提出了改设海南行省的建议。但由于晚清政局动荡，财政空虚，张之洞海南建省的提议未被采行。不过，在张之洞的力主和推动下，清政府对海南实行了一系列有利于社会经济发展的措施。针对海南黎族人口居多的情况，为"开山收土，永奠海南"②，张之洞曾专门拟定《抚黎章程》十二条，其中"开通十字大路""选择要地，设官抚治""略仿黔、滇各省土司之例，不令胥

---

① 苑书义等主编：《张之洞全集》第 4 册，河北人民出版社 1998 年版，第 2533 页。
② 同上。

吏索扰""田业三年内不收赋税，三年之外务从轻则起征，断不苛敛""黎境有矿各山由官商合采者，给钱租赁，绝不强行占据，黎汉均享其利""民人盐布百货与黎地牛马粮药等物，在各峒口设场互市，来往畅通，公平交易，严禁汉民讹赖盘剥""每数村仿内地设一义学，延请塾师，习学汉语汉文"①等措施不仅有利于黎族地区社会经济的发展，也使整个海南岛得到了一定程度的开发。

中华民国成立后，鉴于海南岛的特殊地位及海防的需要，孙中山也曾提议设立海南省以更好地发展海南。1912年孙中山先生在《琼州改设行省理由书》中详细论述了海南改省的五大理由——巩固海防，启发天然富源，文化政策，国内移民，便宜行政。②后因宋教仁被暗杀，国民党遭到打压，国内时局紧张，孙中山的海南建省之议也就暂时搁置了。直到孙中山在广州建立政权后，仍积极呼吁海南改省，认为海南与台湾同样孤悬海外，因此也应仿台湾改为一省。但由于历史条件的限制，孙中山生前未能实现其海南建省的设想。

1931年12月7日，广州国民政府任命伍朝枢为广东省政府主席，并通过孙科等人的提案，划海南岛为琼崖特别区，任命伍朝枢兼特区长官。就在琼崖特区紧锣密鼓地筹备之时，发生了陈济棠与海军将领陈策之间的武力冲突事件，最后陈济棠打败陈策并将琼崖置于自己的控制之下。陈济棠已经控制了广东政局，当然不能让海南从广东分离出去，削弱自己的力量，于是百般阻挠伍朝枢上任海南特区行政长官，海南建省计划再次流产。1936年，"两广事变"爆发，陈济棠被迫下台。广东被划分为九个行政督察区，海南为第九行政督察区。直到这时，海南政界的有识之士仍希望海南独立建省，国民政府相关部门也初步拟订了海南划设特区的草案和各种经济建设计划。但随后因抗日战争的全面爆发，海南设省之议便无疾而终。

抗日战争胜利后，海南建省再次被提上议程。1947年3月，国民党六届三中全会决定设立海南特别行政区长官公署。7月，国民政府

---

① 朱寿朋编：《光绪朝东华录》第2册，中华书局1958年版，第2272—2273页。
② 中国社会科学院近代史研究所中华民国史研究室等编：《孙中山全集》第2卷，中华书局1982年版，第563页。

通过海南特别行政区长官公署组织法，决定在长官公署下设民政、财政、教育、建设、社会、保警、会计、秘书8个处及农林、工矿、交通3个局。同年8月，南京国民政府正式通过海南划为特别行政区的决议，并准予在海口成立建省筹备委员会。1949年1月南京国民政府正式设立海南特别行政区，并委任张发奎为海南特别行政区长官。此时，由于国内形势发生重大变化，国民党军队在各大战场上接连惨败，不甘灭亡的国民党妄图将广东及海南作为反对共产党的最后基地，于是加快了海南建特区的步伐，以据守一方。

无论是张之洞、孙中山对海南建省的设想，还是南京国民政府设立海南特别行政区的实践，其设置考虑都有异曲同工之处。其中孙中山提出的《琼州改设行省理由书》中所列海南建省的五大理由，既是对张之洞建省理由的补充，也对后来国民政府的海南建省实践具有指导意义。1949年海南建省既有继承张之洞与孙中山等人的建省设想以长久开发海南，也有战时环境下的特殊考虑。

二　陈济棠出长海南

1949年1月正式设立海南特别行政区时，南京国民政府委任张发奎为海南特别行政区长官，但张发奎以"有兵""有粮""有权"等条件未得到满足而拒绝赴任。国民政府后又委任李汉魂为海南特别行政区长官，李汉魂亦以同样的理由推辞。国民政府最后决定启用陈济棠。陈济棠的任用，是当时各方势力抗争的结果，当然也离不开陈济棠自己的"努力"。

淮海战役之后，蒋介石以退为进，宣布下野，桂系李宗仁代理总统之职。但蒋介石依旧不肯放权，李宗仁也只是"空头"总统，没有实际权力。李宗仁这时候急需各种力量来抗蒋反共以进行自己的统治，正是在这种情况下看上了陈济棠的影响力。李宗仁有意任命陈济棠为海南特别行政区长官，首先，考虑到陈济棠主粤期间在广东的人缘不错，很有号召力。其次，陈济棠表示愿意自筹经费以建设海南，这就减轻了中央财政的负担。最后，陈济棠过去有反蒋历史，这就使李宗仁拉拢抗蒋反共势力成为可能。同时，早在两广事变时，陈济棠已极力向宋子文靠拢，以间接取悦蒋介石。"抗战胜利后，陈在香港做寓公时就通过各种手段拉近和宋子文的关系，直至在任海南特别行政区长官之时很多军备的扩充都得到了宋子文的帮助。"① 可见陈济棠出任海南特别行政区长官既得到了桂系的肯定，也得到了蒋派的支持。有两大势力作为后盾，以至陈济棠出任前琼籍人士倡议的"琼人治琼"的口号也逐渐消失。

陈济棠自愿出资筹建海南特区，"曾从荷包挖出港币100万元，用作长官公署的开办费和招兵买马的经费"②。这在当时人看来未免有"买官"之嫌，而出任海南特区行政长官更另有图谋之说。陈济棠之所以在国民党败退之际临危受命并自掏腰包出任海南特别行政区长官确实另有打算。在政治方面，陈济棠自1936年下台以后，并没有真正地淡出政界，昔日南天王的辉煌使他不甘心就此寓居一方。陈济棠胞弟陈济南就曾对别人说过：其伯哥（陈济棠）曾说："海南素称天险，共军没有飞机和军舰，决不能飞渡。不用说固守一年半载，即三年两载亦不成问题，第三次世界大战必定爆发，只要美苏战事一起，形势即对我们极有利。到那个时候，不用说恢复以前的地位，连大总统也有我一份。"③ 可见陈济棠政治野心不小，还一直做着总统梦。在经济方面，陈济棠则看好海南尚未开发的利源，想通过开发海南资源从中获利，即使政治上不能有所建树，至少陈氏家族能获得巨大的经济发展空间。

三 海南改特一年的变化

陈济棠于1949年4月到海南上任后即提出了"政治新生""经济新生""军事新生"和"社会新生"等四字口号，以此作为奋斗之目

---

① 梁国武：《陈济棠、薛岳在海南的最后统治见闻》，广东省政协文化和文史资料委员会编《广东文史资料精编》上编第2卷，中国文史出版社2008年版，第509—510页。

② 林荟材：《蒋帮在海南岛的最后挣扎及其覆灭》，广东省政协文化和文史资料委员会编《广东文史资料精编》上编第2卷，第518页。

③ 梁国武：《陈济棠、薛岳在海南的最后统治见闻》，广东省政协文化和文史资料委员会编《广东文史资料精编》上编第2卷，第511页。

标,着力于治理建设海南岛,取得了一定的成绩。

政治方面。国民政府规定海南特区下设民政、财政、教育、建设、社会、保警、会计、秘书8个处及农林、工商、交通3个局,在此基础上,陈济棠提出了"琼人主琼"策略,即各县的一把手基本沿袭旧制,任命琼籍人士担任要职。同时,陈济棠还组织了干部训练团,招收学员加以施政与业务训练,将合格毕业者派往各乡镇任乡镇长。除了在人员上完善各级行政机构外,陈济棠还注重行政机关基础设施的建设,"但是当时上级经费来源奇缺,要兴建一座像样的建筑亦无经济来源,于是陈济棠将自己的黄金100余两向银行按揭,又借来2万余元,把海口市政府大楼建成"①。

1947年国民政府通过海南建省议案之时就成立了建省筹备委员会,主要负责建省的各项筹备事宜,1949年陈济棠上任后的主要工作还是通过建省筹备委员会完成。关于决策的制定与实施,陈济棠也是依靠建省筹备委员会,"至1950年3月30日,筹备建省委员会开过9次会议,主要研究繁荣海口及开发矿产问题,研究经济建设与海南大学改制问题（要求将海南大学改私办为国立）。这些会议都由陈济棠主持,每次有20多名委员参加"②。虽然陈济棠在政治新生的实践中对一些行政机构的完善做出了努力,但混乱的政治局面不可能形成民主政治,而只能是陈济棠个人的独裁专政。

经济方面。经过历次战争的破坏,海南经济凋敝,民不聊生。1948年1月,广州工商辅导处所做的《海南岛经济事业调查报告》对海南经济状况的描述一片灰暗。面对海南凋敝的经济状况,陈济棠从多方面着手。首先,恢复金融的稳定。经过一段时间的恢复发展,"1949年9月1日,海南银行在新兴路开业"③,海南金融业有了起色。其次,着手于实业建设。在当时艰难的情况下,"陈济棠曾想尽办法收集残破之机器,在海口府城建一个规模之纺织厂,生产衣料和

---

① 凌立坤、凌匡东:《陈济棠传》,花城出版社1998年版,第159页。
② 黄进先:《海南开发史略》,《海南师院学报》1995年第4期,第127页。
③ 海口市地方史志编纂委员会编:《海口市志》上册,方志出版社2008年版,第41页。

其他民生用品，供应市场"①。国民党在大陆的惨败，使得广州一些实业公司也陆续迁往海南。"1949年9月28日，国民党广东公路管理局第三运输局、第一汽车修理厂从广东迁来义兴街。"②陈济棠"到任以来，矿务经营因通过日本和美国订立交易合同，已有了起色，税收经过整顿后，收支亦平衡"③，在一定程度上刺激了海南实业的发展。到1949年10月止，海口陆续兴建了罐头厂、皮革厂、树胶厂、士敏土厂、自来水厂、电厂等现代企业。再次，注意农业经济的发展。陈济棠曾感叹海南可耕地比例小，农业经济发展缓慢，全岛常年缺粮。为此，一些有识之士根据海南经济发展的实际情况向陈济棠提出了中肯的建议："组织农民推广新式农垦机械与水利设备；协助各县政府或人民团体开垦荒区，办理现代化之农场；训练当地农家子弟应用新式机械；察勘各乡农田水利情形，改进本岛小型农田水利。同时在金牛岭着手建筑厂房，以便利用大批现代化之农垦水利与农产品加工机械。"④陈济棠也积极地采取一些措施，一方面进口大米解决眼前困难；另一方面从长远考虑，筹设实验农场，组织扩大冬耕。国民党海南特区政府还在1949年10月组织人力测量修建了一批水利工程，以备农业发展之需要。最后，加强海南基础设施建设。基础设施建设是海南改特的首要问题，其中交通的渐行发展关系到整个海南经济的发展。1949年1月海南改特区后正式成立了第一家公营汽车运输公司，增加了政府的财政投入，加修公路373公里，行将通车的有254公里，正在动工的有226公里，修建桥梁8座，船渡4座。

社会方面。抗日战争结束后的海南岛不仅经济凋敝，人民群众的生活也是苦不堪言，各种社会问题随之产生。1949年陈济棠上任后，致力于社会救济事业，规定每县拨款5000元，专门用于社会救济。同时，还恢复了原有的救济院和育婴院。又在南部榆林成立了热带病研究所，在海口建立省辖之卫生病院，一定程度上推动了海南医疗卫

---

① 凌立坤、凌匡东：《陈济棠传》，第159页。
② 海口市地方史志编纂委员会编：《海口市志》上册，第41页。
③ 林荟材：《蒋帮在海南岛的最后挣扎及其覆灭》，广东省政协文化和文史资料委员会编《广东文史资料精编》上编第2卷，第518页。
④ 黄进先：《海南开发史略》，《海南师院学报》1996年第2期，第103页。

生事业的发展。

陈济棠在出长海南近一年的时间里对海南的政治机构、经济建设、社会救济等方面都尽其所能，虽然有的方面有所启动或收到一定成效，但是建设海南绝非一日之功，也不是个人能力所能完成的，一年的时间也确实很难见到大的成效。

海南历经了几十年坎坷的建省开发之路，直至1949年才正式设立特别行政区，这期间有几次的建省之议都因时局影响而最终流产。不管是早期张之洞开发海南之议，还是孙中山提出的五大建省理由，主要的考虑都是基于资源开发与巩固海防的需要。但是到1949年正式设立海南特别行政区并开始发挥作用时，其考虑就不仅仅是开发资源与巩固海防了，而是国共内战后期国民党节节败退之际，想要以海南为最后一道抵抗屏障，内战的需要成为促使海南尽快落实建立特区的重要原因。国民党各派系之间的权力之争，又促使陈济棠出长海南。陈济棠在出长海南期间对海南的发展与建设提出了一些积极的建议并做了一些努力，虽然有些是出于谋取个人私利的需要，但是总体来说他所做的这些努力对稳定海南当时的时局还是有一些帮助的，在经济建设及社会救济方面对后来海南的发展都有一些借鉴作用。1949年海南改特虽然只有短短的一年时间，但改特的倡议及各方面的实践都为中华人民共和国成立后海南的建省与建立经济特区提供了一定的经验和教训。

（原载《史志学刊》2017年第2期）

澳门公务员制度述论

公务员制度是目前世界上许多国家广泛推行的一种政府行政人事管理制度。由于历史的原因，澳门公务员制度带有明显的殖民地色彩，即由葡萄牙人来操纵管理一切。目前澳门正处在一个重大的历史转折关头，作为过渡时期"三化"问题的核心和基干，公务员本地化问题的解决，不仅是保证澳门平稳过渡顺利衔接的重要步骤，而且还是直接关系到澳门回归后澳人治澳、主权行使的重大问题。因此，本文试图对澳门现行公务员制度的沿革、基本架构和特点略作考察，以期有益于澳门公务员制度的进一步深入研究。

一 澳门公务员制度的沿革

葡萄牙人在澳门建立居留地之初，在澳葡萄牙人由葡印总督派出的中日贸易船队司令路过澳门时实行不定期的管辖。[①] 1583年，在澳葡萄牙人自发成立内部自治组织——议事会。直到1623年葡萄牙正式派出马斯卡雷尼亚斯出任澳门第一任总督，自此澳门事实上开始有了固定的领取政府薪俸的专门从事公务的公职人员。19世纪中叶英国文官制度兴起的同时，澳门葡萄牙当局借英国用炮舰政策打开中国大门的机会，扩大在澳门的势力，相继设立政务委员会、立法委员会和谘议局等机构，公职人员不断增加。但在此后相当长的时期内，澳门政制变化无常，供职于澳门政府的公职人员队伍极不稳定，现代意义的公务员考试、考核、培训、退休等制度就更不完备。

---

① 费成康：《澳门四百年》，上海人民出版社1988年版，第23页。

澳门现行的公务员制度始于70年代中期，虽是按照葡萄牙新的民主政府颁行的《澳门组织章程》确立的基本架构，但由于具体内容是依照葡萄牙《海外公务员章程》拟定的，故仍带有明显的殖民地痕迹。80年代初，澳门当局开始根据澳门的特殊情况和自身需要，对公务员制度进行了一定程度的改革。1984年，澳督高斯达在改革澳门行政组织架构时，颁布了三个重要法例：《公务员一般职称总则》《进入公职条件》《领导和主管人员章程》，对公务员制度进行了改革。1988年中葡联合声明正式生效后，为适应过渡期公务员本地化的要求，澳门政府又通过了《澳门公务员和公职人员纪律章程》，以取代长期以来葡萄牙《海外公务员章程》在澳门的地位，首先完成了澳门公务员章程的本地化。随后澳门政府又相继颁布了《外聘人员章程》《职称制度》和《澳门公职人员章程》等一系列法例，对公务员制度的方方面面做了较为详细的规定，并逐步开始付诸实施，这就在很大程度上推动了澳门现代公务员制度的发展。

广义上的澳门公务员统指在澳门公共行政系统的所有工作人员，总人数从1981年的5063人增加到1997年的18657人，其中1987年前后增加幅度较小，1990年前后增加幅度较大。按西方公务员的分类，澳门公务员可分为政务类和业务类。政务类包括澳督、政务司、反贪高级专员、立法会议员、谘询会委员、澳门市和海岛市市政厅主席及委员、市政议会成员。业务类包括以司长为首的各机关领导人员、各类技术人员、教学人员、行政人员、保安人员、工人及辅助人员。政务类公务员在澳门公务员中所占人数比例极小，其产生方式、任职条件、职责、任期、考核、管理等与业务类公务员不同，故本文内容暂不涉及政务类公务员的情况，只就作为公务员制度主体的业务类公务员制度略作探讨。

二　澳门公务员制度的基本架构

澳门公务员依编制可分为编制内人员和编制外人员。编制内人员又可分为临时委任、固定委任、定期委任和编制内散工（1989年已取消）；编制外人员可分为合约工和散工。

澳门编制内公务员的录用实行公开招聘制，即由用人单位在政府《宪报》上刊登招聘通知，凡年满18岁未满50岁、居住在澳门地区、具有葡萄牙或中国国籍、身体和精神状况良好、具有工作能力并未受刑事或法律处罚或法律规定不能担任或兼任供职的其他情形者均可报名投考。投考者在指定的时间参加由用人单位指定的评判团组织的各种测试，同时参考资历、学历、健康状况等，视综合情况择优录用。特殊情况下，一些纯技术、学术和教学方面的职务可由中葡以外国籍的人士担任。

考核是公务员制度的一项重要内容。1985年4月澳门政府颁布了有关公务员考核制度的法令，对考核的内容作了详细的规定。同时将公务员考核分为定期的平常考核和不定期的特别考核。平常考核在每年的1月份，针对全体公务员，采取传统的考核方法，即由指定的上司填写考核表格，划分优、良、平、劣四个等级，然后根据考核结果，确定被考核公务员是否可以续任、续约、晋升和转为定期委任等。对考核劣等者，政府减少有关年度的休假或不再续任，如系合约制公务员则不再续约。如两年连续为劣者，政府将对其进行纪律调查，合约制公务员即行解除合约。至于特别考核，没有统一的固定的时间，只针对临时委任制公务员，在其委任期满前两个月进行，此项考核通过，该公务员即可转为与政府有永久性联系的固定委任公务员。

澳门公务员的培训事宜归澳门行政暨公职署辖下的公务员招聘暨培训厅负责。具体的培训形式有间接培训和直接培训。所谓间接培训是指政府或社团提供少量奖学金或助学无息贷款，选送或支持一些暂时还未步入公务员行列的中学毕业生到内地或海外接受高等教育，他们所学专业并非一色的公共行政，但学成回澳后即成为有一定文化程度的公务员后备人才。所谓直接培训是指对在职的公务员进行有针对性的管理或技能的培训。澳门政府为此采取一系列举措，如：1983年经济司设立职业培训中心，开设一些专业训练班和中文、葡文班，为普通公务员提供受训机会；1986年澳门政府开始开办"赴葡就读"课程，分批选送本地现有的大学毕业生到葡萄牙接受葡文和葡式公共行政方面的培训和实习，进入过渡期后，东亚大学（既今澳门大学）

于1989年设立四年制的中文公共行政课程，同时与葡萄牙国立行政学院合办两年制葡文公共行政课程班；1990年，澳门当局又开始实施"赴京就读"计划，选送中高级公务员到北京语言学院进修汉语，随后又选派中高级公务员到北京国家行政学院进修，了解中国行政组织架构和运作制度。澳门政府卓有成效的培训虽起步较晚，系统的培训计划也不完善，但通过上述多种形式的培训尤其是中文公共行政课程的培训和华人公务员在北京国家行政学院的进修，对提高澳门公务员的素质、促进澳门公务员本地化都有积极的作用。

澳门公务员的工资水准较高，福利待遇优厚。业务类公务员的工资计算办法是按各自职务级别的不同，统一设置从100到1000不等的工资索引点，如领导人员中各司司长的索引点为1000，以下依此减低，最低一级辅助人员的索引点为100。索引点的金额数值每年都随通胀率上升，1993年每个索引点为38元[①]，1997年达到50元[②]，即1993年澳门各司司长工资为38000澳元，辅助人员为3800澳元；1997年司长工资上升为50000澳元，辅助人员为5000澳元。除开工资外，编制内以及服务满半年以上的编制外公务员还能领取一系列津贴。按年度领取的津贴有，每年6月领取相当于一个月工资的假期津贴，每年12月领取相当于一个月工资的圣诞津贴。按月领取的津贴有年资津贴（每5年工龄为一个年资）、家庭津贴（按所供养父母、配偶、子女的人数计）、房屋津贴（居住政府宿舍和自购房产者除外）。一次性领取的津贴有结婚津贴、出生津贴、丧葬津贴和运送灵柩回原籍津贴。公务员出差，按工资索引点的高低和出差地点的远近领取金额不等的公差启程津贴和补助津贴。此外，澳门公务员还享受各种福利优惠，如：豁免职业税；低息贷款优先权；每月从工资中扣除0.5%的医疗费后，本人及领取家庭津贴的家属子女即可享受免费医疗，住院还发给不等的工资；妇女享受有薪产假60天；除每年享受法定的有薪休假30天外，遇结婚、生育、患病甚至亲属患病或去世等特殊情况，还有时间不等的有薪假期；编制内公务员每三年还可

[①] 黄汉强、吴志良：《澳门总览》，中国友谊出版公司1994年版，第71页。
[②] 李世源：《澳门1999》，世界知识出版社1998年版，第202页。

享受一次为期30天的特别假；本人及领取家庭津贴的成员均可获得政府提供的去外地休假的往返机票，如放弃特别假，则可获得相当的经济补偿。

1985年1月，澳门政府颁布了公务员退休制度的有关法令，逐步形成了较为完善的公务员退休制度。澳门公务员退休分为自愿和强制两种。年满65岁的文职公务员和年满60岁的保安部队人员必须退休；年满50岁的文职公务员和年满45岁的保安部队人员可申请自愿退休；对已届规定年限而不愿退休者、因身体状况而丧失工作能力者和因纪律处分要求退休者，政府一律采取强制性退休。退休公务员除特殊情况外，不得再担任公职。澳门公务员退休基金会统一管理公务员退休基金的集资和发放，接纳距法定退休年龄至少还可以工作15年的公务员参加退休基金会，每月从参加基金会的公务员工资中扣除相当于月薪和年资奖金9%的退休基金供款，同时接收由行政当局通过所属部门支付的相当于参加基金会公务员工资18%的供款，供款年限最多40年。参加了退休基金会的公务员退休后可按月或一次性领取退休金，具体计算方法是：参加退休基金会满40年和因工伤或职业病以及见义勇为、尽忠社会而造成长期丧失工作能力的公务员，退休金基本上等于退休时的原工资，不再随通胀率上升；如一次性领取则按原工资乘以服务年限再翻1倍。不满40年的公务员，退休金以退休前3年间月薪平均数的90%为基础值，除以40再乘以服务年限；一次性领取则以基础值乘以服务年限再翻1倍。如公务员去世，其配偶和有权领取家庭津贴的继承人可申请领取相当于退休金50%的抚恤金，子女只能领至18岁。

三　澳门公务员制度的特点

澳门公务员制度的最大特点是带有浓厚的殖民地性质的非本地化。1992底澳门政府行政暨公职司的资料表明，全澳15111名公务员中，具有葡萄牙国籍的竟占三分之二左右。288个处长以上至司级的官员中，只有1个处长是中国国籍，其余全部为葡萄牙国籍；1人在中国出生，76人在澳门出生，其余都在葡萄牙出生。1997年澳门公务员增加至 18657 人，中高级公务员中华人所占比例仍然很低。

造成澳门公务员非本地化的根本原因是葡萄牙在澳门长期实行殖民地统治。虽然葡萄牙新的民主政府在 1982 年的新宪法中已承认澳门为中国领土，但其政制体系中的殖民地痕迹却很难一下消除，澳葡当局多年来一直坚持澳门政权必须由纯葡萄牙血统的人掌握，坚持以葡萄牙语为官方语文，而澳门华人中能懂葡萄牙语的人很少，加上澳门教育不发达，华人受教育的机会不多，具有高学历更是少有。所以公务员招聘时华人常因学历条件的限制而被拒之门外，即使部分具有一定学历的华人有幸进入公务员行列，多数也只能从事一些粗笨的工作，极少数能晋升至中层，始终无法进入决策和主管的高层。然而，澳门是澳门人的澳门，澳门人中 95% 的又是华人，显然，澳人治澳的重任主要落在了华人身上。因此，公务员本地化尤其是中高层公务员的本地化，无疑成为澳门过渡期的重大问题。为了适应过渡期公务员本地化的要求，澳门政府做了一系列的工作，在东亚大学开设中文公共行政等课程；设立司长助理和厅长助理职位；实施"赴京就读"计划；开办公务员中文培训班等，为澳门公务员本地化做了一定的准备。1992 年，中葡联合联络小组全体会议将公务员本地化作为一项重要议程进行讨论后，公务员本地化的目标更加明确，澳葡方面提出到 1995 年完成司长副司长 50%、厅长 70%、处长 80% 的本地化。[①] 1993 年 2 月，澳督韦奇立又签发《行政当局之本地化问题》的文件，对过渡期后几年的公务员本地化问题做了较为明确的批示，加快了澳门公务员本地化的进程。

澳门公务员制度的另一大特点是公务员的福利待遇特别优厚。澳门劳工的工资一向偏低，但公务员的工资却相当高，不仅一年多领两个月的工资（6 月份的假期津贴和 12 月份的圣诞津贴），而且月薪每年都要随通胀率的增长进行大幅度的调整，1993 年至 1997 年按索引点计算的工资年均增长 7.1% 左右。1997 年 7 月，澳门政府立法会又通过了一项公务员加薪法案，其加薪幅度比通胀率还高出 2%。澳门政府的预算近 40% 用于公务员的开支。此外，澳门的社会福利事业注

---

① 黄汉强、吴志良：《澳门总览》，第 67 页。

重保障公务员的利益，住房有高额津贴，扣除少量医疗费后全家得享公费医疗，子女可入官立学校享受免费教育，父母、配偶及未成年子女均能领取家庭津贴，连结婚生孩子都有津贴。澳门公务员的工资略逊于香港公务员，但福利待遇在某些方面却远胜于香港公务员，更胜于澳门普通劳工，成为澳门一个令人羡慕的特殊阶层。

上述状况的形成，主要是因为澳门公务员多是葡萄牙人，澳门政府偏重公务员的利益，实际上就是偏重葡萄牙人的利益。同时澳葡当局受西方"高薪养廉"的影响，期望以此吸引人才，稳定公务员队伍，调动公务员的积极性。随着公务员本地化比例的加大，优厚的福利待遇为越来越多的华人公务员享受。在继续保障公务员利益的同时，澳门政府还应该注意澳门普通劳工和市民工资福利的同步增加，避免公务员与普通劳工及市民距离的拉大，避免整个社会贫富悬殊的加大，以保证澳门社会的公平、和睦与健康发展。

（原载《中国行政管理》1999年第9期）

"六政三事"述论

"六政三事"是1917年阎锡山兼任山西省省长后大力推行"用民政治"的核心内容，也是阎锡山早期统治山西的重要举措。它的实施及其效果均对山西社会产生过重要影响，本文拟对"六政三事"的主要内容及其实施效果略作探讨。

一

所谓"六政"，是指水利、种树、蚕桑、禁烟、剪辫、天足，其中前三项为"兴三利"，后三项为"除三弊"。

"六政"所兴水利、种树、蚕桑三利，是阎锡山为筹补晋民生计，充分利用和开发山西省地力而采取的措施。

山西地处黄土高原，历年旱灾频仍，严重制约着农业的发展。因此，兴修水利成为山西改良农业、发展生产的迫切问题。为了尽快发展山西水利事业，阎锡山在提出"六政"之后，特别采取了四项措施：一是设立专门机构。首先成立水利局，总管全省水利事务。1920年山西遭受大旱，阎锡山特设"山西军人灾区凿井事务所"，次年又创立水利会，以促进全省的水利发展。二是政府贷款解决水利资金。普通凿井耗资较少，农家或单独或联合即可承担。至于开渠垒堰、修蓄水池则耗费较大，除少数官办和地方绅士捐资公益外，多为一村村民联合贷款，集合群力兴修水利。三是培养技术人才，购置新式器具。阎锡山专门选派工徒赴北京学习新式凿井法，并购置了许多新式器具，又从外地聘请师傅传授经验，新法凿井遂在太原地区推广采用。四是立案定法，力戒弊端。为避免盲目凿井，阎锡山在十年水利计划案中强调先行调查水源,按勘测结果制订计划,指导施工;为避免滥用浪费,水利局择地设立量水站,定期量水,以使用水合理;为避免因争水而起恶讼,阎锡山又在水利局专设息讼员一职,并制定水法,依法行事;为使各级官员真正贯彻执行各项水利措施,阎锡山特别将防水患兴水利列为各级官员的重要考核内容。

在阎锡山的倡导和督率之下,"六政"初始数年间,除保德、万泉等几县外,开渠凿井之风遍及全省。在无河水可引又不宜凿井的地区,则修建蓄水池,以积蓄天雨,解决水源。据山西省政府在1918年至1922年间向北京政府的汇报中称,5年间兴修水利,共扩大水浇地200余万亩,几乎占全省耕地面积的三十分之一。这个数字的准确程度暂且不论,但经过几年的时间,山西水浇地面积确实有所扩大,受益地区日渐富庶。

种树是阎锡山结合山西地理状况,利用荒废土地开发富源,以兴民利的又一项举措。每年清明节前后,各县、区苗圃统一分发树苗,要求每年至少人各一株。在校学生则由学校组织,在清明节集体种树,集体管理,对损毁树木者,除罚款外,还必须补种。由于栽种果树比种粮食更有收益,所以阎锡山甚至提倡用耕地种树,并将种树与民富、县富、省富、国富联系起来。

经过数年的提倡鼓励,山西植树取得了一定的成效。村镇街边,道旁地畔,尤其是庭前院后,树木日渐增多,有些地方甚至"郁郁葱葱"[①],因此而致富的也大有人在。如五台县黑石沟掌村农民傅吉泰,以其仅有家资,带领全家在河滩、沟壑成年植树,几年间植树几万株,由于精心护管,屡屡成材,由此而致富。[②] 种树成活率视地区而论,一般边远山区,水源较少,成活率较低;而平川近水地区,成活率较高,平均成活率在6至7成。

蚕桑是古代中国许多地区广大农民的主要副业,在孔子学说中就曾被认为是致富的有效手段。栽桑养蚕既可利用妇孺劳力,又不必经

---

① 张帆:《六政三事在介休》,中国人民政治协商会议山西省委员会文史资料研究委员会编《山西文史资料》第60辑,1988年印行,第77页。
② 《五台县志》编纂委员会:《五台县志》,山西人民出版社1988年版,第132页。

年操持，不误农作，"比起别的事业，费的力少，赚的钱多"①，因此被阎锡山列为"六政"之一，大力提倡推广。首先从省城到县城，设立各级农桑局，附设农民传习所，并由政府投资兴建县、区苗圃，购桑籽，育桑苗。阎锡山还带头自捐薪俸，在晋南、晋中、晋北建起三个桑园，每园栽桑万株，故称万桑园。除成片栽桑外，普通农家还利用田边地埂零星栽桑，沁水就有这样的农谚："每亩地边五株桑，家家都是好时光。"②

为使蚕茧有更大的销路，阎锡山在省城开办了现代化的蚕业工厂，定期向农民收购蚕茧，生产的绸、缎、湖绉，质量都比较好。与之配套的，还有设立于1921年的蚕具制造厂，专门生产种桑、养蚕、缥丝、丝织的机具。另外，在省城和各县设立女子蚕桑传习所数十处，招收有一定文化的人员，传授有关蚕桑技术知识，编印各类培桑、养蚕、缎丝的通俗读物，广为宣传。仅1921年，全省受专业训练的蚕桑人员就达1700余人，养蚕农户达14万余户，结蚕茧192万余斤，缥丝12万余斤。③许多学校自高小开始加授养蚕等职业教育课程，自设养蚕室，由学生们实习管理。

尽管栽桑养蚕省工省力且获利殊厚，但在客观上由于山西大部分地区的气候条件不适宜于蚕桑，所以除河东潞州泽州等自古桑蚕之地的栽桑养蚕沿袭下来以外，全省其他地区基本上没有得到普及。

二

禁烟、剪辫、天足，是阎锡山为消除山西众多社会弊病，充分利用和发展山西省人力而采取的几项措施。

山西向来烟患严重。1916年时，全省仍有百余万烟民，由烟患引发的社会问题颇多，造成的经济损失极大，所以无论从社会公德角度

---

① 吴文蔚：《阎锡山传》第1集，台众教育机构1983年版，第267页。
② 《沁水县志》编纂办公室编：《沁水县志》，山西人民出版社1987年版，第92页。
③ 阎伯川先生纪念会编：《民国阎伯川先生锡山年谱长编初稿》第2册，台湾商务印书馆1988年版，第445页。

考虑还是从经济角度考虑，禁烟都被列为"六政"所除弊病之首。

禁烟的内容主要包括禁种、禁运、禁吸。禁种较易，到1918年就基本禁绝。但禁运却很困难。山西禁种后，毗邻的陕西和绥远便大量向山西运销鸦片。为严防鸦片入境，阎锡山下令在黄河沿岸遍驻稽查队，配合当地查禁烟贩，又电令雁北道尹及各县严密防范缉拿，对大宗烟贩严加惩处，按土匪罪枪毙。但对夹带小卖者，却很难尽数肃清。禁吸牵涉面更广，难度也更大。"六政"伊始，阎锡山对吸食鸦片者采取了严厉的行政手段，成立各级戒烟会，派专员到各地会同地方官吏，挨户调查，将烟民造册登记。除罚以重款外，令其领取政府制作的曼陀罗和平戒烟丸，限期戒除，取保具结，否则或被送入工厂做苦工，或被投入监狱。结果，有的虽迫于压力戒除了烟丹，但更多的则是家人为之庇护，或由明转暗，或利用迁居等方式逃避查戒。可见上述办法都是治标不治本，没有把烟民主动戒烟的积极性调动起来，难怪阎锡山感叹道：像这样办下去，再办三年也是无效。于是，阎锡山另辟新法，提出三条"根本解决"之办法：第一，对吸烟者本人加以精神教育，施用人情的感化主义，诚心开导，使之良心自决，乐于向善。第二，父母亲属监视劝导，不隐瞒，不庇护，真心予以救助。第三，通过标语文章、官吏宣讲、学生宣传等形式，造成一种不吸食烟丹的社会风气。此办法在初行时，确实也收到了一定的效果，初步遏止了清末民初山西烟患大肆泛滥的势头。

剪辫是除三弊的第二项内容。阎锡山早年留学日本，耳闻目睹中国男子因脑后的"猪尾巴"而受外国人的歧视，因此对蓄辫深恶痛绝。民国初建，阎锡山就通令全省男子剪辫，1914年开始大力提倡。张勋辫子军复辟事件发生后，阎锡山更认定辫之剪留，关系到人心之趋向，治安之前途，政权之巩固，若"准人民之蓄发，则复辟谬说，易滋误会，一遇有事，会匪乘隙以惑其心，奸人投隙以淆其志……固有深意存乎其中也"[1]，因此，到1917年被正式列为"六政"所除弊病之一，剪辫运动就逐渐声势浩大起来。

---

[1] 阎伯川先生纪念会编：《民国阎伯川先生锡山年谱长编初稿》第1册，台湾商务印书馆1988年版，第245页。

剪辫首先从省城、县城和大集镇开始,通过贴告示、发通令、聚众宣讲、鸣锣宣谕、制发奖章等形式,造成一定的声势。接着便是各级官吏分头行动,挨户督察。各地差不多都采取了一些强制性措施,如利用逢集、赶会、唱戏等时机,进行突击性剪辫。再加上时代潮流的冲击,到1918年底,除少数偏远山区的部分顽固守旧者和垂暮老翁外,男子所留发辫基本上剪除,不再被列为"六政"考核内容,只作附带稽查。

妇女缠足陋习始于中世纪,全世界仅中国有,中国唯山西盛。20世纪初,天足之风在部分知识阶层和城市居民中悄然兴起,而山西有组织地推行天足,是在阎锡山兼任省长之后。当时山西全省人口1000万,女子约占半数,这近500万人口多因"金莲"所累,无法从事生产,等于500万闲人坐耗,致使山西潜在劳动力不得尽数发挥,妇女在社会政治经济生活中的地位也受到影响。为此,阎锡山极力推行天足,公布了严禁缠足条例,规定30岁以下妇女全数放足。还成立了由已放足妇女组成的天足会,专门委派查缠足妇女稽查员,除宣传妇女缠足的害处外,还直接实施对缠足妇女的强制行动。学生是宣传的主力军,在校时,学生们常佩戴印有"不娶缠足妇女"等字样的胸章,上街宣传,并成立"不娶缠足妇女会",制定全省学生不娶缠足女子简章。放假后,学生们利用假期向亲友宣传,其中男学生中有已娶或已定亲的,必须劝导女方放足,否则罪及丈夫。山西省在推行天足的过程中,奖惩分明,天足会成员定期到各处查足,对已放足者发给彩画奖励,每人还发给两角钱买布做袜子,[①] 对不愿放足者则处以罚款,对那些继续给女儿缠足的母亲则罚做苦工。[②]

天足与剪辫一样,由于涉及面太广,故进行中阻力较大,除了那些为婚姻前途着想的女子和因循守旧的妇人们的抵触外,还有一些暴力反对行为。在阎锡山的老家五台县河边村,就曾发生过因反对天足

[①] 郭廷兰:《河边村的反阎风波及其他》,中国人民政治协商会议山西省委员会文史资料研究委员会编《山西文史资料》第47辑,1986年印行,第168页。

[②] [美]唐纳德·G.季林:《阎锡山研究》,牛长岁等译,黑龙江教育出版社1990年版,第28页。

政策而围攻阎锡山府邸及东冶保安社因禁止缠足而引起的火并事件。①不过，由于广泛的宣传，人们逐步认识到缠足的危害。而且既有了今后不再娶缠足女子的风气，绝大多数女子便没有了婚姻前途的顾虑，加之缠足毕竟只是一种习俗，在新的时代潮流的冲击下，在阎锡山的高压政策下，必然会有所改变。到 1922 年，山西全省除偏远山村的少数人外，多数缠足妇女都已放开，未缠足的幼女也不再缠足。

三

1918 年，阎锡山在"六政"的基础上又提出种棉、造林、牧畜"三事"，合称"六政三事"。

"三事"中被列为首位的是种棉。山西历来仅晋南各县种植棉花，全省所需不能自给，每年从外省买布的钱，在 2000 万元以上②，而且随着棉价的上涨，支出不断增加，所以根本之解决办法是自己种棉。早在 1917 年春，阎锡山就鼓励人民种棉，秋后在省城举办展览并拿出 3000 元作为奖金。各县也纷纷仿效，对种棉成绩优秀者予以奖励。1918 年"三事"提出后，分年设奖便作为定制确定下来。1920 年 3 月，山西省政府专门颁布了"种棉法"。在此之前成立的棉业试验场，改良棉种，培养了不少专门技术人员，分赴种棉县份指导种棉。就连韩侯岭以北向因天气寒冷不宜种棉的地区，也开始以小区试种，如代县试种的五亩棉花，秋后收成颇好③，第二年便大面积种植。随着棉田面积的扩大，产量的增加，山西地方纺织业也随之发展起来，榆次晋华纺织股份有限公司就是在这个时候成立的。

造林是在种树的基础上进一步提出来的。1917 年的种树主要是零星栽种，1918 年的造林则侧重于成片营造。山西全省熟田面积不足 10%，森林覆盖面积仅占全省的 0.177%，余下多是童山荒岭、芜地

---

① 郭廷兰：《河边村的反阎风波及其他》，中国人民政治协商会议山西省委员会文史资料研究委员会编《山西文史资料》第 47 辑，第 167 页。

② 吴文蔚：《阎锡山传》第 1 集，第 225 页。

③ 同上。

旷野，而当时欧美各国的森林覆盖面积平均在20%以上。随着山西建设的发展，修铁路，架电线等所需木材极感缺乏，零星种树远不能满足需要，建设用材仍得仰给于外省，显然这不利于山西的经济发展，这是激起阎锡山造林热情的直接原因。此外，阎锡山还把造林看成保持水土、湿润气候的有效办法，是蓄积永久富力之举，甚至还把山西丰富的煤炭资源比作"无源之里海"，而把森林比作"有泉之河川"。

阎锡山在1918年颁布的造林计划十分宏大庞杂，包括分期情况、经费预算、收益预估、筹备事项、实施细则、承造办法、管理办法、系列工程、树种树距等各方面的内容。其目标是要在30年内造林182万顷，使山西森林覆盖面积达到26%，赶上欧美各国平均水平。为了达到这个目标，阎锡山在全省规划了无数大小林区，在省城设立林业传习所，并亲自向学生讲授"心栽法"。在农村则以每个自然村成立一所林业促进会，选派护林人员，鼓励农民个人承造荒山。但经过一段时间后，由于地方官吏没有切实进行组织发动，农民个体经济又难以承造整座荒山万顷荒地，故造林进展缓慢，最后不得不将造林计划改为官办，时间也延长为50年。

山西是农业省，兼有畜牧业，但牲畜多是本地土种，有待改良。以羊为例，当时国外有一种美利奴羊，年产羊毛10余斤，且毛质优良，均匀细长，利倍于本地羊。1918年阎锡山提倡畜牧业时，从澳大利亚和东北高价购回千余只美利奴羊，还聘请了外国技师，开始全省绵羊改良工作。经过初步繁殖，美利奴羊很快在山阴、朔县、岢岚、兴县、夏县、安邑等地推广开来，并出现了一些改良杂种羊。到1927年，仅太原模范牧畜场的羊只就发展到5000多只。① 1920年3月，山西省政府又颁布了"养鸡法凡例"，鼓励老百姓扩大家庭养鸡规模，集资设场。太谷、晋城两县就开办了蛋白公司，生产庞大，鸡蛋远销国外。此外，1917年阎锡山政府从荷兰购回数十头荷兰牛，分别在太原旱西门外和交城县设立牛场，还曾繁殖过阿尔斯丹等名种牛，开始了山西的奶牛事业。1925年，山西农业专科学校为便利学生实习，引

---

① 孟述文：《山西全省模范牧畜场概况》，中国人民政治协商会议山西省委员会文史资料研究委员会编《山西文史资料》第24辑，1982年印行，第178页。

进了少数巴克夏猪。阎锡山为加强自己的实力，需要经常扩充军马，所以他同时也注意到养马业，多次从国外引进名种马，到1930年中原大战时，马匹全被征用，养马场也告结束。

阎锡山在牧畜一事上，订有章程，设有研究会和试验性牧畜场，山西农业专科学校兽医科也为山西畜牧事业的发展提供了技术人才，但在"六政三事"推行期间，成效始终不显著。

四

从1917年10月1日发表《六政宣言》，成立六政考核处，到1923年春宣布裁撤六政考核处，山西省的"六政三事"正式推行了五年半时间，之后，有的事项又延续了多年。阎锡山为切实推行"六政三事"，特将考核禁烟成绩处改组为六政考核处，另有专司各项庶政的分设机构，将政治研究所改名为政治实察所，以候补学习人员充任政治实察员，分赴各县，代为督饬。阎锡山为此而召开的会议，发布的法令、条规、训示、发表的讲话等不计其数。并且还亲自出巡各县，了解"六政三事"实施情况。可以说阎锡山为推行"六政三事"花费了很大的力气，在民初山西社会发展中，确实起到了一定的积极作用。民初政局纷乱，军阀混战不断，山西邻省就时有战事发生，而阎锡山却能采取"闭关"政策，埋头推行"六政三事"，在客观上使山西社会局势相对稳定，人民少受战乱之苦。"六政三事"所兴之利，尽管成绩有限，但毕竟对山西农业的发展起了一定的积极作用，并遗利后来。有些改革措施，在全国也属首创，比如政府对改良羊种的干预等。"六政三事"所除之弊，基本上是用强制手段推行的，尽管遭到了一些抵制，但经过努力，蓄辫缠足等陋习在三晋大地上逐渐绝迹，山西人民自觉不自觉地开始了思想观念的更新。

当然，阎锡山"六政三事"的改革措施也并非尽善尽美，而且最后实施效果与阎锡山规划的蓝图相去甚远。究其原因，主要有：一是阎锡山为改良农业增加生产作了种种的安排，但唯独没有也不可能改变农村千百年来的封建土地所有制，因此也就不可能真正调动作为"六政三事"直接实行者的广大农民群众的积极性，相反，有的甚至还加以抵触。二是如此庞大的农业改革计划,是需要有大量资金作后盾的。然而事实上,"六政三事"提出时,山西省库尽是各县交纳的纸币,致使"省城军政各费,无法应付"①,所以阎锡山的水利贷款、林业预算等,多是空头支票。农民们碍于眼前的经济困难,也不得不放弃他们想通过"六政三事"为今后获取厚利的努力。三是阎锡山是"六政三事"的总体规划者,但在层层往下落实的过程中,各级官吏并非积极配合。有的技术人员,实际上只领薪俸,并没有真正的技术;有的承办人员,瞻顾敷衍,使许多政令条规停留于官样文章上;更有甚者,一些地方官吏,尤其是基层的役吏,乘机敲诈勒索,坑害百姓,致使百姓转而把怨气和愤怒发泄在"六政三事"上。四是中国受封建礼教的影响至深,一些习俗长期延续在传统社会中,难以一下改变。习惯势力的影响,文化程度的低下等,都在很大程度上阻碍了"六政三事"的实施,尤其是除弊方面的革新。

综上所述,"六政三事"本身是发展生产、破除陋习、有利于国计民生的事情。它对近代山西经济的发展、社会的进步都产生了一定的推动作用,因而应在山西近代史上占有一定的地位。

(原载《山西大学学报》1994年第2期)

---

① 阎伯川先生纪念会编:《民国阎伯川先生锡山年谱长编初稿》第1册,第252页。

民国初期山西农村人力资源的开发与利用

山西是一个传统的农业省份，直到中华民国建立，全省的社会经济仍然以农业为主。因此，民国初期的山西在资本主义工商业发展相对落后的情况下，侧重于发展农业经济。然而，长期以来史学界对民初山西农业经济的专题论述不多，对农业经济发展前提的人力资源问题更是少有涉及。因此，本文拟对民国初期（1912—1923年）山西农村人力资源的开发与利用略作探讨，以期有助于民国初期山西农业经济的研究。

一

中华民国建立后，由于南京临时政府以及后来的北京政府在经济政策方面偏重于资本主义工商业的发展，而对农业没有足够的重视，更不可能变更封建的土地关系。在这种情况下，由于各省的客观实际和当政者的主观认识各不相同，因而农业经济的发展也就呈现出参差不齐的状况。山西历史上"土厚水深，素称农产区域"，因此辛亥革命的局势稳定后，当政者根据山西农业省份的实际情况，将改良农产、发展农业经济作为"救济晋省穷困最普及易收效之法"[①]，同时也是解决财政困难和筹集军费的最好途径，因而对农业给予了更多的关注和重视。

---

① 阎伯川先生纪念会编：《阎锡山言论辑要》第1卷，台湾七海印刷有限公司1996年版，第40页。

在生产力水平相对低下的民国初期,要发展农业经济,主要依靠的还不是科技生产力,而是简单劳动力。然而,近代以来,山西农村人力日弛,严重影响了农业经济的发展。究其原因,除了帝国主义的侵略和封建剥削的加重这两个主要原因之外,还有诸多社会原因,其中以下三个较为突出。第一,灾荒使人口减少。近代的山西灾荒频仍,几乎无年不灾,至1911年全省大范围的旱灾达15次,水灾达33次。①特别是光绪(1875—1908)初年的丁戊奇荒,山西"赤地千有余里,饥民至五六百万之多,大侵奇灾,古所未见"②。晋南地区灾情尤重,人口锐减,其中安邑县(今运城)26万人仅余6万人,永济县33万人仅剩5万人。就连省会太原附近的赤桥村也"饿死者数百人,绝户者六十余家"③。仅五六年时间,山西人口就由1600余万骤减至1000余万,为丁戊奇荒受灾5省中最重之省。而且此后的人口增长极其缓慢。可见,屡次灾荒中人口的大量死亡和逃亡使山西农村人力资源遭受严重的损失。第二,鸦片使劳力减弱。第二次鸦片战争后,清政府对鸦片实行"寓禁于种"的政策,山西罂粟种植之风自此日甚一日,"最甚者二十余厅州县,其余多少不等,几于无县无之"④。1898年山西全省征收土药地亩税银就达10万两,可见罂粟种植面积之广。随着种植面积的扩大,吸食鸦片者也由过去少数游手无赖和殷实人家扩大到普通农民,一些地方的"壮男吸烟者占百分之九十"⑤。直到1916年全省仍有百万以上烟民,且多为乡村农民,使得"昔之上农夫,浸假变而为惰农"⑥。所以说鸦片又使山西农村的人力资源遭到严重破坏。第三,缠足使人力坐耗。妇女缠足陋习在全世界仅中国有,中国唯山西盛。民初山西有人口1000余万人,按当时山西人口男女比例135.5:100计,其中妇女400多万人,16—50岁者占总人

---

① 李文治编:《中国近代农业史资料》第1辑,生活·读书·新知三联书店1957年版,第733—735页。
② (清)曾国荃:《曾忠襄公奏议》卷8,刻本,第1页。
③ (清)刘大鹏:《退想斋日记》,山西人民出版社1990年版,第53页。
④ (清)张之洞:《张文襄公奏稿》卷3,刻本,第23页。
⑤ 《禁烟会调查鸦片吗啡之报告》,《申报》1919年1月20日,第3版。
⑥ (清)曾国荃:《曾忠襄公奏议》卷8,刻本,第16页。

口的 54.72%，那么在这个年龄段的妇女至少应有 200 万人。这 200 万人中多半又为农村妇女，她们除操持日常家务外，本应是农业经济的重要力量，然而"山西有个最大的病，就是妇人不做事"①。因为"女人们缠了脚，什么也不能做，精神缺欠，血脉枯槁，力量软弱，智识短少，心思糊涂，光会座（坐）着吃，完全依赖男子养活"②，久而久之，这支庞大的妇女队伍几乎丧失了参加生产劳动的能力。

如果说因水、旱等天灾而使农村人口减少的现象很难在短时期内得到改变，那么因吸烟和缠足等人祸造成的农村人力资源的损耗却完全可以通过社会改良来加以弥补。当时，山西督军兼省长阎锡山就认为"今欲使地无遗利，当先使人无遗力。如水利，如植树，皆可驱壮丁而从事者；如养蚕，如采桑，则妇女幼稚者，皆可自食其力焉"，"而男子吸烟，女子缠足，尤人生大害，务期必除"③。正是基于这样的认识，在如何开发利用农村现有人力资源这个问题上，山西省公署根据具体情况，主要在禁烟和天足这两个问题上加大了整治力度，采取了积极的措施。而通过禁烟和天足解放出来的男女劳动力，又在山西垦荒造林、兴修水利、栽桑养蚕的事业中得到了一定的利用。

二

由于山西烟祸危害甚烈，虽经清政府及南京临时政府屡次禁烟，但成效不大。1917 年山西省公署开始推行"六政三事"④，在禁烟问题上采取了较为有力的措施，取得了一定的成绩。

首先，制定法规，布告天下，广为宣传，晓谕百姓。1917 年秋至 1923 年春，山西省公署就禁烟问题颁发了 236 条条例、法规、令文、

---

① 山西省六政考核处政治实察所编印：《人民须知》，第 61 页。
② 正襟：《演说》，《山西日报》1919 年 7 月 27 日，《星期副刊》。
③ 阎伯川先生纪念会编：《阎伯川先生要电录》，台湾七海印刷有限公司 1996 年版，第 94 页。
④ 1917 年 10 月，山西省公署发表《六政宣言》，开始推行以"六政"为核心的"用民政治"，所谓"六政"，是指水利、种树、桑蚕、禁烟、剪辫、天足；1918 年又提出种棉、造林、畜牧，作为对"六政"的补充，合称"六政三事"。

告谕等，要求自省至村层层传达，广为宣传。阎锡山为配合"用民政治"而特别颁发的《人民须知》也对禁烟作了专门的规定。此书发行量极大，一些地方"差不多每户都发一本"①，兴县还规定"凡属识字人民均有讲演之义务，按人散给，饬令随时讲导"②。此外，省公署还将禁烟内容编入中等以下学校国文教科书，"通令各校切实讲解"③，再由学生回家向家人和乡邻宣传，以达到家喻户晓的目的。

其次，从上到下，纵横交错，组织严密，职责分明。禁烟涉及面广，牵涉人多，难度极大，必须使用强制性行政手段。因此，山西省公署要求省、县、区、村、闾层层政府参与，级级官员负责。省公署具体负责制定章程，全面把握，督导考核；县知事是推行禁烟的骨干，担负该县禁烟的完全责任，处理该县境内的各种烟案；各村村长是禁烟的具体执行者，负责张贴告示，宣讲条例，监督戒烟，检查本村有无违禁事项等；区、闾两级设自治戒烟会，主要负责发放戒烟药，协助戒烟。为了加大禁烟力度，山西省还成立了禁烟考核处等专门机关，禁烟成绩考核结果直接影响官员的去留升降。如祁县知事王俊清就因"对于烟禁毫不注意，贩卖金丹者无处不有，吸食鸦片者遍地皆是，戒烟局形同虚设，烟民极多"④而被撤职。除依靠各级行政力量之外，山西省还特意组织了一些专门力量协助禁烟。如在晋北、黄河沿岸和太行山一线共27个县设立稽查队，分驻各县河道要口、关隘要地，专职禁运；在正太铁路沿线主要车站派驻宪兵，对车站车辆等监视检查，沿线各小站加派路警，分赴沿线各村巡逻，稽查偷运者；每到罂粟播种季节，派军队到有关县份搜查铲除烟苗。此外，为"补官厅耳目所不及"⑤，各县还遵令遴选公正人士充当暗查员秘密调查禁烟情况，并对各级官吏禁烟实行监督。

最后，种运售吸，同时把关，奖惩并用，恩威并施。禁烟包括禁

---

① 张帆：《六政三事在介休》，中国人民政治协商会议山西省委员会文史资料研究委员会编《山西文史资料》第60辑，1988年印行，第80页。
② 石荣暲：《合河政纪》，成文出版社1969年版，第111页。
③ 山西村政处编：《山西六政三事汇编》卷1，1929年印行，第14页。
④ 师乙：《撤换办事不力之知事》，《山西日报》1919年6月15日，第1版。
⑤ 山西村政处编：《山西六政三事汇编》卷3，1929年印行，第514页。

种、禁运、禁售、禁吸，其中禁种较易，到1918年山西基本上禁绝了罂粟种植。山西禁种后，省内烟价飞涨，烟贩想方设法偷运烟土，更有甚者铤而走险武装偷运，这就加大了禁运的难度。为此，山西省采取了许多措施，如对沿河沿边各关口严密设防，必要时动用军队协助，对入境之人、邮包、车辆等严加盘查，查获大宗烟土以土匪罪枪毙。历经严堵，"晋南晋北以及沿黄河各县烟土输入日见稀少"[①]。在禁售方面，除饬令商会自行整顿外，主要是严查零星售卖者和制售掺吗啡药丸者，太原城内的普胜、中西、保安、老德记等药房就是因此而被查封的。禁吸牵涉面更广，难度更大，必须依靠严厉的行政手段。各县成立有戒烟局，以县知事为局长，警佐为副局长，还有监察员、医士、庶务员，会同各街长、村长挨户调查，将烟民造册登记，令其限期入戒烟局戒除或在家自戒，戒除后取保具结。逾期不戒者处以重罚，再有屡教不改者，或被送入监狱监禁，或被送入新民工厂边劳动边强制戒除。山西省公署在严厉处罚的同时，还辅以精神教育、人情感化、亲属劝导等办法，要求各县在办理禁烟时，对烟民"能感化者，则感化之，不能感化者则依法惩办之"[②]。这种办法在初行时也收到了一定的效果。

据不完全统计，1918年至1922年的5年间，由官方勒令戒除的烟民有16万人，自行戒除者不计其数。1919年，北京禁烟委员会曾对直隶（今河北）、山西、河南、陕西、山东、甘肃等省作过调查，"山西复函颇多，所言皆同，咸称山西全省几无鸦片踪迹，即有卖售鸦片者亦属甚少，罂粟罕见，即有种者亦必极秘密为之"[③]。这次调查是北京禁烟委员会委托其在当地的侨民所为，当属可信。这就说明民国初期山西禁烟确有成效，虽然仍有戒而复吸者，但是山西百万烟民毕竟在逐日减少。烟民的减少就意味着青壮劳力的增加，这不仅补充了农耕劳动力，而且也为民初山西的垦荒造林和兴修水利等提供了一定的劳动力资源。

---

① 山西村政处编：《山西六政三事汇编》卷1，第18页。
② 山西村政处编：《山西村政汇编》卷2，1928年印行，第25页。
③ 《禁烟会调查鸦片吗啡之报告》，《申报》1919年1月20日，第3版。

山西属于人少地多的省份，向来荒地较多，清末民初尤甚。荒坡荒岭姑且不论，仅熟荒地就达46000余顷，占全省耕地面积的11%。① 1914年北京政府颁布《国有荒地承垦条例》，鼓励私人出资出力开垦荒地。在这种情况下，山西省的垦殖业有了较大发展，经农商部注册的农垦公司在四年间就由原来的3家发展为12家②，其发展速度居全国之首。除了以农垦公司的形式对国有荒地进行开垦外，山西省还注意对公有私有荒地的开垦。公有荒地由县、村组织招垦，规定三年内免于征税。隰县就因招垦条件优越，"远近贫穷农民群相踊跃，趋往着手"③。对于私有荒地，业主尚在的令业主自行开垦，已无业主的则由县、村组织招垦。国有公有私有荒地的大量开垦，不仅增加了山西省的可耕土地面积，而且还有效地利用了农村剩余劳动力。到1918年山西省公署提出大规模造林计划后，垦荒的重点就逐渐转向了植树造林。

1912年，当时的山西都督府曾遵照北京政府的命令，筹建山西省山林总局，作为全省林业事务的指导机关。1917年，山西省公署规定清明节为植树节，要求每人每年至少植树一株，翌年又提出造林计划，要求先将全省所有荒山荒地及森林详细勘察并区别国有公有私有进行登记，随后又将山林总局改为大林区属，下设6个小林区属，全省有88个县被划为林区，计划30年内造林182万余顷，使山西森林覆盖面积达到26%。然而，"晋省财政竭蹶，纯取官厅植林主义，面积势难广大，若听个人自由栽植，事功又虑濡缓"④。因此，山西省采取了所谓人民营造公有林的形式，尤其是由林区各县以编村为单位设立林业促进会，各村村长任会长，20岁以上男子必须入会，并分担采籽、育苗、种植、保护等各项任务，将既耗资又耗力的造林任务分摊到人民头上。这样一来，农村中除外出及老弱病残者外，绝大多数青壮劳力都成了植树造林的主力军。植树造林推行数年后，山西全省城

---

① 山西村政处编：《山西六政三事汇编》卷3，第135页。
② 章有义编：《中国近代农业史资料》第2辑，生活·读书·新知三联书店1957年版，第341页。
③ 夷丙：《村长提倡开荒》，《山西日报》1919年6月15日，第3版。
④ 山西村政处编：《山西六政三事汇编》卷3，第137页。

镇乡村的街边道旁、庭前院后绿荫成片，有的地方甚至还"郁郁葱葱"[1]。但是，投入了大量劳动力的荒山荒坡成片造林却因缺水等原因而效果不佳。

相对来说，人力资源利用较好且颇见成效的是兴修水利。山西地处黄土高原，十年九旱，民国初期全省105县只有三分之一的县份有水利设施，水浇地只占耕地面积的7%，这就大大制约了农业经济的发展。为此，山西省先后成立了"水利工程委员会"和汾河河务局、桑干河河务局等，专司其事。1920年山西大旱，又特设"山西军人灾区凿井事务所"，以军队承办灾区凿井事务，减轻地方负担。在政府财力不足的情况下，山西省公署还鼓励商办和民办水利。在政府的倡导之下，除保德、万泉（今万荣）等数县外，开渠凿井之风遍及全省。截至1921年，晋北的富山、广裕、广济3个水利公司就修复、新筑拦河引水大坝13座，新开、修复水渠49条，可灌溉农田50余万亩。榆次民办官助的天一渠两年间动用民工10万人，渠成后可灌溉2.2万亩农田。榆次还相继疏浚修整了潇河灌溉系统原有的18道泥渠和6道洪水渠，使榆次、太原、徐沟（今清徐）3县10万亩农田受益。此外，大同的大兴水利公司、右玉的富右水利公司、朔县（今朔州）的玉成和玉兴水利公司、平鲁的自立水利公司等一大批民商合办或官商合办的水利公司也都开渠筑坝，扩大了灌溉面积。除了水利公司大规模的水利活动之外，各县、村甚至个人也不同程度地利用农闲劳力开渠凿井，修建蓄水池。如乡宁县知事亲自督率，"改旧新增，数月之间成渠数处"[2]。安泽县贾村"经本村村长王麟元提倡，沿河开渠，溉田一顷"[3]。总的来说，晋北多商办，资金充裕，工程规模较大，以开渠筑坝为主；晋南多民办，资金短缺，工程规模较小，以凿井修池为主。但是，不管采用什么形式，民国初期山西省根据发展农业的需要和各地水利的实际情况，充分利用人力资源兴修水利，

---

① 张帆：《六政三事在介休》，中国人民政治协商会议山西省委员会文史资料研究委员会编《山西文史资料》第60辑，第77页。
② 民国《乡宁县志》卷5，第19页。
③ 民国《安泽县志》卷2，第16页。

取得了较大的成绩，推动了农业生产的发展。

三

20世纪初，清政府在"新政"期间曾提倡女子天足。民国成立，为除旧布新，南京临时政府也曾连续发布劝禁缠足令。但提倡也好，劝禁也罢，由于在执行过程中没有官方行政力量的强制作用，因而山西省的天足运动进展缓慢。除少数城市和官绅之家外，一般乡村风气闭塞，思想禁锢，缠足陋习相沿如故。有鉴于此，山西省在推行"六政三事"时，一开始就注意官方力量的介入，分阶段推进天足运动的发展。

1916年11月，山西省公署颁布了《修正严禁缠足条例》，要求"自本条例施行之日起，凡未缠足者，不得再缠，已缠足者，年在十五岁以下，一律解放，十五岁以上，不得再饰木底"[1]，并对违禁者受罚的项目、罚金等作了详细的规定。此后开始了大张旗鼓的宣传活动，开会讲解，张贴告示，晓以利害。1917年9月，山西省公署又公布了《天足会简章》，通令各县限期成立天足会，作为推行天足的专门机关。天足会以各县知事为会长，除妇女参加外，"凡为各该县年满二十岁以上之男子，均得为本会会员，其县属各机关人员及村长副皆有充当会员之义务，有不愿入会者即停其职"[2]。这就以行政手段规定了所有成年男子尤其是公职人员劝诫妇女天足的责任和义务。各县虽因知事对此所抱态度不同和地方闭塞程度不同而响应早晚有异，但在行政命令下，截至1918年5月，全省105个县均已成立天足会，一些乡村集镇还有成立天足分会的。

经过一年多的宣传准备后，山西省公署又于1918年3月颁发《足字二号令》，"限自本年六月一日起，按照各条规定，分别罚办在案"，即以1918年6月1日起为实际执行阶段，要求按照《修正严禁缠足条例》严格稽查，厉行惩罚。实施稽查的人员初为各街村长副及

---

[1] 山西村政处编：《山西六政三事汇编》卷2，第55页。
[2] 山西村政处编：《山西六政三事汇编》卷1，第29页。

间邻长，后为检查方便，从1919年3月开始实行女稽查员制度。各县按省公署规定设置5名以上专职带薪女稽查员，以20岁以上毕业女学生或品行端正、勤苦耐劳的天足或放足妇女担任。女稽查员在巡警的保护下，定期分赴城乡"知会街村长副或间长，一同前往"稽查，也有天足会、保安社等民间机构参与稽查的。[①] 查出的违禁者一律上报县知事，一般处以2元至30元不等的罚款，"罚金无力缴纳者，每元得易处拘留一日"[②]。对那些继续给幼女缠足的母亲则罚做苦工，对虐待天足妇女者依法严惩。

山西天足运动进行到第二阶段时，除了设女稽查员之外，还制定了全省学生不娶缠足妇女章程，规定全省男学生均为其会员，要求人人佩戴印有"不娶缠足妇女"字样的胸章。对年龄稍大、已娶或已定亲的男学生则要求劝导女方实行天足，否则罪及本人。各中学还利用假期组织学生演讲团下乡演讲，"据各县报告，人民观听，颇行踊跃"[③]，就连小学生也有传唱天足歌的义务。如果说天足会的成立使全省成年男子均负有宣传劝导女子天足的责任义务，那么在校中小学生的参与就使全省未成年男子也都加入到这个行列之中，山西省天足运动因此"风动一时，收效较捷"。到1920年年底，全省105个县中，10岁以下幼女天足的有87个县，16岁以上全数改放的有101个县，10—15岁解放缠足者也居多数。

1921年，山西省公署在天足运动取得显著成绩的情况下，裁撤了专门的稽查人员，将严禁女子缠足一项列入村禁约内，由村民自行监督，如有违反，交由村社公议，罚其父兄以资警戒。由于深入广泛的宣传，人们普遍认识到缠足的危害。而且缠足毕竟只是一种习俗，在新的时代潮流的冲击下必然会有所改变。到1923年，山西省除偏远农村外，大多数妇女都不同程度地放了足，未缠足的幼女也不再缠足。

---

① 山西文史资料编辑部编：《山西文史精选》第8辑，山西高校联合出版社1992年版，第182页。
② 山西村政处编：《山西六政三事汇编》卷1，第29页。
③ 同上书，第14页。

妇女从缠足的禁锢中解放出来,不仅能"减轻男子之负累,且从而助其营殖之力"①,在客观上为山西农业经济的发展增加了劳动力。但是,刚刚放足的妇女一时还不可能到田间劳作,更不可能直接参与垦荒造林、兴修水利等事业。为了充分利用妇女劳动力,山西省公署在民国初期大力提倡桑蚕业,甚至提出了桑蚕救国的口号,认为"女子从事蚕桑辅助男子农田作业","以此勤俭作业为兴家之本,家给人足而国有不富且强者乎"②。为了鼓励人民栽桑养蚕,山西省农桑总局不仅编印《蚕桑大利》,大讲养蚕的具体利润,而且还低价甚至无偿供应农民桑籽、桑苗、蚕种、蚕具。1920年各县农桑分局共育成桑苗830余万株,分发民间530余万株,虞乡县更是分"发各村桑苗,人各一株"③。山西省蚕业工厂则委托各县农桑分局优价收购民间蚕茧,以保证养蚕户蚕茧的销路。对于推行桑蚕得力的县份和成绩突出的农户,政府则给现洋奖励。在各方的努力下,民国初期山西省的桑蚕业有了很大的发展。到1922年年底,全省家庭养蚕户达179593户,将近全省农户的10%。这些家庭中的天足和放足妇女劳动力得到了一定的利用。

除了分散的家庭养蚕外,从省农桑总局到各县农桑分局还设有专门的蚕房。这种配备先进养蚕器具的蚕房,除大规模养蚕外,还兼制蚕种,散发民间。各乙种农业学校或设有蚕桑专科,或设有蚕桑学课程,就连普通高等小学校也加授养蚕等职业教育课,许多学校还附设养蚕室,供学生实习。

为了更好地推动桑蚕事业的发展,山西省还非常注重桑蚕知识的普及,一方面编印《蚕桑浅说》分发各县,令各县区长、村长、小学教员随时讲解,广为宣传;另一方面从省到县开办蚕桑传习所,招收普通女校毕业生或15岁以下粗通文字、品行端正的天足和放足女孩,免费学习种植桑树和养蚕缫丝技术。到1921年年底,全省就有46个县开设有女子蚕桑传习所,毕业1727人。省蚕桑传习所毕业女生一

---

① 正襟:《蚕桑救国之预言》(续),《山西日报》1919年6月27日,第1版。
② 正襟:《蚕桑救国之预言》,《山西日报》1919年6月26日,第1版。
③ 民国《虞乡县新志》卷4,第1页。

般都被县蚕桑传习所聘为教习，县蚕桑传习所毕业女生基本上各回原籍，除了向乡民传授蚕桑技术之外，还要求"对于村中妇女因负有劝道（导）放足义务"①。可见，蚕桑传习所的女学员不仅是桑蚕事业之先导，而且还是天足运动之主力。她们在天足运动中走出家门，又经蚕桑传习所走入社会，成为自食其力的人，不仅为社会增加了劳动力，而且使天足运动与桑蚕事业相得益彰，正如山西省天足总会新编义务歌所唱：妇女放足"一年以后身体康，两年以后事业忙。蚕桑纺织都生利，家家富足国也强"②。

综上所述，民国初期，山西省公署根据当时全省农村人力资源遭到极大破坏的实际情况，在禁烟和天足两个问题上采取了积极有力的措施，使全省的农村人力资源得到了一定的开发利用，从而促进了民国初期山西农业经济的发展。

（原载《晋阳学刊》2005年第3期）

---

① 琢乙：《妇女编织草帽传习办法》，《山西日报》1919年8月8日，第3版。
② 琢乙：《天足总会新编制义务歌》，《山西日报》1920年1月13日，第2、3版。

民国时期城市住宅改良的尝试
——以20世纪二三十年代广州模范住宅区为例

民国时期，广州以其独特的地理位置和人文环境而领风气之先，不仅在中国政治变革中每每走在前列，而且在城市建设的诸多方面亦领先于同时期国内的其他城市。1927年广州市政府正式提出并开始实施旨在"拓展市区，改良住宅"的模范住宅区计划就是其中典型的例子。本文即拟以此为题，试图通过对广州模范住宅区相关问题的探讨，以窥民国时期城市住宅改良之一斑。

一

民国时期由市政当局介入城市住宅改良活动，并引入西方的田园都市理论加以实践，效仿欧美，建筑"科学""艺术"的新式住宅，广州当属首创。

早在1919年孙中山的《实业计划》中就提出了将广州建成"花园城市"的设想。1921年2月15日，广州正式建市，市政工作由此全面展开。针对广州市工商业蓬勃发展，城市人口急剧增加，旧有城区住宅拥挤混乱，而市郊许多荒地闲置的情况，在留学美国并对美国市政颇有研究的孙科市长主持下，广州市政府提出了整理市内外荒地和拓展住宅区的计划，决定在"郊外稍僻远之地，由市府择适宜地点，辟为新式住宅区"①。并拟"先建模范住宅数十间，教市民以构造、卫生及防火、防湿、防冷、防暑等方法。不设其他茶楼酒肆、游

---

① 《工务局计划整理市内外荒地》，《广州市市政公报》1932年第404期，第87页。

戏场等，以免有碍居民卫生，并可渐次将商场住宅工厂等各分专区，以期适合现代生活"①。广州东郊岗陵起伏，地势较高，原为郊外坟场，属于官荒之地，故市政府责成工务局长程天固首先将东郊马棚岗、竹丝岗的坟茔迁葬他处，得土地数百亩。但未及开发成住宅区，1922年6月16日陈炯明叛变，土地即被陈炯明"将其交与广东银行，押借巨款，此地遂归私有"②。1923年12月驱陈后的广州市政府划定了城市发展的权宜区域范围和拟定区域范围，其中权宜区域范围的东界为瘦狗岭，拟定区域范围的东界更远至黄埔对河之东圃墟及沿下车陂涌，北上至水土岗。市区范围的扩大，为市政建设的开展和居住空间的拓展提供了条件。因此，1924年市政府试图再次收回马棚竹丝两岗民房土地以开发住宅区，但因各种原因未能实现。另外，广州市政府还拟建市内观音山（越秀山）公园住宅区，并规定：每户所领之地，"限以三分之一作住居，三分之二作屋内花园建筑，高度不得过三层楼""形式宜优美，建筑费最低限度不得少过七千元"。③ 所有上述这些计划当时虽未实现，但为广州市政后继者提供了启发和借鉴。

1927年5月，曾被孙中山召至上海担任《建设》杂志编辑、对欧美各国市政管理及田园都市模式竭力鼓吹的林云陔出任广州市市政委员会委员长。6月8日，林云陔鉴于此前历任广州市政管理者对拓展、改良城市住宅的认识和规划，在第一〇三次市行政会议上"倡建模范住宅区，以为全市住宅之模范"④，获一致通过。为了"策划周详，以期迅速实现此项计划"⑤，在7月14日第一〇八次市行政会议上，广州市政当局下令由财政、土地、工务三局共同组成广州市模范住宅区筹备处。7月23日，筹备处召开第一次会议，初步确定了东郊

---

① 李宗黄：《模范之广州市》，商务印书馆1929年版，第80页。
② 程天固编：《广州市工务之实施计划》，广州市工务局1930年版，广东省中山图书馆藏，第38页。
③ 《工务局提议开辟观音山公园计划》，广州市档案馆馆藏档案，资一政—572—88，第22页。
④ 筹建广州市模范住宅区委员会：《筹建广州市模范住宅区一览》，1929年，广东省中山图书馆藏，第1页。
⑤ 《市政厅筹建模范住宅区》，《广州民国日报》1927年8月8日，第5版。

地区模范住宅区"大要范围";推举伍希吕、黄仕强、许灼芳三人负责起草模范住宅区章程草案;并决定每周召开两次专门会议讨论模范住宅区事宜,"以副市长急于进行本案之美意"[①]。筹备处第二次会议时,决定将模范住宅区建设分为六期进行,其中以马棚岗为第一期工程。8月13日筹备处第五次会议讨论通过了《筹建广州市模范住宅区章程草案》。随后,工务局又制定了模范住宅区马路所占面积表、建筑马路预算表、公共场所及应建物件预算表、拟建住户预算表和整体面积支配表等,对模范住宅区建设作了初步规划,其内容主要涉及以下几个方面。

第一,模范住宅区范围。由于广州市东郊为高爽开阔之地,除民田外,多荒岗坟地,自1921年广州市政厅成立后即将其作为拓展市区的主要方向。因此,筹备处第一次会议即议定模范住宅区位于广州市东郊,大致范围"东至浩东东路、仲元路、浩东南路;南至百子路;西至生财路、冠慈路、马棚路、公医院;西北至东沙马路以内全部,除执信中学地址外,皆为建筑模范住宅区域"[②],总面积600余亩。为使模范住宅区建设有序进行,整个住宅区被分为6个地段,其中第一段东至冠慈路、执信路,西至公医院、马棚路,南至百子路,北至马棚路,面积约90亩。第二段东至浩东路、仲元路,西至执信路,南至百子路,北至竹丝南路,面积约126亩。第三段东至执信路,西至冠慈路,南至冠慈路,北至荫南路,面积约42亩。第四段东至仲元路,西至执信路,南至竹丝南路,北至竹丝北路,面积约125亩。第五段东至执信路,西至生才路,南至冠慈路、荫南路,北至东沙马路,面积约107亩。第六段东至浩东路、仲元路,西至执信路,南至竹丝北路,北至东沙马路,面积约122亩。

第二,土地处置。虽然划入模范住宅区域的土地多是1921年广州市政厅成立之初开辟的官荒地,但由于此处土地在1922年曾被陈炯明抵押给广东银行,因此很多地段已属私有。为便于模范住宅

---

① 筹建广州市模范住宅区委员会:《筹建广州市模范住宅区一览》,1929年,广东省中山图书馆藏,第33页。

② 《筹建广州市模范住宅区案》,广州市档案馆馆藏档案,资一政—580,第292页。

区范围内的土地统一规划，筹备会议提出"凡所有划入本模范住宅区内之土地，在筹备期间，似应停止其买卖，以便划一整理，兹拟暂定一年为停止买卖土地期限，如在期限内有买卖土地之必要时，只许由市政府收买，庶可统筹分期分段预算计划诸端，而不致紊乱"①。为了全面掌握土地所有情况，便于政府收用土地统一规划，《筹建广州市模范住宅区章程》规定"区内土地所有人于期内将契照缴交土地局核验"②，如"应开辟马路被收用者，由市政府给还地价""土地所有人务于一定期内携带已验契照前赴财政局领回应得地价即将契照缴销"，逾期不缴验契照或收用土地后不缴销契照者，"该土地没收充公"。③

第三，马路建设。经筹备会议议定模范住宅区内须将39%的土地用作马路建设，住宅区范围内的马路分为5等。一等马路总宽150尺，其中两旁的行人路各占15尺，以9尺种树6尺筑路，马路中心以40尺种植花木作隔离带，余80尺为马路实际宽度；二等马路总宽80尺，其中两旁行人路与一等马路同，马路中心以10尺种植花木作隔离带，余下40尺为马路实际宽度；三等马路总宽60尺，其中两旁行人路各占12尺，7尺种树5尺筑路，马路中心以4尺种植花木以作隔离，实际宽度为32尺；四等马路总宽40尺，其中两旁行人路各占10尺，人行路边种树，马路中心不作隔离，实际宽度为20尺；五等马路实际宽度为24尺，不作隔离，不设两旁行人路。④ 所有马路的建筑材料，用2寸厚的散石填底，上面覆盖4寸厚沥青或水泥三合土；路上的沟渠按照地势的实际情况分为明式或暗式，沟渠的修筑材料一律使用水泥三合土。考虑到模范住宅区长期发展的要求，筹备处借鉴欧美的经验，要求在修建房屋的同时甚至之前先行修筑马路。

第四，住宅建筑和公共建筑。模范住宅区内的住宅按面积的大小分为4等，其中"甲等每户约六十华井；乙等每户约三十华井；丙等

---

① 《三局筹备模范住宅情景》，《广州民国日报》1927年8月16日，第5版。
② 筹建广州市模范住宅区委员会：《筹建广州市模范住宅区一览》，1929年，广东省中山图书馆藏，第22页。
③ 同上书，第23页。
④ 《规定模范住宅区马路》，《广州民国日报》1928年11月10日，第5版。

每户约二十五华井；丁等每户约十五华井"①。住宅区内除原有的九间新式住宅外，拟建甲等住宅63幢，乙等住宅267幢，丙等住宅130幢，丁等住宅44幢；每户地段之内只能以五分之二土地建筑住宅，其余五分之三留作花园。《筹建广州市模范住宅区章程》明确规定："区内宅地不得建筑教会房舍或礼拜堂等。"②凡划入模范住宅区范围内的原有业主，如果原建住宅"系依照工务局新区取缔建筑而与模范区之开辟道路建筑等无阻碍者得暂予保留"③。否则，"须于宅地划定布告后六个月内依照工务局之取缔建筑章程及核定建筑图则自行建筑"新式住宅，如不能按要求建筑新式住宅，则"由市政府将该土地收用给还地价"④，另行招投。对于新承领人，须在承领后6个月内动工兴建，如逾期不建，要课以建筑费十分之一的罚金；再逾期6个月仍不建造，则由市政府收回土地，给还地价，重新开投。除个人承建外，筹备处还计划"在区内由市政府建筑住宅若干间，出卖或出租，以资提倡区内住宅，除外国人及教会礼拜堂外，凡本国人民均得领用或租赁"⑤。此外，筹备处还计划由政府投资近30万元，在住宅区内修建公园、图书馆、礼堂、网球场、儿童游戏场、小学、市场、消防分所、警察分所、电话所、邮政局、水机房、公共厕所等公共建筑。

由政府开发土地，鼓励市民领地自行建造，同时建造高档住宅出租或出售给市民，并对外国人和教堂加以限制，住宅按照政府的统一规划设计建造，有统一的标准和要求，住宅区内配备完善的公共设施，这在当时的中国无疑是一创举。但是模范住宅区计划提出后未及实施，即由于1927年底广州政局发生巨大变化，当局无心顾及市政建设，私人投资购地建房的热情也大为降低，模范住宅区建筑计划也随之被搁置。

---

① 筹建广州市模范住宅区委员会：《筹建广州市模范住宅区一览》，1929年，广东省中山图书馆藏，第24页。
② 同上书，第25页。
③ 同上书，第20页。
④ 同上书，第23页。
⑤ 《模范住宅区马路住宅之规划》，《广州民国日报》1927年8月25日，第5版。

二

　　1928年3月，广州市模范住宅区筹备处重开会议，赓续前议，并提出对此前有关模范住宅区的各种章程计划的修改。4月26日筹备处第十次会议决定将广州市模范住宅区筹备处改为筹建广州市模范住宅区委员会，直接隶属于广州市政府，并推荐王觐慈、刘宪朋、周士毅、朱志和四人为常务委员，轮值处理有关模范住宅区建设的日常事务。模范住宅区委员会一面根据形势的变化，重新修改章程，厘定法规，如规定甲等住户建筑费约16200元，乙等住户建筑费约13000元，丙等住户建筑费约9300元，丁等住户建筑费约8900元；区内建筑不得高逾三层；住宅必须安设水厕，其化粪池必须依照广州市工务局化粪池图则建造；住宅必须使用防火材料建造等。一面呈请市政府通令财政、土地等七局"协助办理与模范住宅区有关系之一切事项，如建筑计划、土地处理、治安措施、卫生公用之设置等等"①，由此开始了模范住宅区计划的实施阶段。同时，模范住宅区委员会还在"模范住宅区所在地段竖立招牌，竖立模范住宅区所属地段界址及各马路界址；制定木牌将模范住宅区章程逐条书明其上，竖在区内地段之人所瞩目处"②，以期引起市民的关注。

　　5月，按照原筹备处分期建设计划，模范住宅区委员会议决仍"以马棚岗定为第一期模范住宅区"③，即原计划的第一段土地，面积约90亩。在呈报市政府批准后，模范住宅区委员会开始张贴布告，要求马棚岗地段内原有土地所有人限期到市财政局缴验契照，然后派测量员随同前往测量，竖立界至标识，以厘清区内地权，便于将公有土地和无主土地开投他人。至6月底，马棚岗地段内原有土地所有人已陆续携契报验，四至标识也已竖立。因此，模范住宅区委员会第十

---

① 《令七局协助模范住宅区一切事宜》，广州市档案馆藏档案，资—政—581—296，第29页。
② 《市厅筹建模范住宅区近讯》，《广州民国日报》1928年6月6日，第6版。
③ 《模范住宅区在马棚岗开办》，广州市档案馆藏档案，资—政—581—294，第33页。

五次会议决定再行"办理第二期竹丝岗"模范住宅区①，即原计划的第四段土地，面积约125亩。由于美洲华侨杨廷霭、朱光成、李天保等人数年前已在竹丝岗购有土地，"正拟约同各归国华侨十余同志，建筑园林小舍"，得知市政府意向后便积极响应，并呈请"克日派工程人员详细按图测勘，对于已规定之马路线，用杉尾竖立标志，或开辟路牌，俾侨等得遵循早日兴工建筑，以为提倡"②。应华侨所请，市政府随即饬令工务局派员前往勘测。

为鼓励市民积极来此兴建新式住宅，模范住宅区委员会还制定了《模范住宅区奖励建筑办法》。办法规定："土地所有人能于马路完成后半年内兴工建筑住宅者，准免建筑费，并减半征收建筑附加费；在马路完成一个月内兴工建筑住宅者，建筑费与附加费均准予豁免；能于建筑马路期内，同时建筑住宅者，除依照前条办理外，并得对于筑路费，以九成缴纳；同时规定依照前三条期限建筑后，到土地局登记上盖时，得减半征收登记费。"③

1928年12月，广州市第一个城市规划的专门机构——城市设计委员会成立，模范住宅区的各项建设事务遂划归其管理。其间，城市设计委员会针对原定马路用地所占面积过多，住宅用地反而太少的情况，重新规划了马路的线路，对住宅区内各项用地进行了调整，"定全区马路面积最少占全区总面积30%，但至多不得超过33%"④，从而增加了住宅用地。1929年12月城市设计委员会撤销，模范住宅区的建设事宜又转由广州市工务局具体负责。

然而，虽经政府极力筹划，敦促实行，但因马棚竹丝两岗的土地多属私有，由于地权关系，有关政令难以强制执行，政府统一规划并不容易。加之市政府对建设模范住宅区缺乏经验，主管部门和有关规定不断变动，致使有意购地兴建者不知所从。直到1930年4月10

---

① 筹建广州市模范住宅区委员会：《筹建广州市模范住宅区一览》，1929年，广东省中山图书馆藏，第52页。
② 《归国华侨赞助筹建模范住宅区》，广州市档案馆馆藏档案，资—政—581—297，第13页。
③ 《奖励建筑模范住宅办法》，广州市档案馆馆藏档案，资—政—581—302，第11页。
④ 《城市设计会将设模范住宅筹建处》，《广州民国日报》1929年4月1日，第6版。

日，工务局才开投马棚岗、竹丝岗范围内的马路建筑工程，9月3日开始动工，12月竣工。随着马路的兴建，"模范住宅区中的公园、小学校、警察派出所也测量开筑"①。在马路和公共建筑已启动的情况下，为了加快住宅建设，工务局再次强调原有的"区内业主务必于布告一个月内将契照及面积报告政府，逾期不报，则作为官产处理"②。土地经查验及测量后由市政府发给模范住宅区权利证，业主持证享有模范住宅区的一切权力。土地测量完竣后，由业主、工务局、土地局、财政局、总商会各派一名代表，组成估价委员会，将区内各地段的地价给予估定，作为以后买卖土地的标准。并规定以后土地买卖的价格不得超过估定价，如违反即将增价部分全数没收，作为模范住宅区公益费用。同时还特别规定，区内所有马路建筑面积及公共建筑面积由全区业主按地多少摊分割让，未有割让者须缴回应割面积的地价，被割过额的照价补回差额；建设马路和公共建筑物的费用由业主按其所有地多少比例分担；马路兴工后限业主6个月内开始建筑住宅，业主不能自建的，经市政府批准后可招人建筑。此后，至马棚竹丝两岗购地建房的逐渐增加。但由于此两岗范围内公私土地犬牙交错，因此，新式住宅分布零落，没有形成区域规模，住宅式样也不统一。

鉴于马棚岗、竹丝岗两地因地权等问题使模范住宅区计划的实施至多阻碍，进展缓慢，1929年5月广州市政府再次将新开辟的整块官荒地——松岗划为模范住宅区进行建设。松岗住宅区位于原模范住宅区之东，范围在"安老院之南，广九铁路之北，东至自来水塔，西至仲恺公园"③，面积约100亩。与马棚岗竹丝岗不同的是，作为新开辟的官荒地，市政府掌握全部土地所有权，减少了政府与原地主之间的地权纠葛，便于成片开发，统一规划统一建设。

1930年9月，松岗住宅区内两条东西走向的主要马路竣工后，工

---

① 《模范村渐具规模》，《广州民国日报》1930年1月23日，第1版。
② 《土地、财政两局会同审查模范住宅区章程》，广州市档案馆馆藏档案，4—1—1—9—1，第54页。
③ 程天固编：《广州市工务之实施计划》，第38页。

务局即规划在马路两侧分别兴建甲乙丙三种住宅90幢,其中甲种住宅24幢,乙种住宅31幢,丙种住宅35幢;"甲种住宅在第一条马路,乙丙两种在第二条马路,甲乙两种均南向,丙种均北向"①;住宅建筑参考图例"悉照美国最新式住宅"②,而建筑费用比此前则大为降低,"由二千五百元至五千元不等"③,以此吸引人们前往领地建筑。

  为使松岗住宅区建设更符合"模范"之意,工务局专门制定了《东山松岗模范住宅区领地建筑规则》。规则除要求业主领地后须于5个月内建筑,如逾期不建则将执照取消,准由别人承领,所缴过之地价照九折发还外,还对住宅建筑作了更为具体统一的规定,如:区内不得建造木屋棚厂或临时建筑物以图敷衍,违者取消建筑执照,由别人承领,按九折发还所缴地价;住宅地段内之建筑物不得占过该地五分之二,其余五分之三须留作花圃之用;住宅地段内之建筑物须一律由人行路边缩入15尺;住宅地段内建筑物之每边须离开该段界址至少5尺;建筑物高度不得超过3层;住宅内均须有水厕及粪池;围墙均须含美术性,材料可用砖石、三合土、铁枝、铁丝网或竹篱,高度不得超过5尺,如墙体用砖石或三合土,则上部须用栏杆,以能观望为度;住宅内之厨房所有炉灶均须设备烟囱,烟囱须突出屋顶瓦面之上。④由此可见,松岗住宅区较之马棚竹丝两岗,住宅建筑更为整齐划一。

  由于松岗住宅区离东山车站仅二里,交通利便,空气清新,加之"松岗警察派出所成立后,地方治安,颇为安宁"⑤,因此吸引了一批官员政要、归国华侨及留学生前来购地建房,"不过三年曾经之岗地已是楼宇栉比,居民日众,'松岗模范村'建成,直可与香港九龙塘

---

① 《松岗模范住宅区马路完成》,广州市档案馆馆藏档案,资—政—587—366,第29页。
② 《开筑模范住宅区》,广州市档案馆馆藏档案,资—政—584—342,第31页。
③ 程天固编:《广州市工务之实施计划》,第39页。
④ 《东山松岗模范住宅区领地建筑规则》,广州市档案馆馆藏档案,资—政—588—381,第47页。
⑤ 《模范村渐具规模》,《广州民国日报》1930年1月23日,第1版。

并驾齐驱"①。区内不仅学校花园等公共设施完善，道路方正，且种植有 108 棵梅花树，每到花季，花影摇曳，芳香沁人，使住宅区因此更具特色。由是，1932 年 5 月 23 日市行政会议上，刘纪文市长提议将东山松岗模范住宅区改名为"梅花村"，其名一直沿用至今。

随着官员政要的入住，梅花村的建设进一步受到市政当局的重视，区内设施不断得到完善。1932 年 10 月工务局从福音路口起、沿中山公路旁水沟至东山水塔前，修建了两条三合土大渠，其中 18 寸渠长约 1270 尺，24 寸渠长约 350 尺，并在福音村建筑暗渠 800 尺，同时修建人井、横渠、小沙井，全部工程仅用一个半月即完竣，保证了住宅区内雨水和污水排泄通畅。梅花村内的马路原是山石路面，修建住宅时，大量的建材运输使路面严重受损，道路坑洼，于交通颇有影响，1933 年工务局决定将此住宅区内的马路一律改为沥青路面。同时，"为点缀该村风景，及符名实起见，再加植梅树计共五百株"②。又因梅花村远离商业区，随着居民日众，原有墟市不敷使用，"且附近华洋杂处，观瞻所系"③，市政府又在梅花村附近建新式市场一所，面积 429 平方公尺，内设摊位 39 个，既免除了附近居民跋涉之劳、购食维艰之叹，又使得美化之住宅配以美化之市场，为新市区增色不少。梅花村遂成为广州最具代表性的模范住宅区。

三

民国时期的广州不仅具有显赫的政治地位，而且在全国首创市制，效仿欧美注重市政建设。从 1921 年广州市政厅初有"模范住宅"之议到 1927 年广州市政府正式提出"模范住宅区计划"，虽经多次政局变动，但广州市政当局始终没有放弃对城市住宅改良的追求。1927

---

① 《扩大东山模范住宅区》，广州市档案馆馆藏档案，资—政—587—361，第 37 页。
② 《广州年鉴》编纂委员会：《广州年鉴》1933 年卷 11《工务》，广东省中山图书馆藏，第 64 页。
③ 同上书，第 60 页。

年6月8日,广州市行政会议议决筹建模范住宅区时,天津、上海、南京、武汉等城市还处于北洋政权、南京政权及武汉政权三足鼎立的政治旋涡之中,时局尚未稳定,城市住宅建设更不可能。广州市的模范住宅区计划虽于1927年底一度搁置,但毕竟处于领先地位,且筹备略有经验,因此,"海外侨胞,国内人士,因闻本市有此项之建议,纷来询查概况者,大不乏人"[1]。南昌市工务局还特地致函广州市政府,称赞广州市模范住宅区章程"异常完美",故"敬请惠寄一份以资借鉴"[2]。由此可见,广州市模范住宅区的样板确实对其他城市的住宅建设起到了示范作用。

住宅建设作为市政建设的主要内容,代表着一个城市的整体面貌,它既体现着市政建设发展的程度,反过来又推动着市政建设的发展。1927年广州市政府提出模范住宅区计划的初衷在于"拓展市区,改良住宅"。经过几年开发,东郊马棚岗、竹丝岗、松岗等昔日的荒坟野岗一变而为高档新式住宅区,加上民国以后回穗华侨在东山龟岗、新河浦等地兴建的西式洋房新村,使东郊成了新式的住宅专区,一度成为新广州一道亮丽的风景线。这不仅使广州权宜区域范围的东部得到较快的拓展,都市分区建设初见成效,而且局部地改善了广州城市居住条件,也在很大程度上改变了广州城市的空间布局和市容市貌。

同时,广州市模范住宅区的兴建在一定程度上满足了华侨回国投资的住房需求,进一步激发了华侨回穗投资房地产的热情。早在1915年,美洲华侨黄葵石等人就回广州组织了大业堂,集资在东山龟岗一带购买荒地18亩多,开辟马路,建筑新式洋房出售。由于获利较多,其他华侨接踵而来,买地建房,从事房地产经营。1920年前后,合群置业公司在龟岗之南购得土地,修筑马路,建成新式洋房区。从1921年开始,华侨又在龟岗东南临近珠江边的新河浦一带兴建花园洋房。至1925年后,华侨再向龟岗之北的竹丝岗发展,其中美洲华侨杨廷

---

[1] 筹建广州市模范住宅区委员会:《筹建广州市模范住宅区一览》,1929年,广东省中山图书馆藏,第21页。

[2] 同上书,第84页。

霭等人组织的大华公司先行购得土地,欲"仿效美国家庭之小植牧"①,兴建园林式住宅。华侨在广州投资房地产业所获利润以及新式居所的建筑实践,对力图拓展市区改良城市住宅的广州市政管理者不无影响。反过来,广州市模范住宅区计划的出台对华侨回穗投资也产生了很大的吸引力。而此时又恰逢西方国家发生经济危机,从而进一步促使华侨回到国内,投资广州的经济建设。据不完全统计,1919—1937年的十数年间,投资广州企业的华侨有7720人,投资金额为118622496元,占近代华侨投资广州总人数的84.6%,投资额的81.73%,可见20世纪二三十年代是华侨投资广州的高峰期。华侨资本遍布工业、商业、金融业、服务业和交通运输等各个行业,尤以房地产业为最,推动了广州经济的发展和市政建设的开展。

当然,模范住宅区建设也存在一些不足。如计划有余实施不足,当初筹备处制订的模范住宅区建筑计划,无论是马路、住宅还是公共建筑,最终都因为财政拮据而没有全部按计划完成。如1927年筹备处所划定的模范住宅区六个地段,实际上只完成了第一地段(马棚岗)和第四地段(竹丝岗)的建筑计划。同时,模范住宅区的兴建对于解决当时普通市民的居住困难毫无意义,因为几千元的地价加上几千元甚至上万元的建筑费,使普通市民对舒适的新式住所根本不敢奢望。所以东山一带新式住宅区的居民"多为中上阶级殷户"②,对阳光、空气、花园、绿地的享受成为官僚政要、富商巨贾们的一种专利,广州市内的人居矛盾并没有因此得到根本解决。

(原载第五届中国近代社会史国际学术研讨会论文集《社会文化与近代中国社会转型》,中国社会科学出版社2016年版)

---

① 《归国华侨赞助筹建模范住宅区》,广州市档案馆馆藏档案,资—政—581—297,第13页。

② 《市设计委员会会议录》,广州市档案馆馆藏档案,4—01—1,第278页。

从劳工住所看南京国民政府
早期的劳工福利政策

——以 20 世纪二三十年代的广州为例

  劳工是近代工业和城市发展过程中出现的一个庞大的底层社会群体。因此，劳工福利政策反映了一个政府对待民生的基本态度和底层民众的基本生存状况，也在一定程度上反映了政权的阶级性质。本文即以 20 世纪二三十年代的广州为例，试从劳工住所的角度一窥南京国民政府早期的劳工福利政策。

一

  劳工福利是社会福利的重要组成部分，主要是指"工人在获得劳动报酬以外，由工人组织、资方或政府举办的旨在改善劳工生活，增进劳工智能的设施"①，通常包括教育、住宅、医疗卫生、储蓄、保险及文体娱乐等方面的内容。进入 20 世纪后，西方各主要的工业国为了增加生产效率提高社会生产力，陆续制定了一些劳工福利政策，开始关注劳工生活状况的改良。其中劳工住所作为劳工福利的主要内容，成为各国政府关注的重点。如英国制定的《住房法》专门规定了解决劳工住所的办法。德国和法国均"以政府财力建筑工人住宅，使劳苦群众有所栖息"②。日本政府主要是通过鼓励社会公共团体和公益

---

 ① 岳宗福：《近代中国社会保障立法研究 1912—1949》，齐鲁书社 2006 年版，第 321 页。
 ② 黄欣：《平民居留所及其与平民的利益》，广州市档案馆馆藏档案，资—政—587—364，第 3 页。

团体兴建低廉的寄宿舍或奖励会社工场供给从业人员之住宅等途径解决劳工住宿问题。美国则由市政府修建模范屋宇再转租给市民和劳工居住。

然而在中国，虽受西方社会福利思想影响和国内舆论的压力，北京政府曾于1923年3月制定过包含部分劳工福利内容的《暂行工厂通则》，1927年9月北京政府新增设的农工部又将其修订为《工厂条例》重新公布。但两条例涉及劳工福利的内容基本上仅限于劳工教育问题和女工孕产期待遇问题，政府尚未将劳工住所问题提上议事日程加以重视。当时一些规模较大的工厂也有修建工人宿舍的，但大多"结构不良，卑湿黑暗，几等厩房，入其中者，精神为之郁抑"[1]。偶尔"有建设楼高二层之宿舍，或用砖建者，或以板为之"，也因屋小人多，拥挤不堪，每个房间"如船中之房舱"[2]。城市苦力的住所问题就更为严重，以人力车夫为例，广州的人力车夫大多数住在人力车承包商包办的"馆口"，"每人所占仅一榻位。屋内除重重叠叠之床架外，别无长物；其地方之污秽，空气之污浊，不问可知"[3]。上海人力车夫多住在"特设之车夫宿舍"，每晚租赁铺盖"在地板之上，排列而卧"[4]。北京人力车夫寄宿于伙房中，"每人仅占一席地"[5]。南京人力车夫的住处"设备简陋而龌龊，其状况甚于监狱，吾人一临斯境，未有不作三日呕者，天热时尤不堪问"[6]。对于汉口的苦力来说，"河滩、街沿、货棚、船头，皆彼等卧室"[7]。而绝大多数有家眷的劳工主要居住在被时人斥为"一切扰乱、疾病、时疫以及形成罪恶之渊薮"[8]的简陋拥挤的自建棚户区，或分散于一些破房旧屋之中。以劳

---

[1]《佛山区缫丝工业生产历史资料》，佛山市档案馆馆藏档案，3—28—24，第13页。
[2]［美］考活、布士维：《南中国丝业调查报告书》，黄泽普译，广东岭南农科大学1925年印行，广东省中山图书馆藏，第133—134页。
[3] 王清彬等编：《第一次中国劳动年鉴》，中华教育文化基金董事会北平社会调查部1928年版，第621页。
[4] 同上书，第619页。
[5] 同上书，第620页。
[6] 同上。
[7] 同上书，第635页。
[8] 朱懋澄：《改良劳工住宅与社会建设运动》，《上海青年》1935年第35期，第5页。

工群体为主的城市住宅问题成为城市环境卫生、治安管理和经济发展的综合性社会问题。

面对城市住宅问题的日益严重，孙中山在1924年4月亲自起草的《国民政府建国大纲》中提出：政府应"建筑大计划之各式屋舍，以乐民居"①，并力言建筑平民住宅的必要性。至于政府所建之平民住宅，无论租或售，都"非以谋利为目的"②。遗憾的是，在孙中山的有生之年，《建国大纲》的宏伟蓝图未能实现，国民党在客观上也没有"建筑大计划之各式屋舍"的能力。倒是基督教上海青年会在其干事朱懋澄的倡议下，通过募捐，于1926年底在上海浦东地区试办了劳工新村，命名为"职工模范村"③。新村内的房屋结构、居住密度、生活设施、环境卫生、综合管理等都"深得一般人的注意和兴趣。全国的市政机关，多来参观取法"④。但由于种种原因，劳工新村并未在全国推广开来。

1928年4月，南京国民政府在工商部专设劳工司，一直维持到1937年。劳工司以孙中山的民生主义为旗号，借鉴西方劳工福利政策和劳工住宅建筑经验，开始对劳工住宅问题予以关注。社会舆论也认为劳工住宅是"劳工问题及都市问题中的不容易解决的问题，影响于一个地方上的社会秩序和卫生，至为重大"⑤。因此，"建筑平民住宅，是中国今日很要紧的一件事情"⑥。而各国政府中"单为下级市民或劳动阶级谋救济的，则尤足引起我们的注意"，其中"美日两国救济都市平民住宅的政策，有许多是很足以为我国市政当局的参考的"⑦。1928年10月先是内政部以目前"军事初定，训政方殷，所有

---

① 黄彦编：《孙文选集》上册，广东人民出版社2006年版，第397页。
② 曹雄：《建造平民住宅的方策》，广州市档案馆馆藏档案，资一政—588—381，第7页。
③ 邢必信：《第二次中国劳动年鉴》，北平大北印书局1932年版，第175页。
④ 骆传华：《今日中国劳工问题》，上海青年协会1933年印行，第294页。
⑤ 何德明：《中国劳工问题》，商务印书馆1936年版，第196页。
⑥ 曹雄：《建造平民住宅的方策》，广州市档案馆馆藏档案，资一政—588—381，第4页。
⑦ 黄欣：《从平民宫讲到平民的住宅问题》，广州市档案馆馆藏档案，资一政—587—353，第5页。

食衣住行四大需要亟应遵照总理遗训,次第举办",其中"住之一事,尤以贫民之需要为亟"①。但因政府财政支绌,力有不逮,故通令各省民政厅"以极简易之方法,作小规范之创造,于每县市的城郊建筑贫民住所或平民村舍,收容能营正当职业之贫民而居之,以改善其生活,亦所以实现本党政纲,解决民生问题之一端"②。其"建筑经费,由县市政府就本县市地方公款拨支,如不足时,可募款补充;建筑地点,凡城内空旷处所,或城外附郭空地均可,其中在城内建筑者名为平民住所,在城外建筑者名为平民村;建筑材料,得利用废庙及其他无用之建筑物"③。

南京国民政府对于劳工住宅的立法应该从1929年10月公布的《工会法》启其端绪。《工会法》专门提出劳工福利问题,规定工会的任务之一即组织工人"生产消费购买信用住宅等各种合作社"④。同年12月的《工厂法》专列"工人福利"一章,其中要求"工厂应于可能范围内建筑工人住宅"⑤。南京国民政府工商部于1929年颁布的《特别市普通市职工俱乐部计划大纲》⑥和1930年颁布的《工商职工俱乐部计划大纲》⑦也都要求俱乐部设置工人"寄宿舍"。1930年11月举行的全国工商会议上,在政府高度关注下通过的议决案中更是明确规定"厂方应为工人设立寄宿舍,并指派有经验之管理人员管理之"⑧。1931年,南京国民政府实业部曾拟定《劳工新村实施办法大纲》,进一步要求各省市兴建专门的劳工住所,并附设一定的医疗、教育等机构。在后来的《实业部劳工新村管理规则》中还规定劳工新村由政府派设管理员"驻村办事,请假时非经核准不得离职"⑨。1932年,南京国民政府又颁布《修正工厂法》,要求各工厂企业尽可

---

① 《内部通令建筑平民住舍》,《申报》1928年10月3日,第9版。
② 同上。
③ 《市厅颁发建筑平民村舍原则》,《广州民国日报》1928年11月1日,第5版。
④ 蔡鸿源主编:《民国法规集成》第55册,黄山书社1999年版,第438页。
⑤ 何德明:《中国劳工问题》,第188页。
⑥ 蔡鸿源主编:《民国法规集成》第55册,第6页。
⑦ 同上书,第4页。
⑧ 何德明:《中国劳工问题》,第189页。
⑨ 蔡鸿源主编:《民国法规集成》第55册,第2页。

能地修建劳工宿舍，以解决工人住宿问题，并筹划有关劳工福利事项。

二

1928年11月，广州市政府根据南京国民政府内政部的训令，结合本市具体情况，颁布了《建筑贫民村舍原则》①，并指令广州市模范住宅区委员会代为规划。经市工务局派员勘察，初步拟定在城内外的高第街军事厅旧址、越秀北路、河南草芳街闸口外分别建筑平民宫、平民住所和平民村。截至1937年抗日战争全面爆发，广州市政府实际主持修建了一座平民宫、五所平民宿舍、四处劳工住宅和两个劳工安集所。

处于广州市中心黄金地段的平民宫在陈济棠的高度关注下于1929年11月正式开工，至1930年底竣工并开始招住。平民宫主体为四层钢筋水泥建筑，除宽敞明亮的宿舍外，还有饭堂、礼堂、会客厅、图书室、阅报室以及新式的水厕和淋浴房。楼外建有运动场、花园和水池。平民宫宿舍共有350张床位，配备了精美雅洁的铁床和藤丝褥。租住分为长期住宿和临时住宿两种，其中长期住宿的又依宿舍条件的不同，每月分别收费4元和2元，而临时住宿每日仅收费5分。由于收费低廉，平民宫的住宿者主要是广大劳工，以1935年1月下半月为例，平民宫总住宿人次586，劳工即345人次，几占60%。② 为了方便住宿者生活，平民宫还设有洗衣部、小贩贷款处和消费合作社。对常住的失业者，有时还会提供一些就业帮助。同时，平民宫夜校还教授一般住宿者国语、尺牍、算术等最基本的文化知识，有时还聘请社会名流在宫内演讲，丰富住宿者的文化生活。

平民宫行政隶属于广州市社会局，作为广州市最早的平民住所，政府相对较关注，财政投入较多，仅建筑费就73000元，因此其住宿条件在全国范围内也算是名列前茅。平民宫建成初期，管理严格，服

---

① 《市厅颁发建筑平民村舍原则》，《广州民国日报》1928年11月1日，第5版。
② 张远峰编：《广州市社会统计汇刊》，广州市社会局1935年印行，第16页。

务周到，规定住宿者只能是平民和工人，"市民中有资籍者，不能享受此项权利，尤其是学生不在招住范围之内"①。但几年之后管理就开始混乱，不仅有学生，甚至还有军界政界的人员入住。② 直到抗日战争全面爆发后成为广州市难民收留所。

平民宿舍的条件略逊于平民宫，房舍多利用废旧建筑。其中位于小北的第一平民宿舍是1931年3月由原城北方便医所改建而成。180张床位既可月租也可日租，其"设备完全，不特个人应用之枕帐床席器皿等物，已准备供给，如电灯电话自来水等公用之具，收音机图书室运动场等娱乐栖息之所，寻常平民所不能享用者，亦一一设置，并附设劳工学校"③。同时，第一平民宿舍专设女宿舍供女工留宿，且附带女浴室供女工使用；大厨房内备有炉灶，住客在征得管理员同意后还可以自己做饭，加之床位月租仅8角，日计不过4分，"价格之廉，谅非他处所有"④。因此成为很多失业者、劳工、苦力、小贩的临时栖身之所，其中尤以失业者为多。从1935年2月份第一平民宿舍对住客的统计情况来看，180张床位中有小贩20人、苦力40人、劳工50人，失业者就达70人，几占40%⑤，因此平民宿舍还常为住客提供职业介绍。

第二平民宿舍的前身是直接利用原广州市贫民教养院东较场分院改建的平民留居所。1931年11月改为第二平民宿舍后，广州市社会局对原有房舍进行了修缮，并添置了寝具、书报等。第二平民宿舍共有房间36个，每间有床位12个，所能容纳的住客数量远远超过第一平民宿舍。房内"设有碌架床、枕席、面盆、台椅、茶具、电灯等具，以备留居者使用。又设有膳食沸水等，以备留居者之购用"⑥。由

---

① 蔡鸿源主编：《民国法规集成》第55册，第35页。
② 张远峰编：《广州市社会统计汇刊》，广州市社会局1935年印行，第16页。
③ 《广州市平民宿舍定期开幕》，《广州市政公报》1931年第387期，第86页。
④ 《市平民宿舍定期开幕》，《广州民国日报》1931年3月5日，第21版。
⑤ 张远峰编：《广州市社会统计汇刊》，第62页。
⑥ 黄欣：《平民居留所及其与平民的利益》，广州市档案馆馆藏档案，资一政—587—364，第3页。

于"每人能纳八毫的租金,六元的膳费,就可安居一月"①,因此,"该所自开幕后,一般平民,均利其价值低廉,前往报名请求迁入居住者,甚形踊跃,日来约计达数百人,内以手车夫小贩等为最多"②。但由于第二平民宿舍床位租赁只有半月期和一月期两种,没有以日计费的临时床位,因此劳工入住的并不多。

1937年6月19日"在平民宫礼堂举行联合开幕典礼"③的大南路第三平民宿舍、东较场第四平民宿舍、黄沙兆福新街第五平民宿舍,虽然所有管理规则和招住办法均与第二平民宿舍相同,但因建成之时陈济棠已下野,广东局势动荡,接管的广州市政府对平民宿舍的"经费一再缩减,折之五折拨发,根本不敷开支,只能艰难维持"④。抗日战争全面爆发后,由于管理不善,宿舍内很多床位空置,如第四平民宿舍原本有床位288张,但入住者只有43人。⑤

劳工住宅是政府"专为解决一般劳工住宿问题而建筑,苟非纯粹劳工分子,则决不租与"⑥。1934年8月广州市工务局召集"各机关商议建筑劳工住宅"⑦时,为解决资金困难,陈济棠要求其属下官兵捐出3个月薪资,并规定"中将月捐二十元,少将十五元,上校八元,中校四元,少校二元,上尉五毫,中少尉四毫,士兵三仙,全数拨为补助建筑劳工住宅费用"⑧。由于"河南一隅,地方辽阔,苦力贫民无住所者甚众"⑨,因此,四处劳工住宅除一处在东堤原八旗会馆旧址外,其余三处均在河南⑩,"交通极便,建筑采用新式,光线及空

---

① 黄欣:《平民居留所及其与平民的利益》,广州市档案馆馆藏档案,资—政—587—364,第4页。
② 《投宿平民所之调查》,《广州市市政公报》1930年第365期,第55页。
③ 广州市政府编辑股:《广州市政府工作报告》,1937年。
④ 《第五平民宿舍呈为经费缩减,不敷开支,拟请停用电话》,广州市档案馆馆藏档案,10—4—1082。
⑤ 《市郊内外可作难民收容地点一览表》,广州市档案馆馆藏档案,10—4—1079。
⑥ 《国内劳工消息》,《国际劳工通讯》1935年第14期,第103页。
⑦ 《工务局召集各机关商议建筑劳工住宅》,广州市档案馆馆藏档案,资—政—599—474,第140页。
⑧ 《官兵捐薪建劳工住宅》,《越华报》1934年9月1日,第5版。
⑨ 广州市社会局:《广州市社会局三年施政计划说明书》,1934年印行,第27页。
⑩ 广州市区珠江南岸部分。

气充足"①。劳工住宅最大的特点是不仅有单人式床位，还有近百间家庭式住房。单人式设备床铺，每位每月租金8角。家庭式住房所有家私用具概由住户自备，租金依房间大小多少从3元至8元不等，"比诸市面普通租值，低几及倍"②。不过，按照章程规定，这种劳工住宅只有"真正劳工身体健全并无不良嗜好者"③才有资格租用。

1934年至1935年建成的两个劳工安集所的条件最为简陋，分别设在海珠铁桥南北两端桥面下，利用原有趸脚空隔处垒砌而成。两所占地面积近千平方米，530个简易水泥床位分别排列，"形式与营房相类似，纵横叠架，占地不广，而整齐极可观"④。劳工安集所为临时住所，每天下午6点开放至第二天早上7点离所，周而复始，"日间不得在所留宿"⑤，且"确系有职业之劳工方得入住"⑥。从1935年2月第一劳工安集所住客统计来看，95%以上是苦力和手车夫，其中外地的又占绝大多数。⑦劳工安集所内外虽无任何生活设备，入住者除一床灰军毡外别无长物，且管理极为苛严，但毕竟每晚只需两个铜板，因此成为最底层劳工的首选，床位往往不敷租用。每晚因各种原因未能入住者"常超过入宿者若干倍。于是，所前所后，袖手徬徨者不乏人，屈膝哀诉者不乏人，暗自呻吟者不乏人，随地躺卧者不乏人，惨苦情形，非笔墨可形容于万一，更非安居高楼大厦者能想得到"⑧。

三

从1929年至1937年，广州市政府根据南京国民政府和广东省政

---

① 《国内劳工消息》，《国际劳工通讯》1935年第14期，第103页。
② 《第三第四劳工住宅之设备》，《广州民国日报》1935年9月18日，第3版。
③ 广州市社会局：《广州市社会局三年施政计划说明书》，第27页。
④ 向尚等：《西南旅行杂写》，中华书局1937年版，第39页。
⑤ 《广州市第一劳工安集所章程（1935年3月）》，《广州市政法规》（第2编社会·公益事业），第25页。
⑥ 《广州市第一劳工安集所管理规则（1934年11月）》，《广州市政法规》（第2编社会·公益事业），第26页。
⑦ 张远峰编：《广州市社会统计汇刊》，第15页。
⑧ 向尚等：《西南旅行杂写》，第40页。

府的训令，结合本市的实际情况分别建成了平民宫、平民宿舍、劳工住宅、劳工安集所等几种不同类型的劳工住所，在一定程度上解决了部分劳工的住宿困难。但从其规划、修建、管理到招住也不难看出诸多问题。

第一，规划多落实少。劳工住所作为福利项目是不盈利的，主要靠政府和资方投资。而广州作为传统的消费城市，近代大型企业不多，能承建或者愿意承建劳工福利住宅的企业很少，除了广三铁路、粤汉铁路、广东实业公司、广东兵工厂等少数大型企业建有劳工宿舍外，其他劳工的福利就全靠政府埋单。二三十年代的广州政局虽有所稳定，但政府的行政能力有限，尤其是在军费开支庞大和大规模市政建设需要资金的情况下，劳工福利拨款往往被滞后，社会捐款又困难重重，从而影响了劳工住宅的兴建和正常运作。如平民宫开工之后，市政府曾计划再在河南尾草芳建平民村一座，另在西村一带筹办平民住宅区，"先建房屋一百间，以每月二元的最低租值，赁给一般有家室的贫民"①。但西村平民住宅区拟收用文明火柴厂地址，而厂方以本厂"千余工人，若一旦收用，厂既停业，工亦失职"② 为由拒绝出让，西村平民住宅因此告吹。1933年市参议会拟请市政府敦促人力车公司设置人力车夫公寓，以改善人力车夫生活，立即遭到各人力车承包商的联名抵制。③ 同年，市政府计划在市区东北隅盘福路金字湾修建可容纳1000人的第二平民宫，又因资金问题没有得当解决，计划不了了之。1934年7月，社会、教育、财政三局曾联合提议"由市府在车捐收入项下拨百分之二十建筑车夫公寓，以免车夫露宿之苦"④，经市政会议议决通过，由工务局派员会同勘地，财政局也拟定

---

① 黄欣：《从平民宫讲到平民的住宅问题》，广州市档案馆馆藏档案，资—政—587—353，第5页。
② 《收用工厂建筑贫民住宅案》，广州市档案馆馆藏档案，资—政—587—363，第54页。
③ 《抄公用局呈》，广州市档案馆馆藏档案，10—4—836，第23页。
④ 《提议改善手车夫生活意见书》，广州市档案馆馆藏档案，4—01—1—81—3，第142页。

从8月1日起，按月提拨20%"发市行存储备用"①，但最后亦无下文。1936年11月，广州市政当局再次议决改善人力车夫住所的办法，拟专建平民村，"使车夫出最廉之代价得清洁安静之住所"②，又因人事变动等原因搁浅。尽管广州市政府每年都有增加劳工住宅的规划，但大多数最后都没有落到实处。直到1938年广州沦陷，市政府主持建成的12处平民和劳工住宅所提供的床位也只有3000多个，对于华南重镇的广州来说，这无异于杯水车薪。真正能享受到政府福利住宅的劳工只是极少数，大多数劳工仍居无定所，甚至露宿街头。

第二，注重外在形式。广州市政府修建劳工住宅虽然有孙中山民生主义的理论基础和国外劳工福利思想的影响，但直接的原因还是出于社会秩序和环境卫生的考虑，而不是真正地为劳工谋福利。同时，广州市在二三十年代努力建设"模范城市"，而一般劳工栖宿街头，实有碍观瞻。因此劳工住宅的修建在一定程度上成了展示"模范广州"形象、粉饰当政者政绩的行为。如广州市政府着力打造的平民宫，建筑之初不仅有"南天王"陈济棠6万元拨款资助，而且还有市长林云陔亲自挂帅，"设备力求完善，以增进德智体三育"③。建成的平民宫外观酷似三级塔楼，前面还有拱门3座，都暗含"三民主义"寓意；后面有花园水池，环境优美，宫内生活设施一应俱全，在当时就有"伟大的建筑物"④之誉，因此而成为广州市劳工福利的形象工程，常有外来人员参观。不过要参观宿舍，事前须要征得宫内办事员同意，并由办事员引导同行。同为楼房建筑的第一劳工住宅也因其家庭式住宅的厅、房、厨、厕齐全，成为广州市对外展示的窗口，来宾在经管理员许可后派人引导参观。

第三，住宿条件简陋。与二三十年代广州市政府筹划建筑的模范住宅区相比，劳工住所则太过简陋。模范住宅区选择郊外高爽之地，

---

① 《财政局呈报改善手车夫生活一案遵办情形》，广州市档案馆馆藏档案，4—01—1—81—3，第145页。
② 《为奉令会同社会局拟复政治研究会议决之改善人力手车夫生活两项办法谨拟具意见呈复核察由》，广州市档案馆馆藏档案，10—4—836，第50页。
③ 《陈总指挥拨款建筑平民宫》，《广州民国日报》1929年9月16日，第5版。
④ 《平民宫今午开幕》，《广州民国日报》1931年12月15日，第2版。

"公园、市场、消防所、警察分署、电话所、水塔及水机房、公共厕所、邮政局应有尽有"①，绿化的马路宽阔整齐，住宅建筑采用美国设计师设计的式样，就连围墙都要求"须含美术性"②，"每间建筑预算约二千五百元到五千元不等"③。而劳工住所有半数是利用废旧建筑改建而成，除了作为广州名片的平民宫建有花园水池外，其余住所基本上没有休闲去处，更没有《劳工新村实施办法大纲》中所规定的小学校、医院等各种配套福利设施。总建筑费仅14300元的两个劳工安集所甚至垒土为床，此外别无他物，更谈不上卫生舒适，"没有丝毫习俗的功用，如为休息和愉快，为私密的享受，为家属聚居和会友密谈等等。这些功用一概没有的，所有的只是一席之地以供睡眠"④。劳工住所与建筑极尽奢华、配套设施齐全的模范住宅形成了巨大的反差，反映了当时等级分化贫富悬殊的社会现状。

第四，管理过于苛严。在住宿管理方面，虽然一些规章制度保证了住宿劳工的财物安全和室内卫生，但是有些规定过于苛严，其"严肃情形，初看不亚于军营"⑤，使住宿者缺乏居家生活的氛围。如亲友到访只能在会客厅叙谈；墙上不得随意钉钉子；每次携带行李出入都必须由宿舍管理员检查等。有些规定则明显地是对工人斗争的防范，如不得收藏违禁品，不得集会结社，管理人员认为入住者可疑时可随时盘查，住客要绝对服从，不得抗拒等。如果说模范住宅区的警察职责是看家护院，劳工住宅的警察职责则是监视盘查。另外，在时间上的一些规定也不符合劳工的作息规律，如平民宿舍食堂的早餐时间为上午10点，晚餐时间为下午5点，大多数劳工此时都在外奔波劳作。劳工安集所租金最低，因此到所投宿的劳工最多，但劳工安集所每天下午6点开始挂号入住，一些劳作时间较长的劳工始终难以如愿。

---

① 《模范住宅区公共建筑之规定》，《广州民国日报》1928年11月27日，第6版。
② 《东山松岗模范住宅区领地建筑规划》，广州市档案馆馆藏档案，资—政—588—381，第48页。
③ 程天固编：《广州市工务之实施计划》，广州市工务局1930年版，第39页。
④ 刘明逵：《中国工人阶级历史状况》第1卷第1册，中共中央党校出版社1985年版，第21页。
⑤ 向尚等：《西南旅行杂写》，第40页。

综上所述，我们不难看出，20世纪二三十年代广州市政府的劳工住所建设取得了一定的成绩，改善了部分劳工的住宿条件。但由于国民党在主观上并没有真正为劳工谋福利的思想，客观上政局变化无常，人事变动靡定，导致政府行政能力下降，又缺乏制度和资金的保障。加之抗日战争全面爆发之前，南京国民政府的劳工福利事业刚刚起步，相关立法较少，仅有的"工会法及工厂法所规定的一切标准，并未完全实现"[1]，"所谓中国劳工法令，只是一些废字纸罢了"[2]。正如当时著名的社会学家陶孟和在1932年所言："四年中国民党的当政，似乎对于中国劳工，未发生什么积极的影响。"[3] 因此，南京国民政府早期包括劳工住所在内的劳工福利政策具有很大的局限性，覆盖面积小，福利内容少，保障水平低，既没有普惠大众，更不可能从根本上解救广大劳工于水深火热之中。

（原载《暨南学报》2013年第12期）

---

[1] 何德明：《中国劳工问题》，第189页。
[2] 邢必信：《第二次中国劳动年鉴》，第6页。
[3] 同上书，第4页。

澳门社会福利管窥

作为葡萄牙的殖民地，澳门的社会福利长期以来不为政府所重视。最近 20 多年来，随着经济的腾飞，澳门的社会福利事业才有了一定的发展。本文即拟对澳门的福利事业作些探讨。

一 澳门社会福利事业的起步和发展

社会福利是在慈善事业基础上的进一步发展和完善。从这个意义上讲，澳门的社会福利最早可以追溯到葡萄牙人初到澳门之时。1569 年，从葡萄牙来澳门的第一个主教卡内罗开设了一个治病恤贫的慈善会——仁慈堂，并使葡萄牙居民同意将葡萄牙海关所征关税的 5‰作为慈善会的经费。① 此后，华人社会相继创办了镜湖医院慈善会、同善堂等专事慈善事业的机构，教会和其他中外社团也不同程度地向社会提供慈善服务。但是直到 1938 年的 300 多年间，由于官方没有介入，各专职和兼职的慈善机构人力财力有限，其慈善服务也只限于赠医施药、衣食救济等应急性质的项目上，施善方没有法定的责任和约束，慈善服务覆盖面有限，因此这个时期还算不上真正意义上的社会福利。

1938 年，澳葡政府设立公共救济总会，主要职责是联系澳门中葡社团，为居民提供社会服务。自此，澳门政府开始介入民间慈善事业。20 世纪 50 年代至 60 年代，澳门工人联合总会、澳门街坊福利

---

① ［法］裴化行：《天主教十六世纪在华传教志》，肖浚华译，商务印书馆 1936 年版，第 131 页。

会、社会复原所等机构陆续成立,公共救济总会也正式改称社会福利处。所有这些,不仅增加了福利机构的数量,扩大了福利服务的范围,更重要的是展拓了福利服务的层面,由过去单纯的直接的物资援助逐渐向精神和心理方面的救助发展。

进入 80 年代以后,澳门的社会福利在深度和广度上都上了一个新的台阶。首先,由于澳门社会经济开始腾飞,且在 20 余年内保持较高速度的发展,使得澳门政府的经济实力大为增强,不仅相应地加大了对社会福利事业的经费投入,而且加强了对社会福利事业的管理力度,陆续出台了一些有关社会福利的法例,使澳门的社会福利事业逐步走向规范化。1986 年 11 月 17 日,澳门政府制定法令,对澳门的社会福利宗旨、原则和管理体制作了专门的规定。1987 年,澳督文礼治就多次在公众面前提及澳门政府将提供更多更佳的条件,改善劳动者生活条件,为澳门居民多办好事。其次,澳门各界人士对社会福利事业的关注程度日益提高,大多数人在直接或间接或多或少地享受着社会福利的同时,都积极踊跃地参与社会福利事业。1984 年 2 月,澳门工人联合总会第 20 届代表会议通过决议,敦促澳门政府立例保障工人福利,直接促成了同年 8 月澳门政府第一部《劳工法》的颁布。1987 年 2 月 2 日,近 2 万名中葡人士参加了澳门日报读者公益基金会的公益金百万行起步活动。最后,中国政府所给予的支持和援助,也是一个重要的因素。从政治方面来说,中国政府坚持一国两制的基本方针,对稳定澳门过渡时期的政治局势、推动澳门经济发展起到了直接作用,这就为澳门社会福利的发展提供了基本保证。从经济方面来说,中国政府除增加在澳金融资本额、扩大贸易量外,还直接参与澳门福利事业。1989 年 10 月,中国银行澳门分行决定从当年起,连续 10 年每年向澳门提供教育援助经费 50 万澳元。所有这一切都直接推动了澳门社会福利事业的发展,到 90 年代,澳门各种类型的福利机构有 100 多个。1990 年,澳门政府社会工作司特别成立了一个专门监督福利设施运作的部门,以加强社会福利方面的工作,使其发挥更大的作用。

二　澳门社会福利事业的承担者

目前，澳门社会福利主要由政府、社团、教会和公司企业承担。

澳门政府具体由社会工作司分管有关社会福利工作。社会工作司的前身是1938年成立的公共救济总会，1968年改为政府福利处，在1976年按《澳门组织章程》重新设置的政治体制中，归教育卫生暨社会事务政务司管辖，1984年改称社会工作司，负责统筹福利工作，执行政府的社会福利政策。社会工作司的四个分区办事处主要是对符合有关规定的老人、贫困者、无工作能力或部分无工作能力者、肺病患者、双目失明者等发放各类生活援助金，仅1996年发放资金近3000万澳元。社会工作司下属几十个福利机构，具体从事着社会服务、救济服务、平民屋、对志愿社会服务的援助、服务协调等项工作。其中的紧急工作组是为救助意外灾难而设立的24小时服务。1991年澳门三大火灾中，社会工作司紧急援助金共支出12万多澳元。同时，社会工作司还派出人员协助社会复原所、儿童教养所和监狱进行咨询、辅导、教育工作。政府方面除了社会工作司专门从事社会福利外，行政暨司法政务司辖下的公务员福利会、经济事务政务司辖下的退休基金会等也都以不同的形式参与着社会福利工作。1986年11月成立了以澳督为主席的社会福利委员会，担任澳督制定社会福利政策的顾问，并协助政府推广和执行各项社会福利措施，向全澳需要帮助的人或团体提供资金和物资方面的经济性援助，以及设备和服务方面的社会性援助。

澳门政府从事社会福利事业的经费主要是财政拨款。80年代后，随着澳门经济的发展，福利预算费也在逐年增加，1983年为3670万澳元，1988年上升至4776万澳元，同年用于赈助有需要的家庭和个人的总开支达1300万澳元，用于赈助社会机构和不谋利团体的开支达1500万元，仅在筷子基坊和望厦兴建平民屋的预算拨款就达11000多万澳元。1990年3月，澳门政府成立社会保障基金会，由政府、雇主、雇员三方强制性供款，根据1989年2月有关社会保障制度的法令规定，政府每年必须拨出不少于财政预算的1%给基金会，雇主每月必须为每位雇员供款 20 澳元，雇员每月供款 10 澳元。随着储备金额的增加，基金会对符合条件的人士所发放的养老、伤残、失业、疾病、丧葬、出生、结婚及社会救济等各种津贴也有明显的增加。1991年，社会保障基金会共发放各种援助金 650 万澳元，1997 年增至 9038 万澳元。由于政府有相对雄厚的资金，且能借助政府部门的职能作用订立法例，因此，自 80 年代以来，财政拨款日益成为澳门社会福利事业的重要支柱。

澳门社团是社会福利事业的主要承担者。最早由葡籍人士创办的仁慈堂距今已有 400 多年的历史，现仍设有两家老人院，继续为社会提供慈善服务。已有百年左右历史的"澳门三大社团"均为华人所办。其中 1871 年成立的镜湖慈善会以赠医施药、安置病残、停寄棺柩、修路、救灾、赈济、兴学育才等慈善工作为主；创办于 1892 年的同善堂在澳门最受推崇，初以赠医施药、派米施粥、发放冬衣棉被、济灾救苦为主，发展至今，下属的中西医诊所、药局、学校和托儿所所提供的社会福利项目已无所不包，遇有天灾人祸，同善堂还积极提供紧急实物援助，劳工阶层从中获益不少；1913 年成立的澳门中华总商会虽是工商团体，但长期以来始终致力于谋求公众的合法权益，救弱扶危，排忧解难，致力于社会福利及社会公共事务，出钱出力，成绩显著。抗日战争时期，澳门学术界、音乐界、戏剧界、体育界成立了澳门四界救灾会，以募捐、慰劳、宣传、动员的形式投入到祖国的抗日救亡热潮中。50 年代，澳门爱国人士组织成立了街坊福利会，除协助了解民情，为广大居民排忧解难外，还设有中医诊所一间，直接为大众服务。1950 年成立的澳门工人联合总会及下属的 36 个工会，本着为社会服务、兴办工人福利的宗旨，开设了工人康乐馆、工人食堂、工人医疗所等，积极开展文娱体育活动。80 年代以后，为适应澳门政治和经济的发展，工人联合总会的工作重心开始由单纯的社会服务向参与社会决策转变。近年来新成立的社团中，福利工作的形式更是各具特色，如：澳门社会工作人员协会和由专栏作家梁荔玲发起组织的"联慧义务工作协会"，成立数年来，通过推广义工为大众服务，进行社区调查，从事助人工作；1984 年成立的澳门日报读者公益基金会，本着"人人为我，我为人人"的精神，系统地收集社会各界的捐款,用于紧急救援和助学金的发放,配合其他慈善机构,从事广泛的社会公益活动;1986年成立的澳门记协福利基金会,作为行业内的福利机构,其活动内容有替会员子弟办理入学优待,替会员家属办理保健优待,组织会员旅游活动等。

澳门社团从事福利事业的经费来源有三:一是靠热心人士的捐赠,如1988年港澳知名人士霍英东捐款100万港元,支持澳门劳工子弟教育。二是靠举办各种义卖、义演、募捐等活动筹集,如1915年澳门赛马会举行盛大卖物赈灾会,筹款支援广大遭受水灾的灾民;1986年澳门记协福利基金会成立时就通过《大众报》举办演唱会,筹得6万澳元作为福利基金;1987年2月澳门日报读者公益基金会一年一度的公益金百万行活动筹得善款220万澳元;同善堂每年一个月的"沿门托钵"募捐在广大市民的支持下,也能筹得大笔资金。三是靠政府提供资助,如镜湖医院从1968年开始获得政府逐年递增的资助经费;1988年政府对社会机构和不谋利团体的赈助达1500万澳元;另外,政府还通过对公益团体、慈善机构等豁免房屋税、营业税等方式支持社团的社会福利事业。

澳门教会为配合传教而参与慈善福利事业由来已久。最早的慈善机构仁慈堂即由澳门第一个主教所办。19世纪中叶,澳门主教马达又倡议邀请修女到澳门进行慈善服务工作。目前,澳门教区社会福利服务署开办的社会福利服务机构,主要有9所托儿所、7家诊所、9个老弱伤残院和两个老人中心以及孤儿院、儿童青年中心、辅导中心等,还有容纳全澳40%多正规学生的众多的教会学校。所有这些机构,有的提供免费服务,有的只象征性收取低廉费用。除传统的服务项目外,澳门天主教社会福利服务机构还开办了诸如明爱热线、婚姻服务处、明爱家居康复服务等间接性福利服务。基督教在澳门也设有福利机构,如教会学校、协同医务所等,参与社会福利服务。澳门教会福利机构的经费主要是靠教民的捐赠和教会其他机构及各种活动的收益补贴,近年也开始争取政府的资助。

澳门私营公司企业内部目前还没有健全的福利机制,只是按劳工法例的规定,雇主向雇员提供一定的有薪假期、伤残赔偿、职业病赔偿、解雇赔偿等,且有些企业并未完全按劳工法执行。另外,根据社会保障制度的规定，雇主每月为每位雇员向社会保障基金会提供20澳元社会保障储备金。私营企业的雇员更多的是接受政府、社团和教会提供的福利服务。中资机构仿内地体制，初步建立了较为健全的福利制度。

三　澳门社会福利的主要内容

澳门传统的慈善事业主要是直接的物资援助，发展到现在，社团和教会提供福利服务的范围日益扩大，除继续保持传统的赠送米面衣被、发放援助资金的物资援助外，又增加了儿童及青少年服务、老人服务、家庭服务、康复服务、医疗服务、辅导服务、社区服务、以增强伤残人士克服困难的能力和培训社会工作人员助人能力为主的间接性服务等。政府所提供的福利服务项目还有兴建和管理社会公共服务设施、提供法律援助、预防和戒毒服务、囚犯教育及释囚重返社会的服务等。其中与广大市民切身利益联系最密切的则是医疗、教育、住房三项内容。

医疗方面。目前澳门的医疗卫生网已基本形成，政府卫生司辖下的官立医疗卫生机构主要有1873年建成的仁伯爵医院以及凼仔精神病院、路环麻风病院、防疫医疗所、防性病医疗所凼仔社会复原所、公共卫生化验所、6家卫生分站等。

1986年，澳门政府开始推行有限免费医疗制度，凡持有澳门政府认可的身份证件的婴幼儿、在校青少年、孕产妇、65岁以上老人、传染病患者、吸毒者、癌症患者、精神病患者、囚犯、处于贫困的家庭和个人以及所有公务员和家属，均可享受政府的免费医疗。三等病房免费向一般贫民提供。以仁伯爵医院为主的官立医疗卫生机构由政府拨款，因此经费充足，设备先进，成为承担政府免费医疗的主体。澳门民间医疗卫生机构很多，主要是小型的私人诊所和社团及公司开设的医疗所，其中规模最大的是隶属于镜湖慈善会的镜湖医院，自1871年创立以来，长期提供三等廉价医疗服务，对入住三等病房的病人，使用的普通药物及膳宿均予免费。镜湖医院第二门诊部即是专门的免费门诊部，向全澳居民免费赠医赠药。目前镜湖医院承担了澳门大多数病人的医疗诊治服务,随着工作量的增加,每年支出 5000 多万澳元。进入过渡期以后,政府对镜湖医院的资助有所增加,仅资助三等儿科和产科的免费医疗费用,一年就达 200 多万澳元,有力地推动了澳门民间医疗卫生机构的福利事业。

教育方面。虽然澳门早在 16 世纪后期就已成为东西方文化的交汇之地,耶稣会士在澳门所办的圣保禄神学院成为当时驰名远东的大学院。① 但当时的澳门,中国居民中读书应试者少,当地葡萄牙人基本上都是没有文化的商人②,所以澳门的教育并不普及,更不发达。直到清末,澳门近代教育开始起步,当时的培基学堂、子褒学塾等都很有影响。民国初年,在旧式学塾改为新式学堂的同时,澳门开始设立带有慈善性质的平民义学,为贫家子弟提供免费初级教育。抗日战争爆发后,广东等地中小学大量迁至澳门,加上流寓澳门的教育界人士以及澳门教会也都积极地创办各类学校。到 1939 年,澳门共有中小学 170 多所,达到历史最高峰,出现了澳门教育短暂的黄金时期,客观上为数以千计的低收入家庭的子女提供了继续升学的机会。太平洋战争爆发后,澳门很快成为"孤岛",学校纷纷关闭,三分之二的中小学生重新失学。

由于澳门政府在过去相当长的时期内采取不干预私校教育的政策,没有充分重视教育,尤其没有得力措施解决华人社会中低收入家庭子女的学校教育问题,致使澳门劳动人口的文化素质低下。据估计,澳门劳动人口中初中文化水平及以下者占 82.6%,其中文盲占 12%,小学文化水平占 30.4%。③ 这样的文化水平结构在一定程度上制约了澳门经济的发展。进入 70 年代以后,澳门政府对教育日益重视。1977 年,澳门政府以法令形式开始通过对不谋利学校豁免各种税项和发放各种补助金的形式扶助教育事业,此后几次修订法例,加大扶助力度。但是,由于澳门政府在教育拨款上历来厚官办而薄私立,以华人子弟为主占全澳学生人数 90% 的私校仅得 10% 的拨款,且私

---

① 费成康:《澳门四百年》,上海人民出版社 1988 年版,第 53 页。
② 同上书,第 38 页。
③ 澳门统计暨普查司编:《就业调查》,1997 年第一季度。

校教师工资待遇低，绝大部分私校小学教师的工资仅为官校教师的三分之一，因此，以私校为主的澳门教育的发展仍跟不上经济发展的形势。

80年代后，澳门教育进入新的发展阶段，政府不仅增加了教育经费，而且开始改变过去政府拨款厚官办而薄私立的现象。1983年澳门教育经费为4100多万澳元，1987年增至1.5亿澳元，具体用于以下方面：（1）资助不谋利学校，即对免费或适当收取低微费用的私立学校豁免各种税项，同时发放不同等级的补助金。（2）对葡文学校、技术学校及职业学校给予额外津贴，对需租用校址的学校，给予所缴租金25%的特别津贴，对学校修缮校舍、购置教具都给予适当津贴。（3）直接补贴教师，主要是对持有澳门政府教师证书的私立学校教师按教龄直接发给不同数额的津贴。（4）给予学生奖助学金及助学无息贷款。澳门政府的奖助学金不仅针对大专学生，中小学生也可获得，以鼓励成绩优良的学生求学。1983年后，赴外地就读的大专学生助学金改为助学无息贷款。此外，不少社团和私人企业也设有经常性或暂时性的奖助学金，其中澳门日报读者公益基金会发放的助学金最多。从1995年开始，澳门政府将基础教育的免费范围从官立、官制学校扩大到私立学校。[①] 义务教育范围的扩大和期限的延长，不仅使澳门所有学龄儿童均有机会享受起码的教育，澳门劳动人口的文化素质得以提高，而且对于目前调整时期的澳门经济和回归后的继续发展都将发挥重大的作用。

住房方面。19世纪以前，澳门的华人和葡萄牙人是分区居住的，华人主要集中在北部，葡萄牙人主要集中在南部。19世纪以后，随着澳葡势力的向北扩张，中外人士的居住地逐步开始交错，但住房的条件仍有明显的区别。约占人口5%的外国人主要居住在基础设施良好的高级住宅区和环境恬静幽雅的别墅群中。华人中除殷商巨贾、名门望族多居住在繁华的市中区或南湾、西湾，拥有自己的豪宅大院外，大多数华人居住在西北部和东北部的平民住宅区内，其房屋以砖木建筑为主，也有许多简易的木屋和铁皮屋，还有少数茅寮。平民住宅区

---

① 费成康：《澳门四百年》，第412页。

地方狭小，人口拥挤，环境恶劣。1928年西北部台山区大片木屋茅寮被大火烧毁，澳督巴波沙曾发动富商和慈善机构捐建了供平民居住的房屋，即著名的"巴波沙坊社会屋区"[①]。抗日战争爆发后，澳葡当局在青洲、路环等地建立难民营，安置内地旅澳难民，并制定《租务条例》，禁止乘机哄抬房租，或迫迁住房，以保证难民和普通市民的起码居住条件。此后，澳门政府又着手修建平民屋，廉价出租给普通市民。但由于平民屋发展缓慢，长期以来，澳门中下层市民住房拥挤的窘态并未得到多大改变。70年代以后，澳门建置业开始发展，政府对普通市民的住房问题更加关注，陆续拆除一些木屋和铁皮屋，改建平民大厦。到1984年底，入住平民屋的澳门市民约有2500户，每户租金平均为61澳元[②]，以当时工业工人平均月薪1200澳元左右计，用于住房的开支仅为收入的5%左右，远远低于一般楼宇的租金。1985年后，平民屋的兴建被列为社会工作司的主要工作。1988年，澳门政府投资7000多万澳元，在筷子基坊兴建了1000多个住宅单位的平民屋，同时还耗资4000万澳元建成了望厦平民屋村，一年内解决了近2000户市民住房。

澳门政府在继续发展平民屋的同时，开始推行经济房屋计划，即由政府拨地，工商界投资兴建住宅楼宇，建成后政府收回部分房屋以补偿地价，其余投入市场者由政府限价出售和出租，并于1980年8月颁布了《经济房屋法》，以法律形式确保其计划和实施；建筑公司根据《经济房屋法》兴建的经济房屋在竣工出售时可享受豁免楼宇首次买卖的物业转移税的特别优惠，同时免纳房屋税，因此经济房屋的租金和售价仅为普通楼宇的三分之一。1984年12月，政府又颁布了《房屋兴建之发展合约》，将经济房屋改称居屋。由于申请入住者太多，而政府所能提供的又太少，故澳门政府对此又作了严格的规定，还得办理各种复杂手续，因此澳门市民入住经济房屋的只是一小部分，目前仍有5000—6000户下层平民居住在木屋内，而且随着人口的增长，有此消彼长、有增无减之势。尽管如此，作为解决澳门贫困

---

① 费成康：《澳门四百年》，第412页。
② 顾广编著：《澳门经济与金融》，中国地质大学出版社1989年版，第18页。

户住房问题主要对策的经济房屋计划仍在继续进行着。这对于稳定澳门社会秩序和推动澳门经济发展都有着重大的意义。

四 澳门社会福利的特点

澳门社会福利的最大特点是受惠覆盖面不均。以前澳门慈善事业主要面向贫困者，现在的福利事业虽面向全社会，但实际上政府过分偏重于公务员的利益，而对一般雇员和普通市民的福利重视不够。公务员现职薪金丰厚，且每年领取14个月薪金，每5年工龄增加150澳元年资津贴，豁免职业税，还能从邮电司下属邮电厅的贮金科以低息贷款的形式借贷其年薪三分之一的款项；澳门一般雇员的工资则一向偏低，1985年澳门工业工人平均月薪1200澳元左右，仅为公务员的三分之一左右，制造业工人中73%的还达不到1200澳元，公务员除周末休息外，每年享受有薪休假30天，编内人员每3年还可享受一次30天的特别假，由政府提供到外地休假的往返机票；而一般雇员按劳工法的规定，除周末休息一天外，每年法定节假日只有9天，且6天为无薪假期，一年以上的长期雇员每年另有6天有薪假期，所有公务员与配偶及未成年子女均享受政府的公费医疗，住院头3个月享受全薪，特殊病例除3年发全薪外，还另发水果费，妇女享受有薪产假60天；而一般雇员除发生工作意外或患职业病能获一定数额的赔偿外，只有部分特殊情况者能享受政府免费医疗，普通市民中限于孕产妇、青少年、老人、确属贫困者及特殊病情者可享受政府免费医疗，为同一雇主工作一年以上的妇女，头两胎生育可享受有薪产假30天，另外，入住三等病房可免费。公务员不论现职还是退休，只要在政府宿舍以外租赁房屋者，均可领取到最高至500澳元的房屋津贴，房租在500澳元以下者，按实数补贴；而一般雇员和普通市民没有另外的房屋津贴，只有在入住政府提供的平民屋和经济房屋时，才会享受低廉租金的优惠待遇。公务员除上述福利优惠外，还普遍享受金额固定的家庭津贴、殡葬津贴、退休金和金额不固定的出差津贴；一般雇员和普通市民只有参加了社会保障基金会并符合一定条件者，才能领取有限的出生、结婚、疾病、残疾、失业、丧葬等津贴和养老金。

澳门社会福利的另一个特点是民办、官办、官助民办多种形式并存。澳门最早的社会福利源于民间，具体由教会和民间社团承担，这种形式虽然贴近下层，但由于财力有限，只能向社会上急需救助的部分人士提供直接的有限的援助，无法满足所有人士日益普遍的社会福利需求。20世纪30年代澳门政府介入社会福利事业后，由于财力雄厚，逐步承担起诸如住房、教育等大型福利项目，并包揽数额巨大的公务员福利。澳门民间和政府在各自继续独立地承担福利职责的同时，还注意发挥各自的优势，取长补短，即官助民办福利事业。政府以直接拨款和减免税项的形式资助民间社团从事福利事业，而民间社团在政府的资助下，得以创办各种不以谋利为目的的学校、医疗机构等，为普通市民提供廉价的各类福利服务。从澳门目前的实际和实践来看，这种官助民办的形式不失为澳门社会福利发展的方向。

澳门的社会福利事业在近20年内有了长足的发展，政府财政投入有所增加，社会服务范围日益广泛。但是，与世界其他人均收入较高的国家相比，澳门的社会福利仍显不足。为了进一步促进社会的公平、和睦和健康发展，适应澳门回归后政治经济发展的需要，澳门政府应当再加大对社会福利立法的力度，进一步健全制度和增加投入，重点倾向处于社会中下层的广大华人。

（原载《人口研究》1999年第4期）

民国时期华侨投资国内公用事业的困境
——以侨商陈子桢等人承领广州公共市场案为中心

广东是全国华侨最多的省份，也是民国时期华侨投资国内企业最多的省份。广州作为广东政治、经济、文化的中心，既是中国对外贸易的主要港口，又有毗邻港澳的优势，因此吸引了许多华侨来穗投资。据统计，从1862年到1949年，华侨在广州的投资占全省投资的37.74%，占全国投资总额的20.73%[1]，为华侨投资国内各城市之冠。尤其是1921年孙科出任广州市市长后，率先实行市政改革，在很大程度上进一步刺激了华侨的投资。但是，就华侨在穗投资的行业来说，房地产业最多，其次为商业、金融业、工业，而在公用事业方面的投资极少。究其原因，除了盈利方面的考虑外，政府的政策也是一个非常重要的因素。本文拟以旅美侨商陈子桢等人承领广州公共市场案为例，对其进行探讨。

一　陈子桢等人承领市场案之经过

1929年夏，应广州市市长林云陔之邀，程天固再度出任广州市工务局局长。上任后程天固亲自主持编订了《广州市工务之实施计划》。由于"市场为市民日常饮食取给之唯一场所，其买卖交涉之频繁，行

---

[1] 林金枝、庄为玑编：《近代华侨投资国内企业史资料选辑》（广东卷），福建人民出版社1989年版，第68页。

人往来之挤拥，均甲于一市；倘非布置妥善，秩序井然，则不特交通妨碍，观瞻不雅，即于公共的治安与卫生两方面，亦将有绝大危险"，然而"环视广州全市，除市营之禺山市场及商办之南益市场两处外，其余各地，均未有适当市场之设置，而市贾小贩之流，为招徕利便计，复遍设摊肆于繁荣之街道，迨治用既久，遂竟以街为市。长此以往，而欲改善内街之交通，取缔不良食品之买卖，维持市民居处之安宁，不甚难耶。此新式市场之建设，所以不容缓置不办"①。因此，建筑全市新式公共市场也被列入计划之中。程天固在派员考察了市内住户分布情形和旧有"街市"后，决定在全市设立新式公共市场24处，并提交1929年8月3日第一次市政会议上获得通过。24处公共市场的地点分别在：卖窝巷、四牌楼、观莲市、大北直、仓边市、状元桥、大东门、前鉴街、仓前街、东鬼基、宜民市、新桥市、青紫坊、宝华市、洪圣庙、恩宁市、梯云下街、三角市、北帝庙、河南太平坊、河南堑口、河南漱珠市、河南保和市、河南洪德三巷。② 鉴于财政紧张，市政府决定将四牌楼、大东门、前鉴街、青紫坊、宝华市、漱珠市、洪德三巷7处参照商办南益市场办法，先行招商承办。

然而《广州市工务之实施计划》出台后，新式公共市场一直无人承领。直到1931年12月5日，国民党美国总支部驻粤办事处的广东台山籍旅美侨商陈子桢等人在"奉古委员应芬再三谕嘱，以华侨在文明国家居留日久，习知海外市政规模。现在广州市政正待发展，惟关系市民福利最切之市场尚付阙如，应联合海外同志鸠集资本仿照外国市场办法投资承办全市市场，为市政臂助"③ 的情况下，经与已出任广州市市长仍兼工务局长的程天固多次磋商，最后以联合华侨公司（即联侨公司）名义与市政府订立条约，募集股本承办广州市全市24处公共市场，并于12月9日获市政府批准。

但程天固对陈子桢等人所提《建设广州市市场与市政府订批简

---

① 程天固编：《广州市工务之实施计划》，广州市工务局1930年版，第81页。
② 同上书，第82页。
③ 广东省政府：《驻美国总支部驻粤办事处陈子桢等呈请将市政府推翻承办广州市全市市场成案之令取消》（1933年6月12日），广州市档案馆藏档案，4—01—12—370，第103页。

约》(以下简称《简约》)①的内容并不完全同意,认为"该商所拟《建设广州市市场与市政府订批简约》内列第一条与第二条均尚欠妥",其余各条也有不尽合理的地方,故指示工务局袁梦鸿科长对其进行修正补充,要求随后"将修正简约随批抄发,仰该商即便遵照,迅速依约着手办理,并仰工务、卫生两局一并知照"②。于是,袁梦鸿在《简约》的基础上修订而成《拟承建广州市全市市场章程草案》(以下简称《草案》),其中最核心的两点,一是将收用地段"由政府代为收买"③改为"市政府收用地段款项须先由承商垫出,至批期满后该垫款由市政府照数归还与承商"④;二是将30年租期届满时"所有上盖物业由市府按时价估量物值全数收回"⑤改为"批期满后全市市场上盖建筑物无条件交与市政府"⑥。遗憾的是,至1932年1月程天固辞去广州市市长及工务局长职务时,由于时间太短,《草案》似乎并没有抄发到位。因为从现有档案资料来看,工务局、卫生局及陈子桢等人都并不知悉《草案》内容,故此后不论陈子桢还是工务局抑或新任市长刘纪文都是围绕《简约》进行新的交涉。

1932年4月,陈子桢等再次恳请市政府"令促绘定全市市场图则,请将应割铺户办法早日颁下俾便筹备"时,新任市长刘纪文曾批示"速办"⑦。然而此时的广州在陈济棠制定颁布《广东三年施政计

---

① 《建设广州市市场与市政府订批简约》,广州市档案馆馆藏档案,33—5—610,第1页。

② 广州市政府:《批据陈子桢为联合华侨集资组织公司筹建市场一案仰知照由》(1931年12月10日),广州市档案馆馆藏档案,33—5—610,第14页。

③ 《建设广州市市场与市政府订批简约》,广州市档案馆馆藏档案,33—5—610,第1页。

④ 广州市工务局:《拟承建广州市全市市场章程草案》(1931年12月),广州市档案馆馆藏档案,33—5—610。

⑤ 《建设广州市市场与市政府订批简约》,广州市档案馆馆藏档案,33—5—610,第1页。

⑥ 广州市工务局:《拟承建广州市全市市场草案》(1931年12月),广州市档案馆馆藏档案,33—5—610,第3页。

⑦ 广州市政府:《批据陈子桢状请令促绘定全市市场图则请将应割铺户办法早日颁下俾便筹备一案仰遵前批妥办具报由》(1932年4月19日),广州市档案馆馆藏档案,33—5—610,第45页。

划》后，开始了大规模的经济建设和市政建设，其地价飞涨，已有寸土寸金之势。此前因兴建公共市场拟收用房地的业主们认为政府出价太低，"贱买民房"①，因此"纷纷提起诉愿"②，请求变更市场位置，拒绝出让房地。市政府也认为地价上涨后，《简约》于市政府不利，遂以此前所定24处市场拟收用民房过多、位置未尽适合为由，令工务局会同土地、卫生、财政三局，重新勘定23处市场位置。1933年2月23日第五十一次市政会议首先确定了市内东、西、南、北、中部的前鉴、宝和、黄沙、德宣、仓前五个市场的位置。4月27日第五十五次市政会议上，四局又向市政会议提请审查洪德、漱珠、大东、堑口、太平、小北、大塘、小东、一德、丰宁、锦荣、聚龙、长寿、陈塘、北帝、惠福、逢源、鸿福18处市场地址，除惠福、逢源、鸿福3处市场尚需复勘另定外，其余15处市场位置均审查通过。③

1933年5月，市政府派陶科长与陈子桢等人面谈，口头转达了市政府的意见，要求联侨公司在建筑市场时每个市场的建筑费和地价不得超过6万元，30年期满后政府得以无条件收回等。随后市政府又以正式公函形式通知陈子桢等人："民国十八年八月市行政会议所决定本市市场地址多有未合，现经由设计委员会会同卫生、工务、财政、土地四局通盘筹划，重新测勘，另绘详图，提交市政会议议决通过在案。原案业已变更，从前所订统承简约自应另行拟订，藉符事实。现应以承办本市屠场合约原则为依据另订办法以期适当。该商如仍愿统承，仰于奉批后十日内来府订立新约，俟核定后再予给图兴筑。"④ 由于陈子桢等人并不知道前《草案》对《简约》已有修订，因此认为

---

① 李袁氏：《状为没收民产改建市场申请令行工务局迅将所定地点撤销另觅适宜场所以卫民生而维市政》（1932年7月4日），广州市档案馆藏档案，33—5—610，第124页。
② 广州市设计委员会：《分配市场地址计划书》（1932年11月28日），广州市档案馆馆藏档案，4—01—12—370，第87页。
③ 《市长提议据设计委员会呈报大东市场改择北横街内空地请公决案附广州市东西南北中五市场地图》，《广州市市政公报》1933年第451号，第14页。
④ 广东省政府：《驻美国总支部驻粤办事处陈子桢等呈请将市政府推翻承办广州市全市市场成案之令取消》（1933年6月12日），广州市档案馆藏档案，4—01—12—370，第104页。

市政府此举"不特违反契约，抑且公然推翻成案"①，而且依屠场合约原则订约，则租期仅为10年，势必影响公司利益。陈子桢与在粤相关华侨团体会议后，决定向最高机关陈诉，请求维持原案。如不能收效，再"将此事之经过公布欧美澳各洲及南洋各埠，请侨胞一致环恳"②。市政府则坚持认为"市场为公共建设，属行政范围，政府自可随时以命令处分"，况且市政府为慎重起见，曾"令饬该公司来府依照承办屠场合约原则另订新约办理，未将成案撤销，已于维持市政之中，兼寓顾念侨商之意"，而"该公司一则曰推翻合约别有用心，再则曰甘于违法有其理因，三则曰公布欧美一致环恳，似此事实不符，妄肆诋毁，信口雌黄，迹近要挟，殊属徒顾私私，罔知公益"③，故于6月24日将此案呈报广东省政府。广东省政府第六届委员会第二〇一次会议议决将该市场承领案撤销。

直到1936年7月刘纪文去职后，陈子桢等人继续上诉，认为政府"一面欢迎华侨回国投资振兴实业，复一面将华侨投资承办事业之成案推翻，出尔反尔"，使他们"无辜损失筹办费用八千二百余元"④，请求维持原案，"以利建设而安侨情"⑤。工务局回复："该商承办市场一案，前因该商不允订立新约，由广州市政府于二十二年六月呈奉广东省政府，达字第二〇〇一号指令核准撤销在案。现本局对于全市市场已在从（重）新计划整理中，所请应毋庸置议。"⑥ 至此，陈子桢承领全市市场案彻底告终。

---

① 广东省政府：《驻美国总支部驻粤办事处陈子桢等呈请将市政府推翻承办广州市全市市场成案之令取消》（1933年6月12日），广州市档案馆馆藏档案，4—01—12—370，第105页。

② 同上书，第106页。

③ 广州市政府：《呈报联侨公司承办广州市场案情形》（1933年6月24日），广州市档案馆馆藏档案，4—01—12—370，第119页。

④ 陈子桢：《成案推翻无辜损失恳予俯赐维持以利建设而安侨情事》（1936年11月6日），广州市档案馆馆藏档案，33—5—610，第151页。

⑤ 同上书，第150页。

⑥ 广州市工务局：《为成案被翻无辜损失恳予俯赐维持以利建设而安侨情事饬知应无庸置议由》（1936年12月18日），广州市档案馆馆藏档案，33—5—610，第161页。

二　程天固批准承领之原因

作为广州早期的市政建设专家、首任工务局长，程天固于1929年再任工务局长时曾雄心勃勃，计划在三年内次第完成广州10大市政工程，建设24处公共市场以改善市民生活环境即为其中之一。但由于种种原因，广州市公共市场的建设面临着巨大的困难。

首先，市场建设陷于困境，急需推进。早在1918年广州市政公所成立后，广州就建成第一座市营公共市场——禺山市场，并投入使用。禺山市场落成后，市政公所曾在市内指定属于公地的14处庙宇为改建市场之用，但一直没有落实。1923年孙科复任广州市市长后，为筹备大元帅大本营北伐的军费，市政公所时期指定改建市场的公有庙宇被变卖得所剩无几。为了建设市场，完善市政设施，财政局于1924年饬令当初投得仓边路光华庙、卖麻街太岁庙、濠畔街关帝庙、上下九甫洪圣庙、会仙街龙王庙、吉祥路武帝庙各业主不准将上述庙宇改作他用，只准将其改建为市场。三令五申之后，最终也只有会仙街龙王庙的业主将其建为南益市场。1928年市政府又决定在前鉴街、仓边街、第十甫、桨栏街、观莲街、河南南岸大街6处先行建立市营市场，结果只有观莲市场于1929年建成，且此市场属于商营而非市营。十年间，诺大的广州勉强建起3个公共市场，可见广州市公共市场建设急需有所推进。

其次，市场建设资金短缺，急需筹措。1929年程天固再任工务局长后所面临的最大困难是资金缺乏。当时市政府"所有收入，仅足以维持各局之经常费而已"[1]，根本不可能提供建设经费，工务局要完成市政建设工程，"唯一最重要的问题，是如何筹集建设经费"[2]。对此，程天固曾"深加考虑，作成财政预算"[3]。其中市内外马路修筑费用主要由路旁铺户业主分担，清理渠道费用由清濠公所的产业租息

---

[1] 程天固：《程天固回忆录》上册，龙文出版社1993年版，第163页。
[2] 同上书，第166页。
[3] 程天固：《三年后的广州》，《广州市市政公报》1929年第341号，第112页。

民国时期华侨投资国内公用事业的困境

支付，内港建筑费用由官商合筹或发行债券，珠江铁桥建筑费用由内港新地地价拨充，而"市场娱乐场等，用招商承办办法，无须经费"。所有这些工程一旦开工，"先成者所获利益，即以之供后成者开办之用"，"如此筹款，当无困难"。①结果两年多时间中，公共市场的承领一直无人问津。政府没有资金投入，公共市场建设计划成为无米之炊，急需招徕承领，筹措资金。

最后，市场建设遭承商集体抵制，急需破冰。程天固上任之时便了解到前任工务局长左元华为"全市建筑商人所抵制，一事不能举办"。公共市场建设也不例外，在政府缺乏建设资金的情况下，招商承办虽是最好的办法，但是与市政府的利益纠葛往往使承包商人集体抵制市场建设，要么不承领，要么承领后不动工。例如第十甫洪圣庙市场，从1924年到1929年的历次市场建设计划中都赫然在列，尽管政府多次督促其承商承业堂"从速兴建"，并声明"准再展限期两个月"，"仍不兴工建筑市场者"，"收回招商另投"②，但承业堂根本不予理会。1928年，承业堂向市政府提出兼领洪圣庙旁边之文昌庙一并建为市场，未获批准后便消极抵制，再也没有任何举动，建筑洪圣庙市场一事最终不了了之。

正因为如此，面对主动承领全市市场并应允"五年内次第建设完竣"③的联侨公司，急于想完成《广州市工务之实施计划》的程天固必然会抓住机会。尽管陈子桢所拟《简约》明显地于市政府不利，程天固还是先批准其承领，然后指示工务局进行修订完善。修订完善后的《草案》共有17条，它强调了市政府的权利，如：在政府财政紧张的情况下，提出由承商垫款收买地段且不付利息；规定因地价增值所带来的收益政府须得七成；将《简约》规定的期满后市场建筑物由政府估价收回改为无条件收回；未尽事宜由承商单方面呈请增改改为市政府与承商双方同意增改。另外，《草案》在给予承商一定优惠的

---

① 程天固：《三年后的广州》，《广州市市政公报》1929年第341号，第113页。
② 《建筑市场近闻》，《广州民国日报》1924年6月16日，第7版。
③ 《建设广州市市场与市政府订批简约》，广州市档案馆馆藏档案，33—5—610，第2页。

同时，也对承商作了一定的限制。如：准予承商免于纳租和缴饷，限制市场建筑费用以降低摊位租金，限制承商对商户租额的收取额度以体现政府对市场的监控。在确保签约双方互惠互利的情况下准许联侨公司承领全市市场，这应该是程天固在特定背景下对特殊情况的灵活处理，符合当时广州市政建设的大局。遗憾的是，程天固的辞职，使刚刚启动的全市市场建设很快陷入停顿，并最终被推翻。程天固对广州的市政建设投入了极大的热情，他晚年回忆说："我一生为公众和社会做事，以长工务局一职，为最兴奋而痛快。"① 不过，全市市场建设未能如愿完成不能不说是他在广州市政建设方面的一大缺憾。

三 刘纪文撤销承领之理由

刘纪文也是民国时期中西兼通的市政专家，1927年曾首任南京市市长，在市政建设和城市管理方面奠定了南京"中西合璧"式的现代化都市的基础。接任广州市市长后，刘纪文继续前任之市政建设，但对程天固批准的联侨公司市场承领案则很快予以否决，其理由主要有以下两方面。

第一，批准承领的手续不完备。刘纪文认为："该商在程任市长承办时，只根据该公司呈词，未交主管科股审核，亦未提交市政会议议决，始终未有呈报上级机关，该简约系片面批准并非双方互订。"② 就连工务局也称："在程任时期核准联侨公司陈子桢建筑全市市场一案，其批准及订约种种手续概由市政府办理，财政及工务两局并无存案。"③ 当时广州市市政方面的决策都要通过市政会议议决才能施行，而联侨公司承领市场一事只经程天固一人批准，其有效性必然受到质疑。这一点也正是广东省政府在1933年和1936年两次否定此案的主

---

① 程天固：《程天固回忆录》上册，第183页。
② 广州市工务局：《为答复事奉——业下陈子桢正副原状各为乙件关于该商状请为成案被翻无辜损失恳予俯赐维持以利建设而安侨情事等情》（1936年11月26日），广州市档案馆馆藏档案，33—5—610，第159页。
③ 广州市工务局：《为会同呈复事案奉》（1933年12月），广州市档案馆馆藏档案，4—01—1—47—2，第85页。

要理由。

第二,《简约》侵犯了市政府多项权利。刘纪文认为联侨公司与市政府订立的《简约》对市政府的权利多有侵犯。其中尤以第二条为甚,它使市政府完全处于被动:1. 承办期长至30年,期满后上盖地址市政府应以时价收回,而承办屠场成案只专利10年,上盖地址均承商构筑,期满后概归市政府所有,两相比较其权益相去甚远,政府设施不应有此异同。2. 地价以时增长,30年期满后地价之增当不可以数计,期满收回势不可能,是不啻市场永为个人垄断。3. 承办期满,代收地段由市政府以时价收回,如不收回则该公司继续办理,如不愿续办,上盖物业市政府应估计时值收回。续办与否其权操自商人,如果地价增长,承商反得要挟市政府。4.《简约》并未规定场租价额,难保不抬高租值,直接影响商贩生计,间接影响市民日用。①

事实上,《简约》对市政府权利侵犯的条款早在《草案》中已基本上得到了修正,只是陈子桢、刘纪文等人均不知情。而刘纪文基于对《简约》的认识,很快改变了对联侨公司承领全市市场的态度。首先令工务局另行选址,使建立在原有市场位置上的《简约》失去存在的基础。接着以陈子桢未按时与市政府重签新约为由,呈报广东省政府将原承领案撤销。随后又在1934年1月13日参照《招商承办屠场章程》出台了《广州市招商承办市场章程》(以下简称《章程》)二十条,并在第八十五次市政会议上议决通过。②

与程天固时期的《草案》比较,我们可以看出,新的《章程》只是内容更为细化,为防止日后纠纷,对双方权利义务的规定也更明确。如:市场营业分类之"鸡鸭类"细化为"鸡鸭鹅及其他鸟肉类";承商所缴地租"按照地价以五厘周息计算";承商建筑市场时,"由工务局派员监理工程",以保证工程质量;多层楼面的市场其平面每华井建筑费可不受1000元限制;明确规定市场卫生费和管理费每

---

① 广州市政府:《批示所请维持承办广州全市市场成案一节应毋庸议由》(1936年11月9日),广州市档案馆藏档案,4—01—12—370,第133页。

② 《广州市市政府招商承办全市市场章程》(1934年1月13日),广州市档案馆藏档案,33—5—475,第16页。

月 30 元由承商负担，电灯和自来水费由摊位分别负担，场主统一代收。此外，《章程》还将租期由 30 年改为 20 年，市场承建完工时间由五年改为一年，逾期将另行招投，这既反映了市政府对市场建设的急迫性，也表明了市政府对市场建设的主动权；承商所收摊位租额由不得超过市场建筑费及地价的千分之十五增加到千分之二十，体现了市政府对承商的投资优惠。而《章程》与《草案》最大的区别在于将独家承办全市市场改为市政府直接经营和众商承办两种形式，以防止对市场的垄断。正如刘纪文在提议审查《广州市招商承办市场章程》时指出的"承办市场似非一人可将全市市场投承，势必分商承办"[①]，这才是他撤销联侨公司承领案的真正原因。

四　结语

从晚清时期的洋务运动开始，清政府就颁布奖励政策，吸引华侨回国投资，以利国家建设，以后的政府莫不如此。1929 年 2 月 27 日南京国民政府还专门出台了《华侨回国兴办实业奖励法》[②]，以国家法律的形式鼓励华侨回国投资并保障华侨回国投资的权益。这说明政府在认识上高度重视华侨回国投资对国家建设的作用，但在实际操作时往往又不能依法行事，联侨公司承领广州全市市场一案就是典型的例子。

在联侨公司承领广州市场一案中，虽然两任市长的处理都是从促进广州市政建设的角度出发的，但遇事总以"维持市政"为由，在没有任何法律依据的情况下，一纸公文就决定承商的命运。且市长拥有绝对的行政主导权，市行政会议的意见实际上就是市长的意见。如程天固批准由联侨公司承建全市市场，不经任何手续，自己就代表市政府做了决定；同样的，刘纪文认为《简约》有损市政府利益，轻而易举就推翻其成案。使陈子桢等人认为"已订之合约尚可以推翻，充其

[①] 广州市政府：《市长提议据参事室审查卫生、工务、财政三局会同拟议招商承办市场章程请公决案》（1934 年 1 月 16 日），广州市档案馆馆藏档案，33—5—475，第 54 页。

[②] 蔡鸿源主编：《民国法规集成》第 44 册，黄山书社 1999 年版，第 132 页。

极言之则投资之后又何难全部股东予以没收"①，政府出尔反尔，自失信用。至于双方争执的期满后产业归属问题，早在1929年12月21日政府公布的相关条例中已有规定："民营公用事业，满30年后，监督机关得备价收归公营"②，而《草案》和《章程》都要求期满后由市政府无条件收回，显然有违法理，这也成为陈子桢等人坚持《简约》的理由。另外，程天固任广州市市长仅半年余，在批准联侨公司承领全市市场后，双方的实质性交涉尚未完毕即离任，袁梦鸿经手修订的《草案》17条既不为后任刘纪文所知，也不为陈子桢等人所晓。而刘纪文继任后，陈子桢等人多次呈催，"历时年余，迄无只字批答"③，因此陈子桢等人在不了解政府意图的情况下仍以《简约》为基础向海内外华侨募集资本数十万元，最后不仅"利息及筹办经费两项论已损失不少"，且"一旦推翻成案，海内外股东责备固不待言，而经手筹办诸人因此一条而信用扫地，此中苦痛情何以堪"④，难怪陈子桢等人坚持原议不愿放弃。

广东作为侨乡，若能因势利导创造良好的投资环境，吸引华侨投资公用事业，广州的市政建设必大有改观。然而，由于主政者法律意识不强，加之民国时期广州政局动荡，派系斗争严重，以致人事变动过速，政府政策缺乏连续性。其结果不仅损害了侨商们的利益，挫伤了华侨回国投资的积极性，直接影响了广州公用事业的发展，间接影响了政府的信义。从1929年底建设全市市场计划提出到1949年广州解放，全市仅增加了河南的漱珠市场、东山的梅花村市场和东华市场，且后两个市场的规模都很小。这说明整个民国时期，直接关乎民生的新式公共市场在广州一直没有得到很好的发展。陈子桢当年在诉

---

① 广东省政府：《驻美国总支部驻粤办事处陈子桢等呈请将市政府推翻承办广州市全市市场成案之令取消》（1933年6月12日），广州市档案馆馆藏档案，4—01—12—370，第105页。

② 林金枝、庄为玑编：《近代华侨投资国内企业史资料选辑》（广东卷），第169页。

③ 广东省政府：《驻美国总支部驻粤办事处陈子桢等呈请将市政府推翻承办广州市全市市场成案之令取消》（1933年6月12日），广州市档案馆馆藏档案，4—01—12—370，第104页。

④ 同上书，第105页。

状中说:"华侨等前处于淫威贪污之下忍气吞声于兹三年,而关系市民福利最切之市场依然无所设置,此岂唯华侨等之损失?"[①] 此话引人深思。公共市场属于公用事业,具有社会公用性质,本应由政府投资兴办普惠大众,但在政府财力不足的情况下只能依靠商办。然而商人必然会追求利益的最大化,这又势必与大众利益产生矛盾。如何解决矛盾获得双赢,当是政府应当慎重考虑的。

(原载《东南亚研究》2012年第1期)

[①] 陈子桢:《成案推翻无辜损失恳予俯赐维持以利建设而安侨情事》(1936年11月6日),广州市档案馆馆藏档案,33—5—610,第151页。

浅析清末民初珠江三角洲自梳女的婚姻观

　　自梳女是清末民初珠江三角洲地区的一个独特的女性群体，她们因种种原因不愿出嫁或因故不能成婚，于是在"始笄"年龄自行"梳起"，表示终身不嫁。此风俗开始流行于明代，至清末民初尤甚，主要分布在缫丝业发达的顺德、番禺、南海、中山等地。自梳女是一个没有婚姻生活的特殊女性群体，但这并不意味着她们没有婚姻观念。也正是在她们独特的婚姻观念影响下，才使得这群女性选择了不要婚姻的生活。本文即是在前人对自梳女的起源、自梳仪式、生活方式等有一定研究的基础上，试对自梳女的婚姻观念略作探讨。

一　朦胧的自主观

　　在中国传统社会中，婚姻的目的是"合两姓之好，上以事宗庙，而下以继后世"。显然，婚姻是家族的事而不是个人的事，因此婚姻的主宰权不在男女当事人，而在"父母之命，媒妁之言"。在这种盲婚哑嫁的包办婚姻中，女性处于更加被动的地位。在封建礼教的束缚下，她们被要求"在家从父，出嫁从夫，夫死从子"，"嫁鸡随鸡，嫁狗随狗"，即使在悍姑恶夫的家庭受虐待也只能忍气吞声俯首听命。流行于广东的一首儿歌，"鸡公仔，尾弯弯，做人媳妇甚艰难"就道出了为人媳为人妇的辛酸。不仅如此，珠江三角洲一带旧时婚礼多野蛮，对待新娘"其情状恍若囚犯之行刑"[①]，"新娘多有不胜其苦，而

[①] 胡朴安编著：《中华全国风俗志》下册，河北人民出版社1986年版，第391页。

当堂痛哭者"①，使一些未婚女子视结婚为畏途。加之普遍存在于珠江三角洲地区的乡村"女间"（或称"女屋""女仔屋"）和"姑婆屋"等场所有关贞洁、独身、自主的话题对经常聚集于此的少女们无异于精神洗礼，使她们逐渐形成了自主不婚的意识，"诚恐一经出嫁，则事事须受夫婿缚束"②，故在适婚年龄自愿"梳起"不嫁，以求无拘无束，"自由自在"。

从某种意义上说，自梳女是从传统婚姻的桎梏中成功解脱出来的女性。但是与近代城市知识女性争取男女平等、恋爱自由、婚姻自主的新型婚恋观相比，自梳女对婚姻自主的意识还处于朦胧阶段，远不够成熟。20世纪初，在资产阶级民主革命思想的影响下，一批女留学生开始以实际行动向传统婚姻发起冲击。民国以后，随着政治制度的改变、女界团体的支持和社会舆论的倡导，城市知识女性在争取婚姻自主权的同时，还大胆地追求浪漫的爱情。而与此同时的自梳女，尽管在经济上的独立甚至支柱地位使她们有能力摆脱旧式婚姻，但她们毕竟没有接受过新式教育，自身智识不足，乡村环境保守，因此她们不可能向当时的婚姻制度及其合法性提出挑战，公开争取婚姻中的男女平等。

然而，相当一部分自梳女虽然在年轻时"手快眼快，工作不愁没有做，在精神上也有姊妹结手帕来交来安慰，倒算八分写意"③，但"到了中年，经历了许多磨折，懂得世情的冷暖，就产生自怨自艾心理，往往暗自饮泣"④，到晚年则十分凄惨，有的出洋为佣者"辛苦几十年，受尽寄人篱下之苦。人到老年，精力已衰，许多连回乡的旅费也挣不到，沦为异域之鬼"⑤。入厂缫丝者，如在年轻时拼命积攒了一点血汗钱的，当人老眼花不能继续做工时，尚可有"姑婆屋"栖

---

① 徐珂编撰：《清稗类钞》第5册，中华书局1984年版，总第2003页。
② 《自梳女减价平沽》，《越华报》1934年11月5日，第1版。
③ 神龙：《自梳风气日减的原因》，《越华报》1934年1月28日，第1版。
④ 关祥：《南海自梳女琐记》，政协南海县委员会文史组编《南海文史资料》第6辑（内部资料），1985年印行，第82页。
⑤ 黄学礼：《顺德均安冰玉堂》，中国人民政治协商会议广东省顺德县委员会文史资料研究组编《顺德文史》第2期（内部资料），1983年印行，第50页。

浅析清末民初珠江三角洲自梳女的婚姻观

身,否则连立足之地亦无。1934年1月18日的《越华报》就刊登了一则年老自梳女投弟寄食遭受欺凌而投江自杀未遂的报道。到30年代初,由于蚕丝业急剧衰落,大批自梳女失业,生活无着,故"纷纷寄身媒家,急于求婿"①,"或藉佣工妍汉以谋下半世温饱"②。由此可见,自梳女们在朦胧的自主意识下采取的"自梳"形式,虽使她们获得了不婚的自由,但并没有彻底改变她们的命运,使她们获得人生的幸福。

不仅如此,一些自梳女在冲破旧式婚姻桎梏,争得自由之后,为了自己的生计却把别的女性推入畸形婚姻的火坑。比如:她们迎合当时广东社会盛行娶妾蓄婢的风气,参与"捻妹花"的勾当,即收养一些相貌端庄美丽的贫家幼女,加以精心培育,"俟其年长,即售与人为妾"③。这说明自梳女并没有认识到畸形婚姻的社会危害,更没有树立起男女平等、争取女性群体自由解放的意识。

二 极端的贞操观

中国封建社会男女不平等还表现在,男人可以烟花柳巷、三妻四妾,而对女性则要求"从一而终",不改嫁不失身,所谓"贞女不更二夫","饿死事小,失节事大"。这种针对女性的片面贞操观至清末民初仍没有多少改变。相反,通过官方对节妇烈女的旌表、树立贞节牌坊等形式,使女性守贞观念得到进一步推崇。1914年北京政府颁布的《褒扬条例》还将"妇女节烈贞操可以风世者"与"著述书籍,制造器用,于学术技艺或发明或改良之功者"④列为同等褒扬行谊。各地报请内务部褒扬的节妇烈女不计其数。以广东顺德为例,晚清受旌表且旌年可考者,咸丰朝18人,同治朝82人,光绪朝128人;旌年失考者89人;未旌而请旌者947人。⑤与整个社会对女性贞操的过

---

① 《群声报》1935年8月3日,第3版。
② 《丝业衰落与自梳女》,《现象报》1934年4月10日,第6版。
③ 徐珂编撰:《清稗类钞》第11册,中华书局1986年版,总第5289页。
④ 胡适:《贞操问题》,《新青年》1918年第5期,第1页。
⑤ 顺德市地方志办公室:《顺德县志》,中山大学出版社1993年版,第1154—1175页。

分强调相比，自梳女更是将其推向了一个极端。

自梳女自梳不嫁，故不存在"更二夫"的问题，未嫁之女不随意以身相许也符合基本的道德规范，但自梳女因听闻女性遭受男子凌辱之事而产生的性恐惧被无限放大，她们普遍地敌视男子，痛恨男女之间的关系，视生理之"性"为洪水猛兽，不仅认为成熟少女"怀春之饥可使人羞愤而死"①，即使男女婚后正常的两性生活也是不洁罪行，因此，她们"以嫁为人间最羞辱之事"②。正是在这种扭曲的性意识下，自梳女不仅自行"梳起"相约不嫁，而且稍有变故即遭同辈相伐或自己以死相抗。民国时期此类新闻屡载于报章，如广东顺德县容奇、桂洲等乡的自梳女组织——盘髻党规定：党员中如有"由父母将其遣嫁者，驱逐出党，并施以严厉惩戒"③；又如顺德一名私下自梳女因得知母亲为之定亲，就"决意寻死，在郊外鱼塘投水自尽"④；再如番禺某乡十二位女子"因父母逼嫁太过"，在所赁之"娘子屋"集体服毒自尽，死时"各女子皆面色如灰，均气绝多时犹能彼此拖连其手握紧不放"⑤。

此外，为守护贞操，一些本欲自梳或私下自梳但迫于父母之命出嫁者，"临嫁时必由先辈姊妹，教以应付之法，并由'金兰姊妹'特制一套防御衣服给其穿着。这种衣服用厚布制成，上下衣相连，穿在身上以后，由'金兰姊妹'用麻线将所有夹口处密密缝固，务使新郎无法扯开"⑥。且"及归宁后，其兰友必亲自相验，若其束缚之物稍有移动，是为失节，群皆耻之，其女必受辱不堪"⑦。还有一些女子在出嫁之时身藏剪刀利刃等器物，以抵制新郎强行同房。更有甚者，流

---

① 马景云：《广东顺德女子之生活习俗》，《申报月刊》第4卷第7号，申报馆《申报月刊》社1935年版，第224页。
② 胡朴安编著：《中华全国风俗志》下册，第383页。
③ 《顺德一自梳女子组织盘髻党》，《香港工商日报》1933年8月1日。
④ 《顺德女子之恶习》，《华国报》1914年6月4日，第6版。
⑤ 《十二女子自杀之奇闻》，《大公报》（天津）1917年1月17日，第9版。
⑥ 陈通曾、黎思复、邹庆时：《自梳女与不落家》，中国人民政治协商会议广东省委员会文史资料研究委员会编《广东文史资料》第12辑，广东人民出版社1964年版，第176页。
⑦ 胡朴安编著：《中华全国风俗志》下册，第383页。

浅析清末民初珠江三角洲自梳女的婚姻观

传于顺德一带的迷夫教,还教授新娘在新婚之夜施以巫术,致新郎癫狂、罹病或死亡,以保自己处女之身。①

　　成年男女对异性的向往本是人之常情,但是由于自梳女扭曲的性观念抑制了这种常情,使她们正常的异性之爱转变成为一种变态的同性之恋。自梳女中常有相好之二人结成形如夫妻的"金兰契",或曰"契相知","此后坐卧起居,无不形影相随……契约既经成立,或有异志,即以为背约,必兴娘子军为问罪之师,常备殴辱,几成一种习惯法"②。1933年广州就有一名叫阿群的自梳女"与同侣谭妙兰结识,订为金兰,姊妹缱绻情深,讵阿群近又与异姓交游,置妙兰于脑后,妙兰怒不可遏",遂率自梳姊妹前往问罪,与阿群撕打,"大有你死我活之概"③。自梳女的这种做法从侧面说明她们在极端贞操观压抑下精神上的孤独与空虚,她们的做法在男权社会为女性限定的所谓贞操范围内给自己更增加了一层禁锢。

三　特殊的家庭观

　　自梳女是终身不嫁的特殊女性,她们无法像其他正常结婚生子的女性一样有自己的家庭载体来实现她们妻子和母亲的角色。但自梳女一般都具有较浓厚的孝悌观念和较强的顾家意识,尤其是那些因为帮助父母劳作"养家"而耽误了自己的结婚年龄,或因碍着当地"阻头不便跨头不祥"风俗,怕耽误弟弟结婚从而选择"自梳"者。她们不仅为家庭牺牲了个人的幸福,而且终身为娘家操劳付出。她们或是下南洋打"住家工",或是进丝厂当女工,或是到富家做妈姐,常"将自己的血汗钱帮补父母、兄弟子侄"④,其收入成为娘家经济来源的重要部分。"特别遇到水旱天灾,农业歉收时,无论家庭开支、地租交纳,都要靠她们来支持",甚至"父母的丧葬、兄弟的婚礼、子

---

① 《骇人听闻之顺德迷夫教》,《新国华报》1924年11月15日,第7页。
② 胡朴安编著:《中华全国风俗志》下册,第389—390页。
③ 《自梳女之怪举动》,《现象报》1933年11月24日。
④ 黄学礼:《顺德均安冰玉堂》,中国人民政治协商会议广东省顺德县委员会文史资料研究组编《顺德文史》第2期(内部资料),第49页。

侄的供养，还要依赖她出钱出力"①。这些自梳女在娘家地位的高低，大多与其经济贡献的大小有关。当她们年轻力壮大把挣钱时，作为家庭经济支柱，她们一般都有较高的地位，有时父母也得稍让几分；但当她们年老体衰又无甚积蓄时，就难免会遭到兄弟子侄的冷落与白眼。还有一些自梳女是因为母亲体弱多病或早丧，作为长女须辅助父亲抚养年幼弟妹从而耽误了自己的青春年华。这些自梳女一般都代替母亲角色，与弟妹间除有天然的手足之情外，还兼有"母子"间的养育之恩，她们在家庭中的地位是靠辛劳和感情决定的，因而相对稳定。此外，在中山一带还有一些大家庭习惯以老姑太当家，即在家庭中选一能干之女"梳起"不嫁，作为内当家掌管家政和财产，称为"当家姑婆"，世代相传。这种自梳女终身经营与守护着娘家，在这个大家庭中拥有绝对的权力与地位。

尽管绝大多数自梳女为娘家无私地奉献了自己的一生，但是她们却无法真正属于这个家庭，因为按照当地的风俗，未婚女子不能老死家中，死后也不能安葬在家族的坟地内。所以许多自梳女在"自梳"以后都"三五人一起凑钱买姑婆屋"，结成特殊的大家庭，以便年老多病时相互照顾，以了终身。一些自梳女害怕自己死后成为孤魂野鬼无人祭祀，便花钱"买门口"，即嫁给一死人，做死者名义上的妻子，并与"婆家"保持一定的联系，以便死后有葬身之地，有祭祀之人。还有的自梳女组成"金兰契"形式的同性恋家庭后，再选择年轻的自梳女做"嗣女"，"后其嗣女复结一金兰契，若媳妇然"②。在这个没有血缘关系的特殊家庭中，"嗣女"对"亲娘"负有生养死葬的责任和义务，同时有权利继承"亲娘"一定的财产，并一代一代地传下去。"亲娘"对于"嗣女"仍可以"父为子纲"来约束，形成严格的上下尊卑关系，但没有重男轻女、嫡庶有别的现象，也不存在所谓"夫为妻纲"的道德规范。维系家庭各成员的纽带主要是遗产而不是亲情，因此也就没有更多的家庭天伦之乐可言。

---

① 梁应沅、罗永安：《顺德"自梳"风气的兴替》，中国人民政治协商会议广东省顺德县委员会文史资料研究组编《顺德文史》第8期（内部资料），1986年印行，第66页。
② 胡朴安编著：《中华全国风俗志》下册，第390页。

综上所述，我们可以看到自梳女的婚姻观是一种在特定历史条件下形成的不成熟的新旧杂糅的畸形婚姻观念。她们以"自梳"不嫁的方式来逃避千百年来封建礼教下的盲婚哑嫁，这种"自梳"方式体现了自梳女一定程度上的自我觉醒和对古代中国女性"嫁鸡随鸡，嫁狗随狗"的宿命论婚姻观的挑战。但是这种觉醒还远没有形成不同于传统不平等婚姻观念的自由的婚姻价值观念，与近代知识女性要求恋爱自由、结婚自由、离婚自由的文明的婚姻观念还有很大的差距。

（原载《贵州社会科学》2009年第10期）

清末民初媒体对女性职业的认知

近代以降，社会剧变，新旧交替。受时代变革的影响，部分女性走出家门，开始从事各种社会职业，成为近代中国社会变迁的重要现象。鉴于清末民国时期报刊对于当时社会的深刻影响，透视这种媒体对于女性职业问题的认知情势与引导趋向，有助于我们进一步理解当时社会的时代环境与历史特性。

目前学界对于近代中国女性职业问题探讨颇多，但是以报刊为切入视角者多局限于一报一刊的纵向解读，少有系统的横向剖析。因此，本文在综合前人研究的基础上，拟将清末民初女性期刊对女性职业问题的论说作为中心史料，从报刊舆论的层面窥探近代中国女性职业问题的变化脉络，找寻媒体因素在近代中国女性职业发展中的特殊意义。

一 以家门为界限的职业划分

关于职业的概念，学界历来有多种说法，如：美国社会学家赛尔兹认为，职业是人们为了取得收入而从事的具有市场价值的特殊活动；日本劳动问题专家保谷六郎则解释为人们为了生活需要而发挥个人才能向社会做贡献的连续活动；胡适更高度概括为"得报酬的工作"[1]。总体而言，职业应当具备两个基本要素，一是有报酬，一是社会化。借鉴劳动性别分工中"公共领域与私人领域"的相关阐释，这

---

[1] 胡适：《美国的妇人》，杜春和等编《胡适演讲录》，河北人民出版社1999年版，第393页。

种社会化的界限，其实就是与家门之内的私人领域相对应的家门之外的公共领域。

然而在数千年的中国文化传统中，"男主外，女主内"的观念不仅深入人心，更成为人们的一种生活常态。传统社会中所谓的女性职业，被牢牢地与"母""妻"职位和"主中馈"的家庭角色绑定在一起，操持家务，养育子女，同时从事一些桑蚕、纺织等家庭劳动，很少能够超脱私人领域的桎梏。直到民国初年，大多数国人仍认为"女子之天职，趋重于家庭，而不趋重于社会，社会上恒托男子之代理，家庭中则维女子所掌管"①，家门界限似乎将近代中国的女性职业与公共领域截然分割开来。虽然也有人认为中国女性"从事桑蚕，经营家政，既有一定之事务，亦得为一种职业"，并且"中国女子之主持家政，俾男子安心经营，未始非间接生利之道也"②。但传统中国女性性别职业的刻板印象，依旧在当时的媒体中占据着一席之地，并贯穿于整个清末民初时期。

不过，由于近代社会的变迁，特别是新型生产关系的产生与西方男女平权观念的传入，部分女性开始走出家门步入社会，在公共领域承担起一定的社会职责。由此而引发的关于女性职业的舆论，也出现了一些不同于传统的声音。如：中国女性"因缠足故，毕生械梏，除缝洗纺绩、料理中馈外，别无能事，不遑自给，乃人人仰给于丈夫，生计日蹙，造成此拱手坐食之象"③；中国"女子二万万，全属分利，而无一生利者"④。女性"少则待食于其父，长则待食于其夫，老则待食于其子"⑤。在这些媒体舆论中，中国传统社会中经典的女性职业形象被否定，女性在家门之内的"职业"活动因无法生利而被认为"无业"，女性职业开始与传统社会"主中馈"的家政服务分隔开来。

同时，随着近代中国女性报刊业发展高潮的到来，清末民初的女

---

① 王三：《妇女之天职》，《妇女杂志》1915年第2期，论说第3页。
② 钱智修：《女子职业问题》，《东方杂志》1911年第9期，第6页。
③ 秦百里：《记天足会演说事》，《万国公报》1905年第193期，第21页。
④ 梁启超：《论学校六（变法通议三之六）女学》，《时务报》1897年第23期，第1页。
⑤ 亚特：《论铸造国民母》，《女子世界》1904年第7期，论说第6页。

性刊物在论说女性职业时,开始将其视作一种失却的权利而提出来,并且与女性独立密切地联系,认为女性"无权利故不能营业,不能营业故依赖而无独立性,依赖无独立性故分利不能生利,公私内外交受其害"①。她们清楚地意识到"经济不独立,是妇女地位——人格——低落的原因,是妇女被压制的原因"②,因此积极地提倡女性应争取经济自立,摆脱对男子的依附。

相对于中国传统的女性职业,19世纪中期开始出现的女工、女教师、女医生、女护士等新兴女性职业在清末民初也成为媒体关注的焦点。一些精英人物还常常作为这一时期《妇女时报》《妇女杂志》等女性刊物中的插画人物而出现,如:广东省议会女代议士医学博士程立卿、上海竞雄女学校校长徐自华以及张竹君、俞树萱、胡彬夏、张昭汉、林宗素、郑素伊等人。所有这些,不仅生动地展现了一群现代女性的职业视觉形象,更是将其树立成为一种女性职业的典范。媒体所选择的这些女性大多突破了家门以内传统私人领域的职业范畴,活跃在家门以外的公共领域,其担当的"新"职业,正是当时媒体对于传统意义上只能"坐食分利"的中国女性的一种职业引导。

清末民初是一个新旧杂糅的过渡时期,因此,此时的媒体一方面在以家门为界限划分女性职业,试图引导女性走出家门,进入公共领域去从事近代新型女性职业,以谋经济的独立和人格的独立。但另一方面,在对中国女性所从事的职业进行认定时却又模糊了家门界限。若将视角锁定在民国初期女性职业教育的相关报道上,我们可以从中看到,当时的女性职业教育其目的或是在于"使中流以下妇女,皆可自营职业,合力谋生"③,或是期望"俾娴于家事手工,各赡其身家而有余"④,因此"所立工程,先分四门,编物、造花、刺绣、裁缝,以各物皆适妇人之用"⑤,这些科目显然是属于家门以内的传统女性职

---

① 金天翮:《女界钟》,上海古籍出版社2003年版,第51页。
② Y. P.:《家庭服务与经济独立》,《妇女杂志》1920年第5期,社论第1页。
③ 《创设妇女职业学校》,《直隶教育杂志》1907年丁未卷,第98页。
④ 黄炎培:《江苏今后五年间教育计划书》,《江苏教育行政月报》1913年第1期,第7页。
⑤ 《妇女职业学校》,《四川学报》1907年第6期,第2页。

业范畴。因为当时"我国女工初创,则宜先择其性近者先为之"①。当时的《妇女时报》《妇女杂志》《妇女鉴》等女性期刊还通过征文和实地调查的形式,发表了一系列以"各地女性职业"为主题的介绍性文章,文章所列的女性职业如下表所示:

表1　　　　　　　　　　各地女性职业

地区	女性职业类别
嘉定	机织、耕作、造履、轧花、针绣
浦东	纺织、烹饪、刺绣、农作、医生、教师、女巫、产婆
安徽	茶叶、织麻、刺绣
南通	织布、造履、结纱、带乳、养蚕、织毛巾、刺绣、结缏仗、织缏须
无锡	解布(纺织)
苏州	割灯草、纺织
闽南	耕田、渔业、杂役、女巫、刺绣、纺织、杂业
宁波	刺绣、美术、手工、纺织、农艺、婢仆、杂项
天门	纺织、针业、手工、机器工作、农业、商业、技术
桐乡	织绸、织布、洗衣、裁缝、做袜底、制冥锭、绣花、调丝、养蚕、种烟、树艺、耕作、乳佣、保姆佣、厨佣、房佣、梳头佣
晋江	农林、渔业、工业、雇佣、苦力、杂艺

资料来源:根据1911—1916年《妇女时报》《妇女杂志》《妇女鉴》等刊物"女性职业调查"等文整理而成。

这些文章的时间跨度从1911年到1916年,涉及范围主要是江南地区。所有文章详尽地将当时当地女性所从事的各种具备一定经济内涵的劳作都囊括进来,并进行了一定的分类,大多还列出女性在劳作之中所获工资之多少。综合这些媒体对于当时中国女性职业的实地调查,我们不难发现,即便是风气早开的江南地区,女性所从事的职业,其实仍以家门以内传统的辅助性农业和家庭手工业为主,甚至包括女巫之类的职业,而较少涉及教师、医生、工厂女工等具备近代化

---

① 视遥:《女子职业论》,《民谊》1913年第7期,第82页。

性质的社会领域的新职业。究其原因，一方面与"女子者有主持家政抚育子女之责，其不能抛撇家庭，另谋生活"①的传统观念密切相关；另一方面客观上由于清末民初女学初兴，新型女性职业本身尚不发达，除了属于体力劳动的女工之外，少数知识女性所能涉足的仅限于初中级教育、医疗、新闻等职业领域，且从业女性极少，又基本都在通商大埠，而广大的乡村和城镇依旧是几千年遗传下来的传统职业。难怪时人将凡是可以获取一定报酬或所谓"实利"的家内劳作都归为女性职业。不过论者也意识到如果传统女性"所操之业，泥旧而不出新，则时时有淘汰之惧也"②。

清末民初，中国社会在由戊戌维新趋向辛亥革命的前进历程中，近代化程度不断加深，新思想、新事物不断涌现。对于近代女性职业这一新事物，当时的媒体开始予以关注，并且参照西方的标准对于家门内外的女性职业进行反思，无论对于传统女性职业肯定或否定，抑或是对于新型女性职业的向往和欣羡，其实大都是在围绕着家门界线不断地进行重新界定。同时，传统观念的承袭与现实社会中女性职业的不发达又极大地制约了当时媒体对于女性职业的认识深度与广度，从而影响了媒体对新事物的认知体系与引导倾向。

二 以西方为蓝本的职业典范

中国近代报刊的出现，在很大程度上是受外来因素的影响所致，因此早期的报刊在内容上也多有外国的新闻报道、时政评议及社会风俗民情的介绍等。清末民初，随着西方女性职业的发展，国内报刊登载了大量以西方女性职业或是女性职业教育为主题的报道和文章，涉及的国家主要有美国、英国、日本、德国、菲律宾等，其中半数文章论及美国。根据美国1900年的统计显示，美国16岁以上女性总数为23485529人，"其内有职业者有4833630人，居全数五分之一"③。

---

① 程曾沂：《南通县女子职业谈》，《妇女时报》1912年第7期，第54页。
② 秦蕙蓉：《嘉定女子职业谈》，《妇女时报》1911年第3期，第39页。
③ 胡彬夏：《复杨君白民论美国女子职业书》，《教育杂志》1909年第6期，第19页。

1908年增至"五百五十万人,其中从事农业者一百万人,充家庭中役使者二百万人,服役于工场者,一百五十万人,以技艺为生者,五十万人,受雇于商业及运送事业者,五十万人"①。到第一次世界大战后,"美国妇女之从事于职业而获厚利者,不下千二百万人",尽管如此,"然犹不及英德法诸国平日之众"②。英国在1891年有职业妇女500万人,1901年为530万,1911年为590万,1916年猛增至700万人。③ 综观当时西方国家女性从事职业者所占全国女性人数比,"北美合众国比全国女子之数仅一割四分三厘,次和[荷]兰及瑞典,次德国,二割五分,次英国,二割七分,而意大利则四割,澳[奥]地利则四割七分"④。所有这些数据不仅直观地反映了西方女性职业的发展状况,而且还成为媒体"女子之从事职业者多,可为文明进步之征"⑤观点的有力论据,帮助国人认识到女性职业的发展与文明进步的程度密切相关。

从清末民初媒体介绍的西方女性所执职业的种类来看,虽然也有"农业""园艺""家事"等类似于中国传统女性职业的内容,但更多的则是因工业发达、社会分工细化而出现的新型职业。辛亥革命前夕,创刊不久的《教育杂志》曾对美国和英国的女性职业做过调查。在美国,百年前的"女子大都事纺织",而一百年后"美国女子职业门类甚繁","其所当职业,实不胜枚举",如教师、作家、音乐家、美术家、机器工人、银行职员、电话局职员、售货员、文员、医生护士等,"此外尚有开旅馆者、演戏者、印刷书报者、抄录书信者、看管藏书楼者、为人雇佣者诸类"⑥。在英国,除了军人、僧侣、辩护士及钢铁制造业外,女性几乎涉足所有职业,"数凡三百三十九种"⑦,

---

① 《美国女子之职业》,《通问报》1908年总第314期,第7页。
② 静庵:《欧洲大战后之妇女职业问题》,《新中国》1919年第1期,第254页。
③ [英]李乔沙:《欧战中之妇女职业及战后之问题》,刘麟生译,《妇女杂志》1917年第7期,记述门第11页。
④ 《列国之职业别》,《新民丛报》1903年第38—39期,第217页。
⑤ 同上。
⑥ 胡彬夏:《复杨君白民论美国女子职业书》,《教育杂志》1909年第6期,第19页。
⑦ 《英国女子职业教育》,《教育杂志》1910年第7期,第51页。

调查报告中列举了医疗业、印刷业、食品制造业、宝石业、钟表及科学机械师、陶磁（瓷）器制造业、图书馆、制冠服、烹饪业、家庭事业、官公吏、建筑业、纺织业、律师、文员、商业、应用化学制造业等。第一次世界大战期间，由于欧美参战国的"男儿皆荷戈前驱，效死疆场，而百端待举，乃惟女子是赖"[1]，女性职业因此而发达，就连"向固无妇女插足地步"[2] 的冶金、化学等行业也有数十万女性参与。媒体对于"欧美女子为农、为工、为商、为士，为官署之文案，为报馆之记者，为学堂之教员，为医院之医生，且其入红十字会者皆亲历枪林弹雨之间，而伤兵病卒之治疗看护为其专责"[3] 等女性职业形象的介绍与中国传统女性的职业形象形成了鲜明的对比，不仅令国人大开眼界，更使"吾全国女子得以知所鉴焉"[4]，成为中国女性所学习借鉴的典范，在一定程度上引导着中国女性职业的发展。

当时的报刊不仅对西方女性的职业情况进行了较为详细的介绍，还对中西女性职业差异等问题进行了较为深入的探讨。1906年《教育世界》刊登了一篇题为《美国女子职业教育之一斑》的文章，详尽地介绍了美国最早的女子职业学校——曼赫丹的情况，"以示模范"[5]，还特别强调应学习其设置科目因地制宜的做法。1910年留美学生胡彬夏在《美国女士职业新调查》一文中分析了美国女性职业发达的原因，主要是由于"美国女子之教育与男子之教育相差甚微"，同时对比了当时中美提倡女性职业教育的不同目的：美国是因为"工艺大盛，物尽为机器所制造，一恐小民之生活为豪富所吞没，一欲提倡手工艺以补机器所不足"，而中国则"欲使素来无业之女子，知所以自立自养之道，以补救生计之支绌"[6]。鉴于中国与西方国家经济发展和教育发达程度有所差异，故有人认为现阶段的中国女性"从事桑

---

[1] ［英］李乔沙：《欧战中之妇女职业及战后之问题》，刘麟生译，《妇女杂志》1917年第7期，记述门第11页。

[2] 同上。

[3] 《中国振兴女学之亟》，《万国公报》1905年第200期，第23—24页。

[4] 汪杰梁：《美国女子之职业》，《妇女时报》1911年第1期，第38页。

[5] 《美国女子职业教育之一斑》，《教育世界》1906年第123期，第5页。

[6] 胡彬夏：《美国女士职业新调查》，《女学生杂志》1910年第1期，第108页。

蚕经营家政,亦是一种正当良好之职业",等待"他日女学发达,则教育、慈善、银行、美术等事业,彼西洋妇女子所常为者,亦得仿行之"①。

除了直接论述西方女性职业的文章外,随着20世纪初大量的国外图书报刊的翻译,美国社会改革家弗朗西斯·维拉德、废奴主义者斯托夫人和教育家玛丽·莱昂以及英国护士弗罗伦斯·南丁格尔等一批杰出的西方职业女性进入国人视野。这些西方杰出的职业女性经过国内知识精英们的改造重构,与同样经过改造的中国传统女杰交相辉映,在报刊上构建起一种特殊的独立、强势的性别认同。其中,南丁格尔成为中国女性从事医护工作的榜样。此外,当时的《妇女时报》《东方杂志》《中华教育界》等刊物还登载过大量西方职业女性的图片资料,有女小说家、女政治领袖、女飞行家、女音乐家等。这些图片资料反映了西方职业女性生活常态和工作情形的各个方面,将一个未知的女性世界生动地、直观地展现给国人,使读者进一步增加了对西方女性职业的感性认知。

三 以权利为目标的职业意义

清末民初,在国家民族面临严重危机的情况下,中国的"妇女问题成为唤起国家集体危境的媒介"②。因此,围绕着救亡图存的时代主题,媒体对女性职业问题的关注,更多的是侧重于国家利益的层面上,其中一个最为经典的论述模式便是:"今日之中国贫困已甚,推其原因,岂非因吾国二百兆之女子不能有职业,所以致之耶。吾国人民,号为四万万,男子于无用者,已去其半,而女子又不事生业,生利日少,分利日多,故吾国弱于他国。"③ 既然国家贫弱的根源在于女性没有职业,那么女性谋求职业的意义就在于"进足以开导利源,共

---

① 斧:《宁波妇女职业谭》,《妇女时报》1913年第12期,第53页。
② 柯惠玲:《近代中国革命运动中的妇女:1900—1920》,山西教育出版社2012年版,第23页。
③ 程佩清:《女子职业谈:安徽妇女之职业》,《妇女时报》1911年第5期,第67页。

谋国家之富强，退足以讲求自立，轻男子之负担"①。

即使是那些反对女性外出谋求职业者同样是以国家利益为说辞。他们认为女性因自身特性等缘由并不适宜参与经营，谋求生计，其最重要的职责仍旧是在家庭之内抚育子女、经营家政。"妇女实司其橐钥，以言乎家族主义，则宗祧似续所攸寄，以言乎国家主义，则人口繁减所攸系"，女性传统职位角色所担负的意义同样关乎国家之危亡，甚至于关乎人种的进化，如果置家庭管理于不顾，家室的命运则"不难日趋于贫困系乱之地位"。②

同时，由于深受女性分利说与贤妻良母主义的影响，清末民初关注女性职业问题的媒体认知，其引导趋向也难脱离这种时代的窠臼。女性在此种话语体系下，依旧是作为一种附庸而存在。换言之，女性群体作为原本被忽略的群体，其职业意义在很大程度上是以补充原有社会体系的不足为标的，自身的价值与尊严并未能完全独立地体现出来。她们的职业意义仍旧需要"立足于中国性别观念的基本原则"之上，"服务于她的生物意义、社会意义或国家意义上的家庭"。③

媒体视界中的女性职业意义当然也包含着另一个层面，即强调谋求女性自身之权、谋取女性自身之利。1907年《女子世界》中就曾刊文介绍欧洲的"万国女子同盟会之组织，炽行扩张女权，其会之目的，谓女子与男子，相同于社会之各方面，如政治法律哲学事业等，均得营其职业，决不至劣于男子，既在某国试行女子之官吏律师裁判官等，其成绩实不让于男子，由此观之，天生男女良知良能，原无所异，如能任女子以一切之职业，亦可为社会改良之一端……且能兴女子以职业，于人类经济界大有裨益"④。这种诉求于裨益人类经济、社会改良的女性职业意义明确地表达了对于女权扩张的追求。

20世纪初期，随着女性公共知识分子与女性报刊的涌现，以秋瑾、唐群英、林宗素等人为代表的杰出女性都曾借助于媒体大力倡导

---

① 辜亚云：《女子首重实业谈》，《妇女杂志》1915年第5期，论说第12页。
② 王三：《妇女职业论》，《妇女杂志》1915年第4期，论说第3页。
③ [美]季家珍：《历史宝筏：过去、西方和中国妇女问题》，杨可译，江苏人民出版社2011年版，第95页。
④ 《女子之新职业》，《女子世界》1907年第6期，第1页。

女权，从各个方面争取女性权利，女性谋求职业更是作为一种权利被提出来，并且被视为女性经济独立、提高地位的基础和前提。如金天翮于1903年在《女界钟》中论及女性应争取的六种权利时，就将营业的权利纳入其中。① 而《女子世界》的文章中，将这种逻辑关系描述得更为清晰：美国的女性均有职业，因此才能"独立自活于男子之间。斯不惟为积金致富之原因，亦即为男女平权之基础"，故而对于中国的女性来说，"讲求自立实为女子增高地位之先决问题也"②。因此，在媒体所表达的女性职业意义中，有了更多的女性自觉意识，包含了改善女性困苦现状的思索和希冀。显然，女性职业意义不仅在于"妇女同为国民即应尽国民一份之义务"③，从而使"生利者日多，分利者日少，造福社会"④，更在于妇女自身的权利与解放。

　　清末民初媒体对于女性职业意义的认知设定和趋向转变，其实在很大程度上取决于男权与女权、国家利益与群体利益的交互影响之上。此一时期，新旧交叠，中西交汇，危机与机遇并存于世，原本男权中心、女权辅佐的平衡出现了一定程度的失序。不同的权力之争与利益分配在舆论之上，往往体现为话语权的争夺与支配。最初掌握舆论话语权的中国男性公共知识分子从挽救民族危亡的视角提及中国女性职业问题，服务于家国利益的女性职业意义也正合乎了这些男性精英们的意愿趋指。而随着女性公共知识分子的出现，相关于女性职业意义的设定中就有了更多的女性自觉和女性主动。然而在当时强势的男权主义压制下，虽然关注女性解放、女性独立的人逐渐多起来，但大多数女性自身却缺乏足够的自主意识，依然被冷落在社会的偏僻角落。近代职业女性要真正求得自主独立，能够对职业意义进行自我定位，其历程依旧十分漫长而曲折。

　　清末民初，媒体对于近代女性职业的认知与引导，在很大程度上呈现了社会舆论从潜在状态到显在状态的演变。戊戌维新时期，中国

---

① 金天翮：《女界钟》，第51页。
② 慕庐：《美国妇人之自活》，《女子世界》1904年第1期，译林第11页。
③ 杨素芸：《说妇工》，《中华妇女界》1915年第9期，总第1627页。
④ 吴峥嵘：《女子职业造福社会论》，《妇女杂志》1915年第1期，论说第9页。

公共知识分子对于女性职业问题有所触及。辛亥革命时期至新文化运动之前，一批女界杰出人物出现，并且开始较为深入地涉及女性职业问题。尽管这种媒体所造就的社会舆论基本上是"在近代文人和中产阶级妇女中进行，既无政权的支持，也缺乏民间的呼应，故零零星星的，不成气候"①，还处于一种由舆论混沌趋向舆论形成的过程中，然而媒体对于女性职业的认知在中国女性职业发展的进程中还是起到了特殊的引导作用。

（原载《暨南学报》2016 年第 6 期）

---

① 张文娟：《在启蒙和鼓吹之间——20 世纪初中国现代妇女解放进程与早期新文化运动的关系》，荒林主编《中国女性主义》第 9 册，广西师范大学出版社 2007 年版，第 45 页。

近代报刊视域中女性职业的发展

清末民国时期中国女性职业的发展受政治经济形势的影响，呈现出较明显的阶段性特征。而报刊作为社会舆论的重要载体，不仅忠实地反映了不同阶段女性职业的发展状况，同时还在一定程度上推动了女性职业的发展。本文试从清末民国时期报刊舆论的角度考察女性职业在近代中国的发展历程。

一 清末民初的步履蹒跚

19世纪八九十年代，中国新兴的轻纺工业已大量使用女工，形成了相对庞大的女工群体。同时，受教会文化的影响和维新运动的推动，中国女性开始涉足教师、医护、编辑、记者等知识型职业，但当时尚不发达的报刊舆论在对女性职业状况的论述时，一般都只介绍纺织、烹饪、农作等传统女性职业，偶尔涉及女医生、女教师，也仅认为是"间或有之，亦都教会中人"[1]，对中国最早出现且有一定发展的新兴女性职业——缫丝女工偶有提及，却未深论。戊戌维新时期出现的一批女编辑、女记者，在积极提倡女性就业的同时，却忘了把自己从事的职业纳入女性职业之中。显然，此时国人对女性职业的认识还很模糊，舆论关注极少。

民国初年，女子所操之职业，仍"多工匠仆婢优娼之类"[2]，女性职业类别没有增加。女性职业发展也呈现出明显的区域不平衡态

---

[1] 无用：《浦东女子职业》，《妇女时报》1911年第2期，第82页。
[2] 白云：《女子职业谈》，《妇女杂志》1915年第9期，第7页。

势，以女工为例，江苏女工达六万七千人，其数为全国之冠；浙江、湖南二万人左右；山东、四川、福建各八九千人；广东、湖北各达四五千人；直隶不及三千；河南、云南千人以上；其余各省均不及千人；新疆等地则几乎没有。究其原因，舆论普遍认为"中国之女子不特大半未受职业教育，且并义务教育而尚未涉猎，然则从事广义的女子职业，岂易言哉"①，因此大力提倡女子职业教育。在各界力量的推动下，北京政府教育部于1913年8月颁布了《实业学校令》，规定女子职业学校得参照相关规程办理，此后全国半数以上的省份不断有女子职业学校和女子职业传习所开办。

五四运动之前，报刊舆论涉及女子职业的报道，多数都是围绕女子职业教育的。不过，从这些报刊舆论中也可以看出，国内女子职业学校的数量无论是与全国人数比，还是与各国比，其实都渺乎其小。而且这些女子职业学校和传习所所授科目有限，仍是缝纫、刺绣、养蚕、种桑之类，缺少护理、速记、打字、保姆、医术、商业、邮政等新兴职业内容，这也从侧面反映了这一时期女性职业的发展仍然有限。虽然通都大邑的女子在工厂中做工的不少，但是普通人的心里，以为这都不是女子应该做的事情。有些学校聘请了女教师，但是各公司或邮务电报等机关均未任用女职员。

二 二三十年代的相对发展

五四运动时期，女性职业更多地被置于妇女解放的舆论风潮下，成为女性谋求经济独立、争取男女平等的唯一途径。五四运动之后的二三十年代，随着女子教育的推广以及女权运动的高涨，女性职业得到了一定的发展，其职业范围进一步扩大，职业类别有所增加。报刊舆论注意到，除了教师、医生、记者等已有的知识型职业外，"已有男子职业的一小部分，为女子开放了，如银行员、铁路事务员、商店的店伙，以及公司会社的职员等"，甚至"大学里的教授，以及官署

---

① 徐斧言：《女子职业问题之商榷》，《妇女时报》1913年第9期，第14页。

中的吏员等,也颇有以女子充任的事情。这都是十年以前所没有的"①。其他的如电话局、照相馆、翻译局、邮务局等也开始录用女性职员。

南京国民政府成立后,女性职业也随着国民党政权的稳固而俱进,各机关开放女禁,以至于一时间知识型女性"所谓参加职业,亦多注意于党政机关,对于各种社会职业视为卑下不足道,似不甘从事屈就"②。底层女性则多入职服务性行业,因此服务性行业女职工增长最快。另外,女工职业仍是绝大多数底层女性的选择,尤其是纺织业。在抗日战争全面爆发之前,中国纺织工业的发展,事实上也带动了女工职业的发展。总体来说,女性职业的结构也是劳力者居其大半,劳心者只占极少数,这与当时男女受教育的状况成正比,而劳心者中又以教师为主,尤其是中小学教师。

对于二三十年代女性职业的扩张,报刊舆论予以了极大的关注,大量的文章围绕着女性职业方方面面的问题进行了深入讨论。一些女性刊物更是开辟了专栏,公开征文,组织专题讨论。在这些舆论中,有发表对女性职业看法的,有就女性职业的发展提出建议的,有分析女性职业发展障碍的,有讨论女性职业与各方面关系的,更多的则是对女性职业发展的现状提出批评的。

当时社会舆论普遍认为,尽管提倡女性职业的思潮已有十几年了,但实际上,女性职业的发展更多的只是停留于口号层面,"女子现时职业,舍教育界外,只党政机关有少数容纳之机会,其余各种事业,虽未加有女禁,特以习惯相沿,不使女子养成参加之能力,因而名为开放,而女子无是项知识与能力,依旧虚有其名而已"③。即使是"政界各机关已号称男女职员一律同等,无所歧视",其实"女职员地位之低,数量之少,仍与男子有天壤之别"④。

总体而言,这一时期女性职业虽较前有较大的发展,但发展过程

---

① 瑟庐:《最近十年内妇女界的回顾》,《妇女杂志》1924年第1期,第21页。
② 社英:《中日女子参加职业之比较观》,《妇女共鸣》1930年第27期,第2—3页。
③ 同上书,第2页。
④ 同上书,第1—2页。

中仍遭遇着各种坎坷。女性求职以貌取人等不公正的现象时有发生，尤其在一些机关单位的招聘中，如果应聘者"没有财，没有势，更没有容貌，纵使她有高超的学问，也不能找到啖饭之地"①。特别是在30年代世界经济危机的影响下，女性职业的发展形势更加严峻，工厂停工，商店倒闭，加之社会上主张把妇女赶回家中去的种种论调，使女性失业者日多。除求职的机会渺茫外，女性职业在报酬方面显然也不是平等的。

在女性职业的发展过程中，婚姻与家庭始终是女性就业的牵掣。随着30年代女性职业范围的扩张，职业女性的增加，就业与婚姻家庭的矛盾也就成了报刊舆论关注的焦点。除了大量的"妇女职业与婚姻""妇女职业与家政""贤妻良母与妇女职业""妇女职业与儿童幸福"等选题文章外，一些刊物还组织了专题讨论，如1935年的《妇女旬刊》连续7期在首页刊登了郁达夫等人关于《中国妇女应上哪儿跑：离开家庭，去找职业？丢掉职业，回到家庭》的笔谈。《现世界》在1937年第10期和第12期集中刊登了14篇文章，对"已婚女性应否从事职业"展开了讨论。大多数女性感叹于职业生涯的短暂，却又无奈于婚姻家庭的牵绊。

三　战时战后的波折起伏

抗日战争全面爆发后，报刊舆论的焦点随之发生改变。战争初期，在全民抗战的形势下，女性职业的发展与抗日救亡的形势紧密联系起来，许多妇女参加到各种职业部门，从事保育难童、服务伤兵以及教育抗战等项工作。同时，有许多中下层妇女，受战时经济影响，自身也很迫切地需要职业来解决她们的生活，于是妇女就业现象一天天普遍。女性职业的发展渐入国家战时体系，趋向战场服务的形态，在一定的区域内获得了极大的发展。

不过，随着抗日战争形势的变化，战区一天天扩大，大部分城市先后沦陷，许多职业女性在向后方疏散的过程中失掉了她们原有的职

---

① 飒鸣：《女子容貌与职业关系》，《玲珑》1933年第24期，第1213页。

业，重新就业就更加困难。同时，由于受战火影响，国统区经济凋敝，生产不景气，一些企业陆续倒闭，越来越多的人面临着失业，政府机构也出现了人浮于事、僧多粥少的现象。在这种情况下，一方面由于男权社会重男轻女的传统观念影响，另一方面客观上有些职业妇女因为本身所受的教育不够，以至于工作能力确实不能使人十分满意，因此出现了"前方后方，这里那里都在排挤职业妇女，或是限制女职员"①的情况，如福建省政府辞退机关女职员，上海邮局限制录用女职员，交通部规定女职员结婚后一律停职等。

尽管1940年4月国民参政会一届五次会议敦促政府要求各机关"凡妇女所能服务之公职，应尽量任用妇女，各机关禁用女职员，剥夺妇女工作机会不独有失男女公平的原则，更属削弱抗战力量，应该严重取缔"②。同年，国民政府也明令不得借故限制和辞退女职员。但政府一方面鼓励女性参加社会事业，一方面却想方设法迫使妇女回转家庭的做法，对女性职业的发展产生了极大的负面影响。报刊舆论也再次聚焦于已婚女性的职业问题，《职业与修养》在1939年第8期刊登了"女子出嫁与职业问题"的组稿，《职业生活》组织了《已婚妇女职业问题座谈》，《益友》组织了"妇女与职业"主题的集体讨论，《天下事》组织了"已婚妇女的职业问题讨论"。这一时期的报刊舆论大多集中于"女性职业与婚姻"这个主题，向社会提出了"妇女就应当作贤妻良母吗？""结婚是妇女的职业吗？""结婚是罪恶的吗？"等强烈质疑。同时期的报刊舆论所提倡的女性职业则是护士、农妇、家庭女教师、医生、会计等，显然这些职业更适于女性，或者可以说这也是在遭受排挤的情况下，女性在职业选择时一种无奈的退却。

抗日战争结束后，国统区的经济一片萧条，工厂、机关、学校普遍出现大规模裁员的问题，女性又首当其冲，职业女性再次被逼回"厨房"。政府的压制、生活的压力，使女性们争取职业平等的呼声越来越弱。女性职业的萎缩，反映在报刊舆论上便是相关文章极度减少，专题讨论几乎没有。不过，因社会本身的发展和社会分工的细

---

① 李城：《从妇女职业说到妇女参政》，《安徽妇女》1941年第23期，第29页。
② 黄存养：《妇女职业问题》，《广东妇女》1940年第4、5期合刊，第9—10页。

化，此时的女性职业类别有所增加，报刊上出现了"飞行女招待""火车小姐"等新兴女性职业的介绍，并配有女性职业装照片。当然，看护妇、女医师、幼稚园和小学的教师、女招待、轻工业工厂女工等仍是女性从事最多的职业。时人曾总结说，现在社会上就业的妇女，虽然不多，但是五花八门，形形色色，从1947年和1948年的国民大会全国性职业团体及妇女团体代表当选人及后补人名单中，我们或可以发现当时商业团体、工矿团体、教育会、大学及独立学院、新闻记者公会、律师公会、会计师公会、中医师公会、医师公会、技师、助产士及护士、全国性妇女团体、地方性妇女团体、依行政区域组织之工会、农会等都有女性出任代表或后补代表，反映了这一时期女性职业所涉及的领域已经相当广泛。

综合上述报刊舆论关于女性职业发展状况的评价，我们不难发现，清末民国时期中国女性职业的发展总体上处于相对缓慢的状态，而职业女性的社会地位基本上仍是处于一种从属而辅助的地位。因此，相关评价大多数时候是持一种否定的态度，即对于女性职业发展状况的不满。社会政治经济形势的变化在很大程度上又影响着报刊舆论对于女性职业发展状况的评价，如果依照时间顺序，或可以将清末民国时期报刊舆论中女性职业发展状况的评价梳理如下：清末民初至五四新文化运动时期，女性职业的发展在报刊舆论中更多体现为一种初创，而此时的女子职业教育则处于一种创立革新发展的时期。20年代中期开始至抗日战争全面爆发之前，报刊舆论关注中的女性职业发展俨然处于一个高峰时期，众多文章关注到当时女性职业范围、职业领域的扩展，也敏锐地观察到当时女性职业发展中社会地位的相对低下、机会待遇薪酬的不平等、家庭问题的种种牵绊以及"畸形"发展的趋向等多重面相。抗日战争爆发后关于女性职业发展状况的评价则更多地与民族解放的议题结合起来，女性的职业发展也似乎进入到一个全新的时期，随着战争形势的变化，女性职业的发展再度陷入困顿，已婚女性的职业问题也再度成为社会焦点。随着社会的发展，战后女性职业的门类虽多，但舆论上关注女性职业发展的呼声却越发薄弱。

（原载《晋阳学刊》2016年第5期）

民国时期底层职业妇女探析
——以广州茶楼女招待为个案

近代以来，由于民智的开启、风气的开通及妇女解放运动的开展，女性开始跨出幽闭的大门走入社会，职业妇女群体逐渐壮大起来。随着近现代城市社会经济的发展，女性跻身服务行业充当女招待也成为当时底层妇女的主要职业选择之一。广州女招待在民国时期出现较早，人数众多，主要集中在茶楼、酒肆、冰室、小食店等饮食行业以及烟馆等娱乐场所，尤以茶楼为最。鉴于学界对民国时期女招待这个特殊的职业群体鲜有专题研究，本文试以民国时期广州市茶楼女招待群体为主要考察对象，探讨女招待这一职业群体产生的历史背景，了解女招待的职业与生存状况，分析女招待所引发的社会反响以及政府对女招待的管理，从而进一步丰富底层职业妇女群体和城市社会阶层的研究。

一 广州女招待的出现

严格地说，职业女性是指在社会中从事某种工作并以其为主要生活来源或部分生活来源的女性。在古代社会中，中国妇女大都"大门不出，二门不迈"，被禁锢在家庭的狭小天地里，她们的活动范围只限于家庭和家族之内，不能以独立的身份参与公共社会活动，当然也就谈不到社会职业。进入近代以后，这种状况逐渐发生了改变。

广州作为最早的开埠城市，受西方生产方式的影响，从19世纪70年代开始，近代机器缫丝工业获得了很大发展，从而形成了一个规模可观的女工群体。稍后，广州的纱厂、火柴厂、造纸厂、卷烟厂也都相继使用女工，女工逐渐成为这些早期民用企业的主要劳动力。甲午战争后，受维新思潮的影响及教会女学的刺激，广州民间女学、官办女学也相继出现，为开阔女性视野、提高女性素质、提升女性职业技术水平奠定了基础，揭开了向社会输送新型职业女性的序幕。到维新运动后，中国最早具有近代文化知识的职业女性——女教师、女医生、女护士等也开始在广州出现。

民国初年，在妇女解放和男女平等思潮的影响下，国人对女子就业的认识日趋深化，女子获得职业从而经济独立已被视为妇女解放的根本途径。媒体塑造的"新女性"也都表现为从旧家庭的种种束缚之中解脱出来，以独立个体的职业形象出现在社会之中。当时舆论界对女子就业问题的大力张扬多少弱化了传统女性的家庭定位，一定程度上营造出相对宽松的女子就业的社会环境，这就为新型女性职业群体的出现奠定了社会基础。同时经济的快速发展，商业、手工业、娱乐业等门类激增，使女性从业的领域也大大拓宽，为职业女性群体的发展壮大提供了更适宜的空间。

广州是国民革命的策源地，孙中山先后三次在此建立政权，因此广州的妇女运动历来走在全国前列，职业平等、经济独立是广州妇女解放运动的重要内容。同时，广州又是民国时期全国的经济文化中心之一，商业最为发达，其职业女性众多。除传统的女性手工业者和近代产业女工、女教师、女医护人员的数量继续增加之外，还出现了一些新兴女性职业，女性职业日趋多元化。如1921年初广三铁路不顾非议，通过考试录用数十位女子为职员，在全国首开先例。稍后，广州市电话局也表示"铁路局既采用女卖票员，则电话局改用女司机"[1]。一些商业机构也出现了女职员，从事诸如会计、掌柜、书记等工作。1924年有人描绘当时的女性职业时写道："十年以前，女子除了充教员及医生外，只有少数人从事卑微的不熟练的劳动，现在却已有男子职业的一小部分，为女子开放了，如银行员、铁路事务员、商店的店伙，以及公司会社的职员等，都有女子厕入，就是大学里的教授，以及官署中的吏员等，也颇有以女子充任的事情。这都是十年以

---

[1]《电话局用女工之动机》，《广东群报》1921年1月20日，第3版。

前所没有的。"① 这说明20年代的女性职业分布已相当广泛，一些长期被男性垄断的职业也开始对女性开放。

作为消费型城市的广州，饮食业历来较为发达。随着城市社会经济的发展，大量农村人口向城市流动，城市各阶层分化加快，新的社会群体需要一个新的交往平台，劳工在劳作之余也需要有一些娱乐消遣，因此茶楼就成为广州市民日常消遣的首选场所。尤其是禁烟令颁行后，商人多选择在茶楼洽谈生意，茶楼作为公共场所在人们日常生活中的作用日益凸显。广州茶楼的日益发达，也为女招待的出现提供了条件。

随着茶楼数量增多，各茶楼间"遂皆存竞争之心"②。1916年，广州河南③洪德街三巷的一间茶楼为招揽生意，别出心裁，雇用女招待顶替传统的男跑堂，顿时生意兴隆。此风一开，其他茶楼也纷纷效仿。五四运动后，更有人以女权平等为旗号，创办清一色女员工的"平权女子茶室"和"平等女子茶室"。④ 对于茶楼这种以男性为消费主体的娱乐休闲场所来说，女子显然具有吸引顾客的天然优势。她们细心、周到、和蔼，所以颇受顾客青睐，社会人士慕名而来，络绎不绝，虽"惜其地方狭小，陈设又简单，食品平常，而取价则异常昂贵，但醉翁之意，且不在酒，茶客之来，岂在茶乎，甚矣。女招待之吸力，确能颠倒众生也"⑤，茶楼老板借此获得厚利。至"民国九年，各茶楼多用女招待"⑥，女招待职业开始在广州兴盛起来。茶楼竞争升级后，一些商家又将当红的女招待称作"茶花"，冠以"公主""皇后"等名号，在门前挂生花牌匾，以此吸引茶客。

由于茶楼女招待的应聘条件较低，工作以提煲冲水款待客人为

---

① 瑟庐：《最近十年内妇女界的回顾》，《妇女杂志》1924年第1期，第21页。
② 阿翔：《廿年来广州茶楼进化小史》，《广州民国日报》1926年5月13日，第4版。
③ 珠江流经广州市区的一段干流，旧时称为省河，其南岸称河南，大致为今海珠区。
④ 冯明泉：《漫谈广州茶楼业》，中国民主建国会、广州市工商业联合会、广州市政协文史资料研究委员会合编《广州文史资料（广州工商经济史料专辑）》第36辑，广东人民出版社1986年版，第186页。
⑤ 文：《茶经（三八）》，《广州民国日报》1925年10月14日，第9版。
⑥ 阿翔：《廿年来广州茶楼进化小史》，《广州民国日报》1926年5月13日，第4版。

主，又不似女工、女佣之类繁重。因而这种以自由之身受雇于商家，又不限文化程度的新职业，对底层女性很有吸引力，出现不久就有大量的底层女子争相应聘。如某酒楼老板招聘女招待，尽管还要收取报名费二毫，但"统计连日到店报名应雇女工，竟达八百余名，而该店聘用数目，最多不过三名"[1]。可见，女招待在当时已成为广州底层女性趋之若鹜的热门职业，而且从茶楼扩张到了其他饮食服务行业，"渐而炒粉馆亦雇用之，又渐而酒宴肆亦雇用之，卖莲子鸡蛋茶之甜品肆又雇用之，晨早肉粥肆亦间有雇用，一似举凡食品肆无不以雇用女招待为前提"[2]，有些茶楼还借故"开除男工改雇女工"[3]，女招待成为广州饮食服务行业的一种普遍现象。女招待的出现既是妇女解放的必然，更是社会经济发展的结果。

二 广州女招待群体的基本情况

民国时期广州女招待的人数并不完全取决于职业本身的发展状况，而是与政府的态度有密切关系。1916 年广州女招待初兴时，人数并不多，但到 1921 年底"全市酒楼茶室女工人数，不下二百余人"[4]，而当时广州"全市中小学女教师、女医生、女护士合计，仅约二百多人"[5]。但由于政府的干涉，大部分女招待被解雇。虽然半年后解禁，女招待职业有所扩张，人数超过此前，但 1924 年再被政府禁止，在公安局的严查重罚之下，一度兴盛的广州女招待几乎销声匿迹。直至 30 年代中期才再次复兴，很快"市内完全女子茶室，共有

---

[1] 《广州酒楼茶室男女工人职业斗争续志》，《国际劳工通讯》1935 年第 11 号，第 191 页。

[2] 《茶经（十二）·女招待时代之茶楼》，《广州民国日报》1925 年 8 月 18 日，第 4 版。

[3] 《广州酒楼茶室男女工人职业斗争续志》，《国际劳工通讯》1935 年第 11 号，第 191 页。

[4] 《酒楼茶室女工组织工会》，《广东群报》1922 年 3 月 11 日，第 7 版。

[5] 陈志文忆述、陈炳衡整理：《大革命时期广州妇女运动片段》，中国人民政治协商会议广州市委员会文史资料研究委员会编《广州文史资料》第 33 辑，广东人民出版社 1983 年版，第 3 页。

白云等十二间,女职工统计一百九十余人,另受雇于市内酒楼茶室茶居之女职工,约共六百七十余人"①,发展尤为迅速。截至1937年1月,仅酒楼茶室工会已有"女职工七一二人"②,不在工会者也不少。此后,因政府对女招待持认可态度,其队伍不断壮大。

女招待职业虽然在文化程度和技能水平上没有要求,但在年龄上有很大的限制,因为年老色衰就达不到商家招徕顾客的初衷,所以各茶楼酒室所雇之女招待"俱属妙龄少女,三十以上几于无人雇佣"③。1936年3月广州市妇女整理委员会曾对三个行业的女职工作过调查,其中女招待"年龄多在十八岁以上,廿一岁以下"④。另据40年代广州三个酒家工会会员名册所载,62名女招待中最小的15岁有3人,最大的27岁仅1人,其中17岁至20岁的就占到总数的58%。⑤ 因为年龄的关系,女招待以未婚女性为主体,虽然随着经济收入的增加和行动自由的扩大,她们在主观上也渴望爱情,追求幸福,但客观上往往由于社会的偏见,使她们的爱情婚姻多处于不幸,她们在婚后多脱离女招待职业。

从地源上来看,广州女招待大多数来自于周边地区,本地人士极少。根据40年代广州酒楼茶室工会部分会员名册所登记的女招待籍贯的不完全统计,我们可以看出,大约71%的女招待来自于广州附近的南海、顺德、番禺三县⑥,因为这三县地方邻近广州,交通便利,易于迁徙。且南海、顺德一带近代缫丝工业发达,开化程度相对较高。处于粤东的惠州和处于粤西南的恩平等地,或因路途遥远,或因交通不便,或因风气闭塞,女招待人数只占很小的比例。而广州本地女性少有做女招待的,这与一般人视女招待为下贱职业,广州本地人碍于家庭、亲友的面子不愿意从事此种职业有关。同时,广州较其他

---

① 《广州妇女职工调查》,《国际劳工通讯》1935年第12号,第51页。
② 《广州市工会工人概况》,《国际劳工通讯》1937年第4卷第2期,第124页。
③ 《广州市酒楼茗肆女工生活近况》,《国际劳工通讯》1935年第11号,第75页。
④ 《广州市三业女职工调查》,《国际劳工通讯》1936年第20号,第29页。
⑤ 《金城酒家店员名册、金轮、大三元酒家男女职员姓名清册》,广州市档案馆馆藏档案,7—8—326,第21—51页。
⑥ 同上。

地区女子教育要发达得多，女性就业层次相对较高，就业机会也较多，大多集中于电话女工、售票员、店员等职业。

广州女招待的从业背景也各不相同。最初主要是因农村经济凋敝而外出谋生的女性，这些女子往往没有文化，缺乏一技之长，在城市中很难生存，因此只能到茶楼从事既无须强体力也无须技能的招待工作。30年代以后，则以珠三角地区失业的缫丝女工为主体，这些已经习惯在外做工而不愿回乡务农的失业女工不得不另谋生计，她们中的很大一部分流向广州、香港等大城市，由于没有别的谋生技能，除了妓女和女佣之外，最好的出路就是当女招待。也有一些本来家境殷实富裕的人，因人生遭际的沉浮，沦落到做女招待养家糊口。如曾经的官宦子女因其父官运不佳，解职后生活日趋艰困，故"不惜降身为女招待"①。也有漂亮女学生因父亲逝世，家道衰落，不得不靠当女招待来谋生。②此外，1922年广州下令禁娼后，还有一些妓女"临时改充女招待"③。由于妓女更能以色相招徕顾客，因此一些商家也乐于雇佣，广州甚至还有"数大酒家老板以重金聘用香港石塘咀明寨妓女来省执役"④。

广州的茶楼分早、午、夜三市，营业时间一般从早上5点到晚上10点左右。茶楼安装上电灯后，夜市生意更为火爆，打烊时间也就更晚。因此，广州的工人中"每日工作时间，最长者为酒楼茶室工人，计十七小时"⑤。女招待的工作时间则为"茶楼早午夜三市需十二时以上，早午二市则七时左右，酒楼茶室午夜两市十二时左右，早市午市十时左右"⑥。到40年代末，女招待的工作时间基本上形成两班制，即早上七点到下午三点为一班，下午三点到晚上十一点为一班，工作时间虽较早前有所缩短，但工作性质决定了女招待一天到晚大多数时

---

① 《世人何必憎女》，《广州民国日报》1924年6月24日，第9版。
② 赏谬生：《女招待求援记》，《现象报》1927年11月2日，第8版。
③ 《私娼纷纷转行》，《广州民国日报》1924年5月22日，第10版。
④ 《广州酒楼茶室男女工人职业斗争续志》，《国际劳工通讯》1935年第11号，第191页。
⑤ 《广州市工会工人概况》，《国际劳工通讯》1937年第2号，第124页。
⑥ 《广州市酒楼茗肆女工生活近况》，《国际劳工通讯》1935年第11号，第75页。

间都是站立或行走着，为客人斟酒奉茶，添饭递羹，拿衣接帽，侍坐迎送，其工作的艰辛可想而知。不仅如此，女招待的职业环境也很复杂，除了履行自己的工作职责外，还得与形形色色的茶客周旋。面对顾客的调戏，女招待只得忍受侮辱，强颜欢笑，不能公然反抗，否则激怒茶客影响了商家的利益，就会面临被解雇的危险，从而沦落到更惨的地步。一些茶楼为迎合男顾客的需要，还专门设立雅座，以便茶客与女招待"谈心"。在商家的压力下，女招待"不能不投东主之好，放浪形骸，以与座客周旋"①，假如她们拒绝顾客的接近或者抵制这样的行为，就会失去工作。

  最初的女招待工资较为微薄，但在 20 年代以后，随着广州饮食业的发达，茶居行业总体收入较其他劳工为优，女招待的工资也有所增加，30 年代时最高者达"每月二十一元"②。另外，依服务、姿色、装束及茶客等具体情况的不同还有数量不等的"客人打赏"，尤其是"房座客人打赏得多"③，有时可达 10 元之多，而同一时期的火柴业女工人均收入仅"每月九元"④，织衫袜、土布纺织等计件收入者平均每天仅为四至五角。⑤ 然而，由于工作的关系，为迎合顾客和商家的欢心，女招待不得不按照流行的审美观念包装自己，穿着亮丽光彩，为悦人（被人悦）而容。她们还必须自己购置制服，整肃衣冠，对于鞋袜之微，亦须整洁，故在服饰方面的职业开销也很大。住宿是女招待生活中的重要问题，大部分来自外地的女招待居无定所，靠租房度日，多住在破陋不堪的平房，有的住在屋顶或阁楼，有的甚至住在地下室，低矮、简陋、污浊、黑暗、潮湿和拥挤，且多在环境恶劣的区域，没有任何防火和卫生措施，更谈不上舒适。

---

① 《女招待看》，《广州民国日报》1923 年 9 月 20 日，第 7 版。
② 《广州市三业女职工调查》，《国际劳工通讯》1936 年第 20 号，第 29 页。
③ 许定华、陈国钧：《广州市劳工生活状况》，程焕文、吴滔主编《民国时期社会调查丛编·三编岭南大学与中山大学卷上册》，福建教育出版社 2014 年版，第 205 页。
④ 《广东火柴业工人之工资》，《国际劳工通讯》1935 年第 14 号，第 61 页。
⑤ 白铨：《广州市劳工问题的探究》，载程焕文、吴滔主编《民国时期社会调查丛编·三编岭南大学与中山大学卷上册》，第 247 页。

三 女招待引起的社会反响

在中国传统社会中，女子的天职就是在家相夫教子，操持家务。而女招待在茶楼等公共场合抛头露面，穿梭于男性顾客之间，呼叫应答，任男性顾客评头论足甚至言行猥亵，明显地与"男女大防"的中国传统道德观念相悖。因此，在女性职业始兴、风气刚开的民国初期，必然引起国人的关注，加之广州茶楼女招待的出现曾遭到茶楼男工的暴力抵制，引发"男女工人激战"[1]，更使其成为社会舆论的焦点。

民国时期的商家雇用女招待，除了女性细心温柔适宜于服务工作且工资较男工低廉外，也确实有"利用女店员、女招待的色相，来招徕生意"[2]的现象。因此，不仅在招聘时要求容貌漂亮，而且衣着装束也要求大胆时髦，以至于时人抨击广州女招待的"奇衣异服，足以号召一般男子的性欲有余"[3]。事实上，如果女招待"不多与顾客扳谈，一般茶客以为招待欠周"[4]，茶客便不会再光顾。但如果女招待灵活热情，又会被斥责为"妖冶佚荡，恣情嬉笑，借以博取顾客欢心"[5]。还有的舆论认为女招待大多虚荣贪财，为了小费，往往"诱裹少年浮荡子弟，增其生意，闹出种种怪现象，复滋生无数事端"[6]。女招待不仅为风俗之害，有损道德人心，有伤风化，而且还会对个人身家造成危害，威胁社会的安定。这种说法在官方的文件中也经常出现，如顺德的官方布告称：女招待"固启淫靡之风，且于风化有碍"[7]。因此，当时的报刊还刊登过警告年轻人不要和女招待谈恋爱的

---

[1] 《广州男女工人激战未已》，《晨报》1922年1月7日，第6版。
[2] 刘恒：《女子职业与职业女子》，《东方杂志》1936年第3期，第110页。
[3] 梁仙洲：《妇女服饰的评论》，《广州民国日报》1924年8月9日，第11版。
[4] 《广州市酒楼茗肆女工生活近况》，《国际劳工通讯》1935年第11号，第75页。
[5] 《广州市取缔茶楼酒馆职工索取小费》，《国际劳工通讯》1937年第8号，第74页。
[6] 《将取缔女招待》，《广州民国日报》1924年5月24日，第10版。
[7] 《女招待普及四乡》，广东省妇女联合会、广东省档案馆编《广东妇女运动历史资料》第4辑（内部资料），1991年印行，第372页。

文章。更有甚者，一些人沿袭成见，将女招待与女色连在一起，认为女招待等同卖笑女子，是导淫害人的祸根，她们"实与流娼无异"①。在他们的笔下，女招待就是淫邪恶毒之化身。20年代广州时断时续的禁娼运动中，就有人认为女招待、卖艺女子、瞽姬等，"都有私娼的性质"②，将女招待归为娼妓而要求政府加以禁止。

  尽管主流舆论对女招待多持否定态度，但仍有一些人从妇女解放和女性职业发展的角度出发，对女招待职业表示肯定。首先，他们认为在20世纪20年代越来越多的职业向女性开放的形势下，"妇人亦渐操男子之工作"③，女招待即为女性新开辟的职业，是女性职业发展扩张的必然，"女子出劳力作工以谋生"④，应鼓励其发展。其次，他们对那些认为女招待有伤风化、危害社会安定等言论予以严厉驳斥，认为有伤风化之责任不全在女招待，因为女招待献媚于顾客，既有商家的原因，也有不良茶客的原因，更是"恶社会罪恶底表现，不能专归咎于女工"⑤。国外的女招待已是女性之正当职业，但在中国却成了贱业，"推其原故，就是男子尊重妇女之心未兴"⑥。虽然他们对女招待持肯定态度，但这些声音在男权社会中显得极其微弱，以致被淹没在禁止女招待的呼声中。这反映了女子进入公共服务行业还难以得到社会普遍认可，缺乏在社会中生存下来的人文环境。

  在近代女子职业的发展过程中，专属女性的社会职业毕竟太少，男女皆宜的职业历来又都被男性所垄断，因此，扩充女子职业而排斥男工，甚或夺男工原有职业转给女工而导致的男女工人冲突几乎成为一种普遍现象。广州茶楼女招待出现后除引起社会舆论的争议外，也引发了男女工人就业机会的矛盾冲突。在女招待刚刚兴起之初，广州

---

① 《女招待普及四乡》，广东省妇女联合会、广东省档案馆编《广东妇女运动历史资料》第4辑（内部资料），第372页。
② 《广州市娼妓问题的研究》，广东省妇女联合会、广东省档案馆编《广东妇女运动历史资料》第4辑（内部资料），第534页。
③ 《广州工人屡次胜利》，《民国日报》（上海版）1922年1月6日，第6版。
④ 《广东女子职业之大运动》，《申报》1922年3月2日，第7版。
⑤ 啸霞：《茶室女工底讨论》，《民国日报》（上海版）1922年3月3日，第6版。
⑥ 梁仙洲：《妇女服饰的评论》，《广州民国日报》1924年8月9日，第11版。

附近的佛山茶居工会就"以镇内各茶楼酒肆雇佣女工,日见其多,特联合茶室工人集议维持生活办法,经议以各该茶酒肆室之雇佣女工,概作加用,而原用男工额例,无论营业旺淡,均不得减少"①,以维护男工利益。而广州茶楼男工的措施则更为极端,他们甚至采取暴力手段极力抵制商家雇用女工,"始则罢工,继而动武"②。尤其是在20世纪30年代,受国际经济大萧条的影响,广州失业者众多,茶楼男工在其工会的领导下一方面要求社会局严令禁止资方雇用女招待;③一方面"公然派人到女子茶室去捣乱,大肆骚扰"④。对于不肯辞退女招待的茶楼则"复行攻击,凡遇别行茶室作厨者,以蹂躏工会权利论,入店殴之,或使人俟于门外,拦途截击,是时有女招待之茶室风声鹤唳"⑤。

面对社会舆论的巨大压力和同行男工的暴力恐吓,一些胆小的女招待开始退缩,辞职回家。更多的女招待则团结起来积极抗争,她们的行动得到了广州女权组织的关注和支持。20年代初茶楼女招待第一次遭禁时,女招待经过讨论,决定联名呈请公安局取消禁令,同时请女界联合会出面援助。广州女界联合会为此召集会议,讨论女子职业问题,并选出代表与女招待代表同往广东省政府请愿,请愿书有廖仲恺夫人何香凝等女界名流"数十人亲自署名"⑥,并当场对省长陈炯明有关女子"择业宜置身高洁"⑦ 等言论进行了辩驳。最终遭禁后,一些女招待还试图组织职业介绍所,为失业女招待争取就业机会。30年代广州茶楼男女工人再次发生冲突时,女招待联合上书广东女界联合会,请"加以维持并乞转陈当道备察免受外界摧残"⑧。广东女界

---

① 《女工问题》,《羊城报》1922年1月18日,第6版。
② 《广州男女工人激战未已》,《晨报》1922年1月7日,第6版。
③ 《请严厉制止本业资方雇用女子招待顾客以符功令由》,广州市档案馆馆藏档案,10—2—599,第2页。
④ 伊蔚:《评广州市男女职业斗争》,《女声》1935年第3卷第15期,第2页。
⑤ 同上。
⑥ 《广东女子职业之大运动》,《申报》1922年3月2日,第7版。
⑦ 《广州女界代表与陈炯明舌战》,《晨报》1922年3月5日,第6版。
⑧ 《为转呈女子茶冰室请求扶植女权维持职业平等以符平等事由》,广州市档案馆藏档案,10—2—599,第6页。

联合会先代为转呈请愿书,再与广州市社会局、国民党广州市党部及国民党西南执行部特别党部多方交涉,在女招待和女界联合会的共同努力下,最终为女招待赢得了男女平等的职业权。

四 政府对女招待的管理

女招待最初在广州出现时属于非法职业,故1921年广州茶居工会因男女工人就业机会冲突而发动罢工时,政府支持茶居工会的举动,下令禁止茶楼酒肆雇用女招待,公安局还派警察到雇用女招待的茶楼劝辞。虽然在广州女界联合会出面请愿的情况下,广东省长陈炯明表示"酒楼茶室本可雇用女工,惟必须严加取缔,免伤风化"[①],政府态度有所转变,但在后来男女工人进一步的冲突中,政府对弱势的女招待群体仍不予保护,致使数百名女招待被解雇。

1922年6月陈炯明叛变后,广州局势混乱,女招待重又出现,其规模大大超过此前。在无法禁止的情况下,广州市政当局专门制定《广州市取缔茶楼酒馆女招待规则》对其进行管理。规则除详细规定了女招待的简朴服饰和执业时间外,还要求"女招待不得与客人及店伴调笑及有猥亵情况",如果"女招待违犯本规则至三次以上者应永远停止执业,不准改名复充",并提前预告:"女招待如将来认为有禁止之必要,经公布废止本规则时,各茶楼酒店一律不得雇佣。"[②] 由此可见,政府一直以来就认为女招待言行失检、贻人口实者居多,于善良风俗有碍,因此,规则仅单方面地约束女招待。在1924年7月所谓的女招待亚英杀人案[③]之后,广州市公安局借社会舆论的压力,再次下令禁止女招待职业。

1929年,广州市依照南京国民政府《特别市组织法》的规定成立社会局,劳工事务归其管理。20世纪30年代中期女招待成为合法

---

① 《广州男女工人激战未已》,《晨报》1922年1月7日,第6版。
② 广东省社会处编:《广州市市政例规章程汇编》,1924年印行,广东省中山图书馆地主文献部藏,第256页。
③ 《起解谋杀案之女招待情形》,《广州民国日报》1924年7月16日,第7版。

职业后，主要由社会局根据广州市政府制定的《取缔酒楼茶馆雇用女工暂行办法》具体管理女招待，财政局和公安局也从税收和治安的层面有所介入。与此前的《广州市取缔茶楼酒馆女招待规则》不同，《取缔酒楼茶馆雇用女工暂行办法》一方面要求女招待土布衣服外加围裙，言语举动均要端庄，禁止使用任何化妆品和装饰品，不得有轻佻放荡等行为；另一方面对商家行为也作了一定的限制，如"不得招引顾客，作选举茶花等行为"，烟室赌馆花筵酒楼等非正当娱乐场所"绝对禁止雇用女工"。可见，政府的认识开始有所转变，他们已经意识到"妨碍风化"的责任不全在受人利用的女招待，也在唯利是图的雇主，因此，无论是商家还是女招待，"违背本办法者分别罚之"①。另外，《取缔酒楼茶馆雇用女工暂行办法》还明确规定"酒楼茶室茶楼饭店，凡雇用女工者，不得以女侍女招待名称为号召，宜直称为女工，或女职工，以正观德"②，说明官方已将服务行业的从业女性与工厂女工、政府女职员同等看待，不再有职业歧视。

　　抗日战争全面爆发后，在抗日民族统一战线的气氛下，广州的抗日救亡运动轰轰烈烈，女招待也和其他职业女性一样成为政府抗战动员的对象，因而地位有所提升。女招待不仅被允许加入广州市酒楼茶室业职业工会，而且还专门设立了女工部，设正副主任各一人，干事三人，由本会女职员选举任之，"各种之津贴与各部职员同等待遇"③。女招待只要加入工会并按时缴纳会费，就能享受与男工同样的权利，如"有选举被选举及充任本会职员之职权""失业时须携带会员证到本部挂号以便分别介绍工作""遇有疾病携证可到本会各医务所免费诊治""会员身故时依会章领支帛金贰拾元""劳资问题如有争议时须来会投诉以便依法处理"④。1938年制定的《广州市酒楼茶室业职业工会女工部章则》还"须呈经党政主管机关核准"⑤，表明至广州

---

　　① 《广州酒楼茶馆雇用女工办法》，《国际劳工通讯》1935年第11号，第76页。
　　② 同上。
　　③ 《广州市酒楼茶室业职业工会女工部章则》，广州市档案馆馆藏档案，10—2—599，第17页。
　　④ 同上。
　　⑤ 同上。

沦陷前,女招待除了政府部门的常态管理外,国民党广州市党部也参与了对女招待抗战动员等事宜的监管。

  1938年10月广州沦陷,广州市政府机构多西撤广宁,对留在市内继续谋生的女招待无从管理。1945年抗战胜利后,广州市社会局和广州市警察局相继制定了《广州市饮食理发业女职工管理暂行规则》①《广州市警察局管理女职工暂行办法》②,女招待被置于社会局和警察局的双重管理之下。社会局对女招待的管理,虽然重点仍是职业规范,但在中国女性职业已有相当发展的情况下,暂行规则明显地具有了一些时代特征。首先,明确承认其为"女子正当职业",要求女招待"尊重其本职工作,保持职业尊严"。其次,工作服装虽"限用白色、灰色、蓝色或黑色等纯色素"的"国产布料","以符新生活之要求",但款式则"应穿着短衫或旗袍",改变了过去土布衣服的呆板规定,符合时代潮流。再次,要求女招待必须"向社会局申请登记,领有登记证,方得从业",否则"不得雇用",登记内容详细,过去从业经历亦在其中,反映了政府当局行政管理的措施逐渐完善。最后,社会局将女招待的监管责任落实到商家,如果女招待违反规则受到处罚,"其工作商店之经理人应受同等之罚款",这有利于从源头上杜绝商家利用女性魅力招徕顾客的做法。警察局对女招待的管理则侧重于治安和稽查,如:规定女招待除了需到警察局核查登记证外,还必须"到司法课指设股按印指模始得执业",而且登记证有效期为6个月,定期更换;要求未成年女子从业必须经其家长或监护人同意并出具证明,商家才能雇用,其管理明显较社会局为严。尽管女招待此时已是合法职业,但由于社会的偏见,仍摆脱不了"桃色"的身份,因此警察局在制定管理女招待的暂行办法时,特别强调其宗旨是"为养成良俗起见",如果女招待有"行为不端有伤风化者。穿着奇装异服或冶容诲淫者",均应处罚,"必要时得追缴其登记证"。同

---

  ① 《广州市饮食理发业女职工管理暂行规则》,广州市档案馆馆藏档案,10—4—774,第121—123页。

  ② 《广州市警察局管理女职工暂行办法》,广州市档案馆馆藏档案,7—5—4,第54—61页。

样，如果商家"借雇用女职工之名义，暗营卖淫刊布广告意在招徕者"或"故作诱惑广告招徕生意"等，不仅要受罚，"必要时得勒令停止营业"。

战后的广州市政府除颁布系列管制措施对女招待加强管理外，还采纳各妇女团体的建议，于1946年3月21日成立了女职工辅导委员会，专门对女职工进行培训。该会由广州市社会局、广东女界联合会、广州市妇女会等11个有关机关团体的代表组成①，"所有讲师，均为妇女团体重要干部"②。从5月开始，女职工辅导委员会先后对女招待、理发业女职工、女伶三类职业女性进行了以改良社会风气为目的的训练，训练课目主要有妇女问题、总理遗教、领袖言行、精神讲话等。由于组织者重精神训练，轻技能培训，对女招待的实际工作帮助不大，故女招待大多轻视，逃训者众多。更由于女招待培训期间"仍照领工资"③的规定损害了商家的利益，绝大多数商家都想方设法抵制，培训班最终的效果与组织者的初衷相去甚远。

广州女招待是在妇女解放思潮的推动下，伴随着近代社会经济的发展而出现的新兴女性职业。女招待以雇佣关系进入社会，以服务性劳动换取报酬，成为当时底层女性的主要职业之一，拓展了底层女性群体的职业空间。

作为社会生活中的新生职业群体，女招待职业的发展经历了复杂曲折的过程。女招待大多是因为家庭贫困而选择了其职业，为了生活她们忍受店东及顾客苛刻的要求，不仅受人歧视，遭到社会舆论的指责，还因为抢了男工的饭碗，遭到同行的极力抵制。广州市政当局对女招待也是采取压制态度，在20年代曾两度将其禁止。然而随着社会经济的发展，女子进入服务行业已经势不可当，女招待禁而不绝，因此政府不得不承认其为合法职业并采取系列措施进行管理。广州女

---

① 《广州市女职工辅导委员会修正组织章程》，广州市档案馆馆藏档案，10—2—1212，第73页。

② 《继续辅助女工》，广东省妇女联合会、广东省档案馆编《广东妇女运动历史资料》第5辑（内部资料），1991年印行，第515页。

③ 《广州市各业女职工训练班训练计划大纲草案》，广州市档案馆馆藏档案，10—2—1212，第130页。

招待的生存与职业状况,是民国时期底层职业妇女群体的缩影,尽管她们通过斗争取得了就业权,在为家庭带来一定经济收入的同时,也为社会经济的发展做出了贡献,但她们的社会地位始终低下,生活状况也没有得到根本的改善。由此可见,妇女解放必须从法律和制度上加以保障,才能获得真正的解放。

(原载《安徽史学》2016年第5期)

20世纪20年代广州禁止
女招待风波初探

民国肇始，男女平等劳动神圣学说倡行，妇女迈出家门走入社会自食其力的人数增加，但女子职业的发展却障碍重重，步履维艰。20世纪20年代初期出现在广州的新兴女子职业——女招待，由于受传统观念的影响以及现实生活中男女就业机会的矛盾冲突，曾经两度遭禁，成为轰动一时的话题。本文即拟以20世纪20年代广州禁止女招待风波为中心，通过对基本史实的梳理，借以了解民国前期广州下层妇女生存的艰辛和就业的艰难，从而进一步认识妇女解放的任重道远。

一

所谓女招待就是饮食娱乐服务性行业所雇用的女服务员，是近代城市社会经济不断发展的产物，也是下层女性的主要职业之一。中国最早的女招待可以追溯到1870年前后上海烟馆中的"女堂倌"，但不久就被官府取缔。在广州，女招待作为一种新兴职业则出现于20世纪20年代初的茶室之中。

广州人向来嗜好饮茶，尤喜相邀到茶楼或茶室"叹茶"。民国初年，广州长堤一带的新式建筑中"尤以茶楼为多，且皆新式洋楼，高可数层，窗明几净，食品新奇，招待妥善，故人多往长堤品茗"①，因此对旧式茶楼形成了很大的冲击，各茶楼之间"遂皆存竞争之心，或

---

① 阿翔：《廿年来广州茶楼进化小史》，《广州民国日报》1926年5月13日，第4版。

以地方陈设精致胜，或以伙伴善于招徕胜，或以价廉物美胜"①。20年代初，"文雅丽"茶室标新立异，雇用女性充任企堂，使茶室小费收入成倍增加。②更有一位叫大娣的商人借助于五四运动后初兴的女子实业运动，以女权平等为旗号，"在永汉路（今北京路）附近高第街对面首创一家平权女子茶室，继又在十八甫开设一家平等女子茶室，由麦雪姬主持服务工作"③，两间茶室从掌柜到企堂、喊买，全部由女子担任，社会人士慕名而来，络绎不绝，生意兴隆。但由于守旧派人士的肆意抨击和诸多干预，两店不久就被迫停业。"著名女律师苏汉生获悉，大感不平，为维护女权遂挺身而出，仗义执言，遵循法律途径终获法律解决。"④ "此风一开，各茶楼亦纷纷雇用女招待。"⑤稍后，大三元、文园、金龙、银龙、南园、西园等大酒家也相继招雇年轻貌美的女子充当女招待。

最初茶楼女招待仅属临时雇用，衣着朴素，均作女佣装束，提煲冲水，招呼茶客。相对于男企堂，女招待更有心细和蔼等优势，服务更为周到。加之每月工资仅三五元，所以茶室酒楼乐于雇用。又因一些官僚豪绅、富贾商贩"每以饮食阔绰为荣，任性挥霍，博女招待欢心，所谓醉翁之意不在酒，往往光顾三数元，而付小帐成倍，甚或更多"⑥。因此，各茶楼因女招待的增设而盛极一时，女招待也因小费而增加了收入。一般未受教育又没有一技之长的下层女子因女招待收入尚可，纷纷投入此业，以为生计。随着女招待的普及，各茶楼又开始

---

① 阿翔：《廿年来广州茶楼进化小史》，《广州民国日报》1926年5月13日，第4版。
② 邓广彪：《广州饮食业史话》，中国人民政治协商会议广东省广州市委员会文史资料研究委员会编《广州文史资料（选辑）》第18辑，广东人民出版社1980年版，第281页。
③ 冯明泉：《漫谈广州茶楼业》，中国民主建国会、广州市工商业联合会、广州市政协文史资料研究委员会合编《广州文史资料》第36辑，广东人民出版社1986年版，第185页。
④ 张松龄：《旧日广州茶楼的女招待》，萧乾《新编文史笔记丛书·岭峤拾遗》，中华书局2005年版，第82页。
⑤ 文：《女招待时代之茶楼》，《广州民国日报》1925年8月17日，第4版。
⑥ 邓广彪：《广州饮食业史话》，中国人民政治协商会议广东省广州市委员会文史资料研究委员会编《广州文史资料（选辑）》第18辑，第281页。

新一轮竞争。如西横街式式居茶室,"雇用之女招待,皆挑选翘楚可人。尤以三楼上之女招待为最时髦,眼镜长裙,手镯戒指,俨然富家女公子派头"①。不过,此等女招待"只招待房座之茶客,且限于茶客来时,随入来问一次,以后开茶、斟水、上点心另用其次者"。当然,"若常来光顾,打赏最多,及有势有面者,其招待手段又自不同",因此式式居虽然"地方狭小,陈设又简单,食品平常,而取价则异常昂贵"②,仍引来众多的回头客和达官贵人,可称猛极一时。又如西关长寿街某茶楼女招待"特制多袭轻薄衣衫,其袖短而阔,按日穿之"③,以招徕茶客。"当年的四大酒家还特别选雇一两个漂亮姑娘作'生招牌',冠以小姐、美人、公主、皇后等种种称谓,并放大她们的照片,高悬门首,以广宣传"④,再配上诸如"女侍皇后莫倾城小姐恭候光临"等诱惑性广告,使女招待成为广州一景。不仅广州城内茶室酒楼盛行聘用女招待,此风还波及近郊四乡,佛山等地"各茶室酒楼,均有若辈踪迹,几成一种风气"⑤。

二

由于封建传统观念的影响和一些商家的招摇,女招待很快成为社会舆论的焦点,招来种种非议。一些守旧人士以社会整体利益的代表者自居,片面地认定"酒楼茶室之设女招待,无非欲借女色惑人,以广招徕",从业者必是"一般淫娃荡女",她们"时装盛饰,陪酒清歌以博顾客欢心,甚或狂言浪语,打情骂俏,乃至猥亵狎亵"⑥,并主观地认为女招待与女伶、瞽姬等"没有一个不是以卖淫为生活的"⑦,

---

① 文:《我也谈谈旧茶话》,《广州民国日报》1925年10月14日,第9版。
② 同上。
③ 《女招待看》,《广州民国日报》1923年9月20日,第7版。
④ 张松龄:《旧日广州茶楼的女招待》,萧乾《新编文史笔记丛书·岭峤拾遗》,第82页。
⑤ 《女招待普及四乡》,广东省妇女联合会、广东省档案馆编《广东妇女运动历史资料》第4辑(内部资料),1991年印行,第372页。
⑥ 《女招待看》,《广州民国日报》1923年9月20日,第7版。
⑦ 《广州最廉价的几种东西》,《广州民国日报》1925年5月14日,第10版。

女招待等同于娼妓，甚至"每较妓女为甚"，简直就是"人妖"①。因此，许多社会人士强烈要求政府禁止茶室酒楼雇用女招待。同时，女招待的出现也引发了男女就业机会的矛盾冲突。相对于其他职业来说，女招待不需要任何知识和技能，只需年轻漂亮即可，因此许多下层女子前往应聘。而店东也深知许多顾客来茶室酒楼并非单为吃喝，而是借机一睹女招待风采，女招待因此成为店东招徕顾客的一种经营手段。女招待顶替了男企堂，致使部分男工失业，因而引起了他们的强烈不满。广州市茶室酒楼工会为维护男工的利益，还呈请省长公署"严禁各号雇用女子招待"②。

　　鉴于诸多方面的考虑，广东省省长公署于1921年12月下令禁止茶室酒楼雇用女招待，市公安局"每日均着该管警察登门劝告，请其辞退女工，日凡三四次"，虽然许多茶室酒楼因政府"只取干涉态度，并未严行禁止，仍多依旧营业，然在女工生计方面，已受打击不小，于是互相讨论。结果除联名呈请公安局与省长收回成命外，别请女界联合会出面援助"③。1921年12月24日下午，广州女界联合会派出代表伍智梅、庄汉翘、杨若莲等前往广东省省长公署，请求省长取消禁止茶室酒楼女工令。在代表们的据理力争下，省长陈炯明表示"酒楼茶室本可雇用女工，惟必须严加取缔，免伤风化"，但要求"各酒楼茶室房及门帘，须一律撤去，女工服饰，须格外朴实"。④ 政府态度显然有所转变，于是佛山茶居工会召集各茶室男工商议对策，最后议定并经店东允肯"各该茶室酒肆之雇用女工，概作加用，而原用男工额例，无论营业旺淡，均不得减少"⑤。而广州茶居工会则采取了激烈的手段，于1921年12月25日以店东未采纳其意见辞退女招待为由宣布罢工，并组织调查队逐店调查，遇有工人开工者一律驱逐。部分茶楼以众怒难犯被迫将女招待辞退，但中华、性也、一瓯、软红等茶楼则从外面临时雇用工人继续营业，"于是二十五夜，茶室工人复行

---

① 《女招待看》，《广州民国日报》1923年9月20日，第7版。
② 广州市档案馆馆藏档案，资—政—571—46，第13页。
③ 《广州男女工人激战未已》，《晨报》1922年1月7日，第6版。
④ 同上。
⑤ 《女工问题》，《羊城报》1922年1月18日，第6版。

攻击，凡遇别行茶室作厨者，以蹂躏工会权利论，入店殴之，或使人俟于门外，拦途截击，是时有女招待之茶室风声鹤唳"①。其中西关十八甫之贵玉茶室被打得"落花流水"，财政路之软红茶室所雇之人"不敢出门，至夜深由店东以驳壳两枝护送而去"。② 在工会的强大压力之下，最后以数百名女招待被解雇，冲突才得以平息。

经过此次风波之后，凡加入工会之茶室酒楼绝大部分辞退了女招待，"惟一瓯、软红两间以维持女子职业自命，始终独唱单调"③。茶室酒楼工会因此又派出"八百余人包围该两家，请勿雇女工，因股东他往无结果"④。不在工会范围的则暗中继续雇用女招待，不过在名称上或改称"女职员"，或改称"女掌柜"，或干脆"延聘女子担当烹饪事业"。⑤ 而官方对女招待的态度较此前虽有所转变，但从根本上来说仍倾向于茶居工会，对聘用女招待的茶室酒楼多有为难。1922年2月，继续聘用女招待的"一瓯"茶室主人因故被警察局拘禁罚款，再次引发了广州女界的联合请愿行动。2月23日，广州女界联合会召开临时紧急会议，到会者200余人，最后"举出代表市参事邓蕙芳、伍智梅及庄汉翘等，会同各茶室女工代表：一瓯刘绮文、黎伯新、李笔桂，一心李德辉，性也黄丽生，富南王阿好、陈丽，曾光曾哲中，同赴省署请愿"。呈递了有"廖仲恺夫人、徐谦夫人、汪精卫夫人、邹海滨夫人、伍参事智梅、邓参事蕙芳、洪湘臣夫人数十人亲自署名，且有美国人黄骚夫人亦列名其中"⑥ 的请愿书，并当场对省长陈炯明有关女子"择业宜置身高洁"⑦ 等言论进行了辩驳。但这次请愿最终不了了之，女招待被禁止的局面并未改变。

1922年6月陈炯明叛变以后，由于广州政局动荡，政府对女招待

---

① 《广州男女工人激战未已》，《晨报》1922年1月7日，第6版。
② 同上。
③ 同上。
④ 《汕尾市人物研究史料》编纂委员会编：《汕尾市人物研究史料》第2辑（内部资料），1993年印行，第128页。
⑤ 《广东女子职业之大运动》，《申报》1922年3月2日，第7版。
⑥ 同上。
⑦ 《广州女界代表与陈炯明舌战》，《晨报》1922年3月5日，第6版。

问题无从顾及，女招待在广州重又流行开来，其规模大大超过第一次禁止时。除茶室酒楼外，烟馆等也开始雇用女招待，是时"广州烟馆统计约百家，多设繁盛街道内，有女招待，招牌书谈话处"①。就连"顺德属内各茶室酒楼，近染广州风气，雇用年少貌美之女招待，以广招徕"②。面对女招待禁而不止的情况，广州市政府分别采取了措施。对于烟馆女招待，市政府要求公安局"着即饬各区署查明，如果此项烟馆确有雇用女招待情事立即一律禁止，违令者不准开设"③；对于茶室酒楼女招待，市政府则制定规则，详细规定了女招待的服饰、执业时间、职业行为等，对其进行管理④，并要求公安局"认真执行取缔女招待规则，按日派员分巡各酒楼茶室。如遇女招待之不守规则者，着即呼警带案谳罚，勿得瞻徇。倘有犯规多次者，则禁止在各店"⑤。

随着女招待职业的解禁和广州禁娼运动的兴起，一些私娼乘机混迹女招待队伍之中，加上个别女子行为不检点，在广州市公安局严捕私娼的行动中，屡有女招待被查获。⑥ 此外，女招待与顾客私通之类的事件也时有报道。⑦ 这使女招待在社会上的形象愈益受损。1924年7月广州市发生了一起所谓的"女招待杀人案"，在将女招待亚英押往法庭之途中，"某编剧大家更用快镜沿路将之摄影，以为他日演串女招待谋财害命新剧之写真"⑧，《广州民国日报》也进行了跟踪报道，整个广州城沸沸扬扬，社会舆论一片哗然。尽管最终的调查结果证明女招待是无辜的，但当案情尚在调查之时，广州市公安局便认定女招待"谋财害命"，遂以此事为借口，于7月14日张贴布告，要求

---

① 《国内专电》，《申报》1923年5月23日，第3版。
② 《女招待普及四乡》，广东省妇女联合会、广东省档案馆编《广东妇女运动历史资料》第4辑（内部资料），第372页。
③ 《禁烟馆女招待》，《广州民国日报》1924年3月7日，第7版。
④ 广东省社会处编：《广州市市政例规章程汇编》，1924年印行，广东省地方文献馆藏，第256页。
⑤ 《将认真取缔女招待》，《现象报》1924年5月24日，第1版。
⑥ 《大搜私娼情形》，《广州民国日报》1924年5月23日，第9版。
⑦ 《娘子军之威力》，《广州民国日报》1924年5月21日，第10版。
⑧ 《起解谋杀案之女招待情形》，《广州民国日报》1924年7月16日，第7版。

各茶室酒楼"自布告日起,应将女招待概行辞退,倘敢故违,定干究罚"①。在行动上,公安局一方面严查重罚仍在从业之女招待,一经查出,"每名罚大洋五十元"②,同时对违令雇用女招待之茶室酒楼也予以重罚,以儆效尤。一德路一德楼茶室司事麦应祥即因此而被拘传到公安局处以重罚。顺德黄连乡局也张贴布告,警告"故意违抗者,定即饬勇厉行干涉"③。在政府的严厉查禁下,女招待被纷纷辞退,有的失业回家,有的改从他业,有的"改赴各乡镇执业"。一时间广州"各茶室多已无此辈踪迹",有些茶室还因此而倒闭,曾猛极一时的式式居茶室就被迫改为"食品贩卖场"。④此后十余年间,一度兴盛的广州女招待几乎销声匿迹,少有舆论关注。直到30年代中期,随着广州城市社会经济的发展,一些茶室酒楼又重新尝试雇用女招待,政府也逐步解除了禁令,在《广州市酒楼茶室业职业工会女工部章程》⑤的管理下,女招待职业遂成为合法职业。

三

20世纪20年代初,在妇女运动澎湃的广州,因茶室酒楼雇用女招待的问题,引发"男女工人激战",男工们始则罢工,继而动武,沸沸扬扬,"全市为之轰动"。⑥而标榜民治的政府当局居然支持罢工工人的要求,下令禁止茶室酒楼招聘女性招待,进而又引发了广州"女子职业解放大请愿"⑦。这其中隐含的道德观念、就业冲突、女子职业和妇女解放等问题不能不引起我们的思考。

首先,人们的传统道德观念和对女性的偏见仍难以消除。在中国

---

① 《公安局禁止女招待》,《广州民国日报》1924年7月14日,第6版。
② 《拘解违令雇用女招待之司事》,《现象报》1924年12月5日,第1版。
③ 《女招待普及四乡》,广东省妇女联合会、广东省档案馆编《广东妇女运动历史资料》第4辑(内部资料),第372页。
④ 《女招待饭碗之争》,《广州民国日报》1924年7月23日,第7版。
⑤ 《广州市酒楼茶室业职业工会女工部章程》,广州市档案馆藏档案,10—2—599,第17页。
⑥ 《广州男女工人激战未已》,《晨报》1922年1月7日,第6版。
⑦ 《女子职业解放大请愿》,《民国日报》(上海版)1922年3月3日,第7版。

封建社会中，妇女大多"大门不出，二门不迈"，在封闭的家庭小天地里恪守着"女不言外"的道德标准和"男女授受不亲"的闺媛之礼。进入民国后，随着城市社会经济的发展和妇女解放运动的兴起，迈出家门走向社会的新女性越来越多，但传统的观念和偏见在人们的思想里仍根深蒂固，难以消除。尽管此时西方国家饮食服务行业已普遍雇用女性，但在中国，人们对于男企堂招待女顾客习以为常，而对于抛头露面服务于男顾客的女招待则大加指责，并视其为"固启淫靡之风，且于风化有碍"①的下贱职业，具有"私娼的性质"②。诚然，随着人数的增加，女招待队伍良莠不齐，确有一些女招待自身行为不够检点，贻人口实，招致非议。也有一些女招待迫于生计考虑，"不能不投店东之好，放浪形骸，以与座客周旋"③。但是，女招待的工作性质与妓女毕竟有着本质的区别，女招待以穿梭于厅堂侍奉于顾客为本职，出卖的是劳力而不是肉体。况大多数女招待"出劳力作工以谋生"且"安分执事"④，"绝无些少狎亵状态"⑤。只是一些店东在激烈的同行竞争当中，不注意茶室酒楼地方与食品的改良，却在女招待身上花样翻新，招人耳目，利用女色以为摇钱树。顾客当中更有一些"不轨之徒，本其旧日恶习，加以戏侮"，而"女子荏弱，无力与较"⑥，这"纯为恶社会罪恶的表现，不能归咎于女工"⑦，但结果受侮辱的女招待反倒成为社会舆论攻击的对象。而当局对此不是加强茶室酒楼的经营管理，严惩侮辱女性的无耻顾客，保护弱势女招待，相反竟"误信无赖文人之谗言"⑧，不分良莠，笼统地认为"此种女子

---

① 《女招待普及四乡》，广东省妇女联合会、广东省档案馆编《广东妇女运动历史资料》第4辑（内部资料），第372页。
② 同上书，第534页。
③ 《女招待看》，《广州民国日报》1923年9月20日，第7版。
④ 《广东女子职业之大运动》，《申报》1922年3月2日，第7版。
⑤ 沧海：《旅行新广州第四五日的感触》，《民国日报》（上海版）1922年2月17日，第3版。
⑥ 《广东女子职业之大运动》，《申报》1922年3月2日，第7版。
⑦ 啸霞：《茶室女工的讨论》，《民国日报》（上海版）1922年3月3日，第6版。
⑧ 《广东女子职业之大运动》，《申报》1922年3月2日，第7版。

职业，徒碍善良风俗"①，容易招惹是非。于是，在"维持女子人格"②"免伤风化"③等冠冕堂皇的理由下，两度严禁茶室酒楼雇用女招待，以女工失业而避不轨之徒，这无异于"对于被辱之女子加以摧残，而任令侮辱女子之男子逍遥无事"④。可见，女招待始终与道德礼教和社会风化问题纠缠在一起，最终成为传统偏见和社会舆论的牺牲品。

其次，社会就业机会有限，女子职业的发展步履维艰。民国时期广州城市和社会经济虽有所发展，但作为传统的商业城市，近代工业并不十分发达，大型工厂相对较少，传统行业规模又小，加上20年代广东政局动荡，战乱不休，因此社会就业机会非常有限，而广州城市人口却急剧增加，致使竞争激烈，男子尚处于失业的危机中，女子就业就更加困难。虽然广东妇女首开女子参政之先河，继而又兴起女子实业运动，使越来越多的人认识到"妇女解放的先决问题，在经济独立，要达到经济独立目的，当谋女子职业的扩张"，在社会职业日趋多元化的背景下，呼吁"凡是可以为女子职业的事社会上必须尽提倡的义务"⑤，以使城市下层女性有更多的谋生机会。但是，实际上当时广州市女子职业的范围很小，女教师、女医生、女职员等均需知识女性，电话女司机（接话员）、铁路查票员等所需人员有限，能大量容纳女工的缫丝厂此时受日本丝的排挤也日渐萎缩，"各行生涯冷淡，各项女工半停辍"⑥。因此，在女子教育尚未普及的20年代初期，对于众多的广州下层女性而言，可供选择的职业并不多。其中以雇佣关系进入社会，以服务性劳动换取报酬，无须任何知识和技能的女招待就成为越来越多的下层女性的选择。这样一来，女招待不仅抢了茶室酒楼男工的饭碗，招致男工的反对，抑或是在女招待内部也因供过于求而互相抵制。广州第二次禁止女招待后，顺德"大良各酒楼茶居之

---

① 《公安局禁止女招待》，《广州民国日报》1924年7月14日，第6版。
② 《广东女子职业之大运动》，《申报》1922年3月2日，第7版。
③ 《广州男女工人激战未已》，《晨报》1922年1月7日，第6版。
④ 《广东女子职业之大运动》，《申报》1922年3月2日，第7版。
⑤ 啸霞：《茶室女工的讨论》，《民国日报》（上海版）1922年3月3日，第6版。
⑥ 《佛山女招待之价值》，《现象报》1924年10月3日，第2版。

女招待，以饭碗问题所关，特相约团结，实行拒绝由省来之女招待，并一面向各酒楼东家提出警告，以不得用由省来之女招待为条件，否则一律罢工"①。而佛山女招待"向日工资，每月可得廿元之谱，兹则以觅食人多，供过于求，不得不自贬其值以谋栖身之所，闻现在女招待中，虽具有姿色，而工情善媚者，亦每月仅值工资十元至十二元，其下焉者更遭拒绝，系雇用者，亦不过月薪数元"②。由此可见民国时期女子职业发展之艰难。

最后，女性独立意识虽有所增强，但妇女解放任重道远。自五四运动以后，男女平等的呼声日益高涨，部分妇女逐渐意识到妇女解放的先决问题是经济独立，因此"稍有觉悟，舍其坐食之素习，本其劳力以谋生"③者越来越多。女招待既为下层女性谋生之职业，故当政府下令禁止时，她们必然要群起而抗争，除了"别请女界联合会出面援助"，利用社会力量维护自身利益外，还认识到"此次之失败，皆由无团体所致"④，因此准备自行组织女工工会，成为争取女性解放的勇敢践行者。当女招待第二次遭禁后，部分女招待又借长堤先施天台茶室为会场，发起组织职业介绍所，为失业女工寻找出路。⑤虽然这表明她们的独立意识在逐渐增强，但是，社会并没有给予男女平等以真正的认可，男工所能为之茶室酒楼企堂职业，以女性充之就成为不"高洁"的职业。在整个禁止风波中，女招待始终是弱势群体，如果说在第一次禁止时舆论方面还有微弱的支持之声，行动方面还有女界联合会的挺身而出，那么第二次禁止时女招待则完全处于一种无助的境地。她们势单力薄，在以男权为中心的社会，根本无力与男性主流相抗衡。在舆论的压力和政府的压制下，最后她们连发起组织职业介绍所都不敢公开⑥，又何来真正的男女平等。所有这一切说明，妇女解放任重道远，它不仅需要帮助妇女提高自身的文化素质以适应高层

---

① 《女招待饭碗之争》，《广州民国日报》1924年7月23日，第7版。
② 《佛山女招待之价值》，《现象报》1924年10月3日，第2版。
③ 《广东女子职业之大运动》，《申报》1922年3月2日，第7版。
④ 《酒楼茶室女工组织工会》，《广东群报》1922年3月11日，第7版。
⑤ 《女招待禁后所闻》，《广州民国日报》1924年7月15日，第7版。
⑥ 同上。

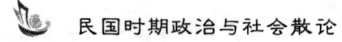

次的职业选择，更需要社会的发展和宽容为妇女提供更多的就业机会，而最根本的问题则是要从法律和制度上对妇女就业男女平等加以保障，但这恰恰又是民国政府不能企及的。

(原载《历史教学》2008年第4期)

瞽姬与清末民初广州城市文化娱乐生活

瞽姬是晚清至民国时期粤语流行区失明弹唱女艺人的专称，亦称"师娘"，民间则多如徐珂在《清稗类钞》中所记"盲女弹唱，广州有之，谓之曰盲妹"①。初时瞽姬多在老妇牵引下，"游行市中以待人呼唤"②至家中演唱。清末民初，瞽姬开始进入茶楼歌坛唱曲，一度使广州的"茶""曲"生意两旺。至20年代女伶兴起，逐渐取代了瞽姬在茶楼歌坛的地位，大多数瞽姬重新过上不稳定的街头"揾食"生涯，有的甚至沦落为娼。瞽姬作为特殊的弱势群体，出身低下，身份卑微，毫无社会地位可言，更兼少数瞽姬被迫卖淫，从而影响了整个瞽姬群体在世人眼中的形象。但是，她们对于清末民初广州的城市文化娱乐生活却产生了极大的影响，在丰富市民的文化娱乐生活、拓展市民的文化娱乐空间以及推动粤曲的发展与普及等方面起了重要作用。

一 丰富市民的文化娱乐生活

清末民初，虽然已有西方文化娱乐形式传入广州，但种类少，规模小，影响不大。1903年前后，广州开始有了电影放映活动，但"所放的仅是几分钟至二三十分钟的风景、动物、卡通等短片"③，且

---

① 徐珂编撰：《清稗类钞》第10册，中华书局1986年版，总第4928页。
② 同上。
③ 曾觉：《建国前广州的电影业》，萧乾主编《新编文史笔记丛书·羊城撷采》，中华书局2005年版，第114页。

为招待亲朋，并不对外。清末"其正式名画院者，以惠爱八约城隍庙内之镜花台为首；西关十八甫之民智画院、广府署前之通灵台、十六甫璇源桥脚之民乐院次之"①，均放映一些短片，观众极为有限，维持时间也不长。到辛亥革命前后，广州一些戏院偶尔也放映被时人称为"电光影画戏"的电影短片②，但并不普遍。辛亥革命前，陈少白等革命党人组织白话剧社，用话剧加粤剧曲调的形式编演新戏，抨击时弊，宣传革命。这些剧社只是采用白话（粤语）演出，而非真正意义上的话剧，在辛亥革命后逐渐衰落，故广州早期的话剧主要起政治鼓动作用，而非普通民众的娱乐形式。至于西洋音乐等高雅艺术，直到20年代中期，"除少数学界得开游艺大会、听其姑娘歌诗外，我辈老百姓，欲一望其门墙而不可得，安复能升堂入座、一聆裙屐之骄音"③，清末民初就更为稀少。

相对而言，清末民初广州市民文化娱乐的方式更多的是以传统戏曲为主要内容。光绪年间，一度因艺人响应太平军起义而遭禁的粤剧重新开禁，并在广州建成八和会馆，粤剧开始复兴。到辛亥革命前后，粤剧由桂林官话改用广州方言演唱，又将假嗓演唱改为实声演唱，大受广州观众欢迎。但由于此时的粤剧还没有完全脱离受聘演出的模式，戏班多受聘在周边县乡赶场演出，"简直抽不出空到广州城内外的戏院上演"④，所以时人有"返乡下看戏"的口头禅。城里戏院即使有演出，票价也非普通市民所能承受。以有相对固定收入的产业工人为例，民初广州产业工人日收入在二至四角，而戏院消费男位最高可至一元，女位最高可至七角，男女位最低的也需一角。因此，尽管清末民初粤剧已大有发展，观众也在不断增加，但总体上来说到戏院看"大戏"或赴堂会欣赏粤剧基本上还是社会上层人士的专利，

---

① 广州市地方志编纂委员会：《广州市志》第16卷，广州出版社1999年版，第329页。
② 《河南戏院演新影画戏》，《国事报》1910年5月6日，第7版。
③ 润公：《歌坛燃犀录》（二），《广州民国日报》1925年7月21日，第4版。
④ 陈卓莹：《试探广东曲艺源流》，中国人民政治协商会议广东省广州市委员会文史资料研究委员会编《广州文史资料（选辑）》第17辑，广东人民出版社1979年版，第194页。

中下层普通市民除有热闹一时的神诞节庆酬神庙会的草台戏可一饱眼福外，不可能经常"领略这种滋味"。

与粤剧不同的是，演唱粤曲只需伴奏，没有表演，不需要舞台和行头，不受场地的限制，演唱也较随意，因此更易于流传，在社会各阶层中有着更深厚的群众基础。如果说清末民初的广州电影放映稀少，少数市民观看是出于好奇，"大戏"少且贵，进戏院是一种享受，那么听曲则是广州人骨子里的嗜好。加之招人唱曲时间可长可短，极为灵活，又能共娱共乐，因此，"负贩人家，租以为楼宿之所"，也常"招引瞽姬度曲，以消永夜"。① 还有七夕等民间节日，各家多"邀集亲友，唤招瞽姬（俗称盲妹），作终夜之乐，平家小户，亦必勉力为之，以应时节"②。就连西门外金沙滩聚居的工人"每逢暑夜围坐街外，闲语纳凉或聆瞽姬曼歌"③，费用则由众人捐资。瞽姬将粤曲带入茶楼公众舞台演唱后，听众包括了商人、手工业者、医生、教师、学生、记者、军人甚至苦力等社会各阶层人士，形成了文化娱乐最庞大的参与群体。市民在"叹茶"的同时，无须额外付费就可欣赏到瞽姬唱曲，难怪广州市民把"夜晚饮一顿茶、听瞽姬、看女伶"看成"更觉疏肝"④的一件日常乐事。一些曲迷为听瞽姬唱曲，"无论河南河北，靡不追踪而往，不惜苦了双腿"，痴迷到"听到耳油流出"⑤的程度。

同时，瞽姬唱曲还带动了市民参与自娱自乐。一般人家邀请瞽姬多为听曲，而较大的堂会常是"师娘欢唱客欢弹"⑥。更有一些被称作"玩家"（类似于京剧票友）的业余粤曲爱好者，闲时常常聚集在一起开设"灯笼局"，自带乐器伴奏，邀请瞽姬演唱，还欢迎街坊邻里参加，宾主不分，通宵达旦。清末民初，这种瞽姬与市民一起自娱

---

① 《巡警执法》，《时事画报》1905年第2期，第4页。
② 胡朴安编著：《中华全国风俗志》下篇卷7《广州岁时记》，中州古籍出版社1990年版，第14页。
③ 《沓嵞招尤》，《安雅书局世说编》1901年8月16日，第4版。
④ 黄行：《进庐杂缀·饮茶》，《广州民国日报》1925年7月18日，第4版。
⑤ 文：《茶经（九）·唱瞽姬时代之茶楼》，《广州民国日报》1925年8月14日，第4版。
⑥ 雷梦水等编：《中华竹枝词》，北京古籍出版社1997年版，第2937页。

自乐的娱乐形式在广州西关的陈基街、十八甫路、多宝路、耀华路、宝华街一带非常活跃。

在西式文化娱乐尚未大规模进入广州、传统文化娱乐又不能完全满足市民需求的清末民初，瞽姬演唱粤曲迎合带动了广州市民"好歌"的习俗，进一步丰富了市民的文化娱乐生活。

二 拓展市民的文化娱乐空间

市民的文化娱乐空间主要表现为市民拥有文化娱乐场所的平均分配量。清末民初，广州市民的公共文化娱乐场所主要有庙会、戏院、游艺场、电影院及茶楼。

广州自明代开始有酬神祭祀的神庙戏台，至清末"惟繁盛街市之神庙，或有戏台"①，其中西关天后庙、三届庙、北帝庙及黄埔南海神庙等处的戏台设计讲究，建筑精良。每逢神诞祭祀节日庆典等庙会活动，大祠庙的固定戏台或一般祠庙的临时草台便开演"大戏"，市民可以免费观看，场内还有唱曲、杂耍、木偶戏等以娱观众。这种祠庙的露天戏坪场地虽大，有的可站立上千至数千人，但这种定时而非常年性的娱乐活动形式从时间上限制了市民对娱乐空间的利用。

自清咸丰年间粤剧因李文茂起义而遭清廷禁演后，广州早期的戏院尽废。后禁令稍弛，"诸班惟借神诞日于庙前登台开演，坐客之地，或为竹棚蓬厂，或为店上小楼，座既狭隘，伸舒不便，而复有所谓逼地台者，不收坐费，任人立看，挤拥如山"②。1889年，广州第一家对公众售票演出的戏院——广庆戏院在西关落成，但开业一年左右即关闭。此后相继建成的十几家戏院虽然大多交通便利，舞台宽阔，有的座位多至上千，但由于粤剧戏班多在乡下演出，"广州城的戏院经常丢空"③，无戏可演，有的不得不加映"影画戏"以招徕观众。除

---

① 徐珂编撰：《清稗类钞》第11册，中华书局1986年版，总第5048页。
② 《论粤省禁设戏园》，《香港华字日报》1895年8月3日，第4页。
③ 陈卓莹：《试探广东曲艺源流》，中国人民政治协商会议广东省广州市委员会文史资料研究委员会编《广州文史资料（选辑）》第17辑，第195页。

规模较大的河南、海珠、乐善、南关、东关等数家戏院经营得法尚能维持外，其余的戏院"往往辍演"①，因此存世时间不长。1913年，侨商集资仿上海天蟾大舞台建成的广舞台戏院，富丽堂皇，能容纳两千多观众，是广州最大规模的戏院，可惜开业次年即毁于火灾。民国初年建成的宝华、西关、民乐三家戏院也因档次不高、场地狭小而营业有限。清末民初广州或存或废的十几家戏院所提供的公众文化娱乐空间对于人口剧增的广州来说显然不能满足其需求。

在清末民初广州新兴的文化娱乐形式中，早期话剧没有自己的演出场所。电影虽在光绪年间传入广州，但"初时仅在茶楼放映"②，后有影画院建成，多不正规，且因承饷过重，"多半亏本，城内更甚，如榨粉街桂香街，皆仅演数十天，□行闭歇"③。直到1920年长堤大马路明珠影画院建成，广州始有正规电影院。而清末民初开始出现于百货公司楼顶的天台游乐场，虽有粤剧、曲艺、"影画"等演出活动，为消费者提供娱乐服务，但早期的百货公司本身规模不大，场地有限，作为附设的游乐场空间较为狭小，不可能容纳更多的观众。另外，在广州的公园中，建于清末的黄埔公园仅为休闲去处和政治会场，且远离市区。1918年建成开放的第一公园在安装扬声器播放广州市播音台的音乐节目之前，也不具备文化娱乐功能。

中国人爱喝茶，故南北各地均有档次不一的茶馆、茶园、茶楼，多兼有戏曲演唱内容。近代以来，茶馆、茶园、茶楼的戏曲演唱逐渐成为吸引茶客的重要招徕手段。如北京的书茶馆主要唱大鼓书，天津的茶园多以戏剧为主，苏州的茶馆附设曲艺场演出评弹，成都的大小茶馆更是川剧、曲艺、木偶、杂耍俱全。广州的茶楼唱曲稍晚于上述各地，但兴起之后发展迅速。

广州是岭南重要的政治经济中心，达官贵人聚集，闲来无事到高档茶楼品茗听曲成为时髦消遣。清末民初的广州还是典型的商业城市

---

① 徐珂：《清稗类钞》第11册，总第5048页。
② 曾觉：《建国前广州的电影业》，萧乾主编《新编文史笔记丛书·羊城撷采》，第114页。
③ 《又有一广智实业影画宣讲所》，《国民报》1912年9月28日，第2张第2页。

和消费城市，商人群体庞大，有闲阶层人数众多，商谈生意，结交朋友，茶楼无疑是最合适的去处。就连普通市民和劳工大众在劳作之余也喜欢到低档的"二厘馆"休闲消遣，以廉价的"一盅两件"填饱肚子，既经济又实惠。因此，尽管档次不同，但"上茶楼叹茶"成了广州各阶层人士共同的嗜好和生活习惯，"甚有以一日的工资，就作一日的茶费，呼朋引类，习以为常"。① 星罗棋布的茶楼成为广州市民日常消遣的首选场所。正因为如此，清末西关的初一楼在茶厅内首设歌坛，请瞽姬演唱粤曲，深受茶客欢迎，很快就在广州市内各茶楼推广开来，而且影响到珠江三角洲的许多城镇。

广州茶楼不似天津茶园，空间相对狭小，因此没有戏台之设。所谓茶楼歌坛即在厅内一侧搭建稍高木台，仅置一几两椅，两位瞽姬分坐两旁，面对茶客，自弹自唱粤曲，规模稍大的加带几位伴奏。茶楼以此为招徕手段，而茶客"以有嘢食有嘢听，果然闻声而集者，座为之满。此风一开，各茶楼亦纷纷效尤"②，很快"全市茶楼，如无瞽姬度曲者，几至无人过问"③。而延请瞽姬唱曲的茶楼，"虽茶价增加了，却极受茶客欢迎，尤以夜场更见挤拥"④，以至于"米珠薪桂了无惊，装饰奢华饮食精。绝似歌舞升平日，茶楼处处管弦声"⑤。直到20年代初，明眼女艺人——女伶进入茶楼歌坛形成取代瞽姬之势时，广州仍有十几家茶楼请瞽姬唱曲。

茶楼原本是饮食消费空间，加唱瞽姬后，兼有了文化娱乐功能。广州市内茶楼林立，瞽姬唱曲带动了茶楼经济的同时，也极大地拓展了市民的文化娱乐空间，弥补了清末民初广州戏院和"影画院"不能满足市民文化生活需求的不足。同时，广州人从早到晚"每天要饮三

---

① 荷：《涎香楼变作课室》，《广州民国日报》1925年10月24日，第9版。
② 文：《茶经（九）·唱瞽姬时代之茶楼》，《广州民国日报》1925年8月14日，第4版。
③ 《瞽姬生活之调查》，《广东群报》1921年3月26日，第3版。
④ 陈卓莹：《试探广东曲艺源流》，中国人民政治协商会议广东省广州市委员会文史资料研究委员会编《广州文史资料（选辑）》第17辑，第195页。
⑤ 雷梦水等编：《中华竹枝词》，第3009页。

顿茶"①，瞽姬演唱也有日场和夜场，这样一来，市民的文化娱乐空间从时间的延长上进一步得到扩展。

三 推动粤曲的发展与普及

岭南地区的民间说唱艺术历史悠久，曲种繁多。明末清初主要有木鱼、龙舟、南音、粤讴等，晚清道光年间开始出现粤曲，并逐渐成为流传最广、影响最大的广东曲艺。粤曲源自粤剧的声腔，有演唱有伴奏，但无粤剧式的表演，因此道光年间兴起后，很快流行于整个珠江三角洲地区，后来甚至传唱到有粤籍华人华侨聚居的世界各地，有着广泛的群众基础。

在粤曲发展的历史上，1862年之前被称作"八音班"时期，即由八名乐师组成演奏小班，一边吹打乐器，一边清唱粤剧。这种八音班除了应邀赴民间的酬神、节庆等活动演唱外，主要是在城乡巡回演出。同治初年，广州开始出现专门收养盲女传授粤曲等演唱技艺的"堂口"，培养能弹能唱的瞽姬（尊称为"师娘"），自此粤曲发展进入"师娘时期"。直到1923年前后，受女伶登台唱曲的冲击，瞽姬逐渐退出茶楼歌坛，粤曲发展结束了"师娘时期"，进入"女伶时期"。

"师娘时期"的瞽姬堂口不像八音班时随班带徒，而是以固定的堂口组织收养盲女培养瞽姬。由于粤曲不同于粤剧，没有表演，完全凭唱功取胜，因此对演唱技艺要求颇高。同时，堂口的师母（也就是被收养盲女的养母）"教养盲女，指望盲女作摇钱树，而且要强迫她早些快些赚钱，因此管教是严格的"②，"教授时，必使其歌喉婉转，按声合拍，稍不如法，鞭挞随之，或罚令长跪"③。不过，具有养母师母双重身份的老瞽姬，"希望养女、徒弟比她自己还强，至少和自己

---

① 黄行：《进庐杂缀·饮茶》，《广州民国日报》1925年7月18日，第4版。
② 温丽容：《广州"师娘"》，中国人民政治协商会议广东省广州市委员会文史资料研究委员会编《广州文史资料》第9辑，广东人民出版社1963版，第3页。
③ 《又将干涉瞽姬蓄徒》，《安雅报》1912年6月26日，第2版。

差不多，总是尽心教导，毫无保留的"①。所教内容有琵琶、扬琴、胡琴等乐器和生、旦、净等唱腔，故"总有几个老师，各展所长来教学徒"②。

经过严格的训练和演唱实践，瞽姬一般都具备了较为扎实的艺术功底，其出类拔萃者不仅唱红了省港歌坛，而且对粤曲的改良和发展做出了重大的贡献。八音班时由于人多，故演唱时成员分饰曲中生、旦、净、丑各角色，而瞽姬演唱多是单独出台或两人对唱，生、旦、净、丑兼具，这就更符合曲艺独特的一人多角、一人多腔的艺术表演形式。粤曲早期的曲目基本上是来自粤剧的脚本，但经过瞽姬长期的演唱积累，粤曲开始脱离粤剧脚本，有了自己的演唱曲目，代表作品为著名的"八大曲本"套曲，即《百里奚会妻》《辩才释妖》《黛玉葬花》《六郎罪子》《弃楚归汉》《鲁智深出家》《附荐何文秀》《雪中贤》。瞽姬对粤曲的改良还表现在开创了用小曲作为曲牌填词的先例，并且自创"喃呒腔""解心腔"等新的粤曲唱腔，丰富了粤曲的艺术表现手法。

早期的瞽姬学成之后，多由一侍从老妇牵引上街卖唱，较有名气的瞽姬一般应邀登门演唱，或赴"玩家"的"灯笼局"。清末民初，广州茶楼开设歌坛后，瞽姬多在茶楼演唱，吸引了各阶层人士，扩大了粤曲的听众群体，并涌现出月英、汉英、翠燕、馥兰、群芳、二妹、丽容等一批人所皆知的佼佼者。另外，"玩家"不仅爱好粤曲，且多有一定的音乐造诣，他们在与瞽姬伴奏唱和的过程中，边欣赏边研究，共同切磋技艺，试创新曲，试唱新声。这样日积月累，也有助于粤曲的发展与普及。

综上所述，清末民初生活在社会最底层的瞽姬是一个特殊的下层职业女性群体，她们的社会地位决定了她们毫无社会话语权，但她们的歌喉却唱响了广州的茶楼歌坛。她们在遭受着生活不幸的同时，给

---

① 熊飞影、源妙生、袁影荷、黄佩英：《广州"女伶"》，中国人民政治协商会议广东省广州市委员会文史资料研究委员会编《广州文史资料》第9辑，第24页。

② 温丽容：《广州"师娘"》，中国人民政治协商会议广东省广州市委员会文史资料研究委员会编《广州文史资料》第9辑，第3页。

普通市民带来了极大的欢愉，在文化娱乐相对匮乏的时代丰富了市民的文化娱乐生活。她们以扎实的艺术功底改良和推动着粤曲的发展与普及，受到曲迷听众的普遍欢迎，涌现出众多的歌坛明星和疯狂的"追星族"，成为清末民初广州特有的社会文化现象。

（原载《历史教学》2010年第1期）

近代广州瞽姬探析

瞽姬是近代岭南地区的失明弹唱女艺人，俗称盲妹，尊称师娘。作为一种职业，学戏唱曲历来被认为是"下九流"的"贱业"。作为一个群体，残疾女性可谓是弱势中的弱势。因此瞽姬的生活经历反映了近代社会最底层民众的生存状况，其从业历程也折射出近代社会底层女性职业生涯的艰难。本文试通过近代广州瞽姬的兴衰历程，来考察近代社会变迁之下广州瞽姬这个特殊职业群体的历史命运。

一　依托堂口走街卖唱

岭南地区民间说唱艺术源远流长，至清代中期已有木鱼、龙舟、板眼、南音、粤讴、咸水歌、客家山歌等。道光初年，民间艺人利用粤剧的声腔和脚本，融合上述多种岭南地方曲艺的精华又形成了粤曲。"粤人好歌"[①]，除了农闲工余民众的自娱自乐外，还有一支以盲人为主体的民间专业艺人群体活跃于城乡，其中"男性的偏于唱南音和板眼，女性的偏于唱粤讴和粤曲"[②]。

1855年，因粤剧艺人李文茂组织"粤剧子弟兵"参加太平天国起义，清政府下令解散粤剧戏班，禁止粤剧演出。这在客观上为源于粤剧声腔并采用粤剧脚本演唱的粤曲演唱提供了更多的机会。19世纪60年代初，随着听众市场的扩大，一些有一定资财和声誉的老一代失

---

① 《粤人好歌》，徐珂编撰《清稗类钞》第10册，中华书局1986年版，总第4928页。
② 陈卓莹：《试探广东曲艺源流》，中国民政治协商会议广东省广州市委员会文史资料研究委员会编《广州文史资料选辑》第9辑，广东人民出版社1979年版，第191页。

明女艺人捕捉到商机,在广州、佛山等地开设并经营专门收养女盲童教授粤曲粤讴等演唱技艺的"堂口",集中培养弹唱艺人。晚清时期广州商品经济发达,有钱有闲阶层对娱乐生活的需求增加,促使瞽姬堂口发展迅速。至清末,广州城内堂口多至数十个,各堂口人数不等,一般来说,堂口规模的大小视堂主实力的强弱而定。最大的"绮兰堂"鼎盛时期数代同堂,人口逾百。堂口的堂主多以"养母"身份收养年幼的盲女为"养女",再以师徒的关系教授其曲艺,学成后外出度曲赚钱,"使为日后养老之资"①。也有一些明眼之人专事蓄养盲女,请人代为教授弹唱,以此为生利之道。甚至还有一些"养母"为逐利而泯灭人性,贱价收养"生而艳丽"的贫家女孩,"揉之使盲"②。较正规的堂口除了严格教授曲艺本身外,还注重仪容仪表、应付进退等生活礼仪与行业规矩的传授。盲女学成后,先"跟随老师或其他老练的艺人出去演唱"③,能独自演唱时即"出身"为专业瞽姬,此后便开始外出度曲,为养母赚钱。

由于瞽姬的水平参差不齐,因此各自的待遇也不相同。绝大多数声、色、艺一般的瞽姬,吃的"不过是极劣的粗米和些咸鱼,及白煮的大头菜而已"④,住在"湫隘而且黑暗的矮屋里"⑤,平时破衣烂衫,外出度曲时才身着光鲜的衣服,由一"老妪牵之,游行市肆售曲"⑥,被称为"走街"或"数街石"。没有拖婆牵引的瞽姬只能自己"乱撞乱跌"地踩蹡于街巷,等待顾曲者的召唤。年老色衰的瞽姬生活更为凄惨,她们三五人自行组合,在街头卖唱换回的却常是残羹剩饭。少数声、色、艺兼具的当红瞽姬,身着养母为其配置的上等服饰行头,

---

① 《又将干涉瞽姬蓄徒》,《安雅报》1912年6月26日,第2版。
② 《盲妹弹唱》,徐珂编撰《清稗类钞》第10册,总第4941页。
③ 温丽容:《广州"师娘"》,中国人民政治协商会议广东省广州市委员会文史资料研究委员会编《广州文史资料》第9辑,广东人民出版社1963年版,第4页。
④ 素心:《再谈〈广州的瞽姬〉》,《广州民国日报》1931年12月29日,第4张第3版。
⑤ 同上。
⑥ 《盲妹》,(清)汪康年辑《庄谐选录》,台北新文丰出版公司1978年版,第261页。

"出门照例坐轿子,有跟人,携着一切随身应用的物品跟在后面"①,故有"大轿盲妹"之称。她们外出度曲的间隙有北芪南枣汤喝,唱完之后还有宵夜。

著名的瞽姬从不"走街",她们专门应邀到大户人家唱堂会,或是到一些所谓"玩家"的业余音乐爱好者自娱自乐的"灯笼局"切磋拍和。广州的民间信仰极盛,因此民间节诞也很多。每逢初一、十五等民间节诞,著名的瞽姬还会被邀请到街坊邻里搭建的戏棚唱曲。她们一般都是演唱完整的"八大曲本",演唱时间较长,报酬也较丰厚。"走街"瞽姬的顾曲者多是小户人家。"通常是街坊中的几户人家,每人出十文八文铜钱,待失明艺人经过时,便请她们唱歌,议定多少钱唱一曲之后,便合资请她们演唱。"②也有租屋居住的"负贩小家"临时"招引瞽姬度曲,以消夏夜"③的。就连城外居住的工人,"每逢暑夜围坐街外,闲语纳凉或聆瞽姬曼歌"④。在七夕等民间传统节日里,有女儿的人家邀请瞽姬唱曲更成一种风气,即便是贫家小户"亦必勉力为之,以应时节"⑤。1898年港英当局解除限制华人行动自由的宵禁令后,广州的瞽姬还前往香港谋生。

随着瞽姬唱曲的流行,卖唱揾食成为越来越多的失明女子无奈的选择,但由于自身的残疾,注定了她们的职业道路无比艰辛。学艺时,盲人教盲人,困难很多,稍不如师意便遭毒打、罚跪、禁闭。外出度曲无论严寒酷暑,风雨无阻。如有幸被顾,"演唱三四个钟头,滴水不入口,唱完出来,有时经过家门,进去喝点水,养母就立刻把她们赶出去,不到天亮是不许回家的"⑥,每晚得钱仅数十文,全部归养母。"偶遇凶横强暴,不但身遭蹂躏,分文不获,连仅有的一些妆

---

① 温丽容:《广州"师娘"》,中国人民政治协商会议广东省广州市委员会文史资料研究委员会编《广州文史资料》第9辑,第5页。
② 鲁金:《粤曲歌坛话沧桑》,香港三联书店1994年版,第11页。
③ 《警兵执法》,《时事画报》1905年第2期,第4页。
④ 《咨嵩招尤》,《安雅书局世说编》1901年8月16日,第4版。
⑤ 胡朴安编著:《中华全国风俗志》下篇卷7《广州岁时纪》,中州古籍出版社1990年版,第14页。
⑥ 温丽容:《广州"师娘"》,中国人民政治协商会议广东省广州市委员会文史资料研究委员会编《广州文史资料》第9辑,第9页。

饰或光鲜衣著也被强行夺去。"①一些"老瞽姬之刻毒者，每夜限其得钱若干，倘不足数，则鞭笞齿咬，无所不至"②，"养母最后一手，就迫她们卖淫，比最下等的娼妓还不如"③，因而有广州瞽姬"其苦百倍于上海野鸡"④之说。

应该承认，在医疗水平低下、社会保障制度极不完善的晚清时期，广州的瞽姬堂口这种形式在一定程度上解决了部分残疾人的生存问题。但由于政府缺乏有效的管理，只是从维护社会治安和社会风气的角度考虑，规定瞽姬度曲或客栈"旅客如有招盲妹弹唱不得过十二点钟"⑤。同时，在接到举报或巡警发现后，才对虐待瞽姬或迫其卖淫的养母拘禁究罚，将解救之瞽姬送往外国人所办之慕光瞽目院代为收容安置，不可能解救所有受虐瞽姬于水火，更不可能给予所有残疾群体有效的社会救助。

二 茶楼歌坛风靡一时

瞽姬登上歌坛唱曲始于辛亥革命前夕，此后十几年，从天台游乐场到赌场烟馆再到茶楼酒肆，一路唱响广州，在很大程度上影响了广州市民主流文化娱乐生活的走向。

广州毗邻香港，受其影响，在辛亥革命前后已陆续建成真光、大新、西堤大新等几家百货公司，并仿香港先施公司，结合购物与游乐，利用楼顶天台开设游乐场，招揽顾客。聘请著名瞽姬演唱粤曲即游乐内容之一，天台游乐场的歌坛也就成为瞽姬最早的固定演唱场所。不过，当时的天台游乐场毕竟寥寥无几，受聘瞽姬也只区区数人，而且露天场地的演唱还须望天打卦，能进百货公司购物的市民又

---

① 苏文炳：《旧社会广州一条盲妹街》，萧乾主编《新编文史笔记丛书·羊城撷采》，中华书局2005年版，第147页。
② 《巡警之文明干涉》，《时事画报》1906年第23期，第7页下。
③ 温丽容：《广州"师娘"》，中国人民政治协商会议广东省广州市委员会文史资料研究委员会编《广州文史资料》第9辑，第9页。
④ 《盲妹》，（清）汪康年辑《庄谐选录》，第261页。
⑤ 《取缔客栈章程二十二条》，《广东警务官报》1910年第3期，第45页。

极为有限,因此天台游乐场歌坛对整个瞽姬群体和广大市民影响不大。

民国初年,广东军政府曾发布命令,严禁烟、赌、娼。但龙济光督粤后,为了敛集军费扩充军队,开放烟、赌、娼,一时间广州城内遍布赌场、烟馆和妓院。1915年广东试行鸦片专卖,更加剧了广州的烟毒之害。在激烈的竞争中,善于投机钻营的赌徒邬就为了讨好赌场老板,献计"请些会唱曲的'盲妹'来赌场卖唱,以此招徕赌客,带旺赌场"①,果然受到赌徒欢迎。而鸦片烟馆的营业形式较赌场更适合艺人卖唱,因此烟馆老板也群起效仿,纷纷请邬就代为雇佣瞽姬唱曲。瞽姬从此又多了一个相对固定的演唱场所,而邬就也逐渐发展为广州最大的"包家"(中介人),几乎垄断了瞽姬在赌场烟馆以至后来茶楼歌坛唱曲的大部分经纪业务。但是,赌场烟馆毕竟是非正当营生,所以较有名气的瞽姬基本上不到这些场所演唱,到赌场烟馆的一般都是三、四流的角色,形不成主流娱乐。真正引导广州市民主流文化娱乐生活的粤曲歌坛是从茶楼开始的。

广州的岭南式茶楼兴起于19世纪末期。光绪年间,广州对外贸易兴盛,为适应客商们洽谈生意的需求,雅致安静略备茶点的岭南式茶楼便应运而生。此后,随着茶楼的增加,无论商贾洽谈生意、官宦政治交易,还是市民休闲会友、苦力歇脚果腹,"上茶楼"几乎成了广州市民的一种生活常态。有外地人甚至打趣广州人道:"除却食饭屙屎外,每天要饮三顿茶。"②"然因家数太多,为营业竞争起见,乃于食品精廉之外,别求顾客娱乐舒适之道。"③ 于是,在粤人"茶""曲"同嗜又有赌场先例的情况下,瞽姬进入茶楼歌坛唱曲也就势在必行。

1916年,广州十三行怡心茶楼老板聘请瞽姬到茶楼唱曲,茶客以耳目口腹兼得,故趋之若鹜,"一时客似云来"④。其他茶楼相率效

---

① 苏文炳口述,谢伟国编:《红尘往事》,中国戏曲出版社2005年版,第36页。
② 黄行:《进庐杂缀·饮茶》,《广州民国日报》1925年7月18日,第4版。
③ 《广州年鉴》编纂委员会编辑:《广州年鉴》卷8,1935年,第91页。
④ 陈铁儿:《粤剧歌乐近百年来的迁变》,《广东文献季刊》1984年第2期,第74页。

仿，就连苦力落脚的所谓"二厘馆"也不得不"东施效颦"，聘请廉价瞽姬。很快，唱瞽姬之茶楼"竟有户限为之穿之势，其未有唱瞽姬之茶楼，几至门堪罗雀，竟日而无过问"①。一时间，全市瞽姬"大有求过于供之势"②，尤其是"'大轿盲妹'均被各茶楼罗致精尽，争先定雇，非一礼拜前往定不能应期来"③。就连那些最平常的瞽姬，"倘若是年纪不多的，也要打扮起来，每天赚茶楼几块钱的工值"④。真可谓"米珠薪桂了无惊，装饰奢华饮食精。绝似歌舞升平日，茶楼处处管弦声"⑤。广州的当红瞽姬还常被邀请到香港、澳门的歌坛演唱或灌录唱片。

各大茶楼在竞相聘请瞽姬演唱时，还通过各种方式大肆张扬，如在茶楼门首扎花牌，在门口张贴醒目广告等，以广招徕。同时，各大茶楼还借助广州发达的报业，利用报纸刊登瞽姬演唱的信息，既方便了听曲者对各茶楼演唱瞽姬的了解，又造成了一种舆论声势，扩大了瞽姬唱曲的影响。从当时的报载信息来看，茶楼歌坛基本上分为日夜两场。一般情况下，日场由稍次的瞽姬出场，夜场才由"大轿盲妹"压轴，著名的瞽姬更是在各大茶楼间日夜赶场。而曲迷们为了听自己喜欢的瞽姬唱曲，则根据报载信息在各茶楼间"追踪往听，颇不乏人"⑥。一二十年代的广东，战事频仍，入粤客军川流不息，广州经常处于戒严状况，即便如此，一些痴迷者"仍由河南渡河北⑦听曲"⑧。

在茶楼歌坛唱曲，是瞽姬职业发展中的黄金时期，"瞽姬之生活

---

① 《瞽姬生活之调查》，《广东群报》1921年3月26日，第3页。
② 同上。
③ 文：《茶经（九）·唱瞽姬时代之茶楼》，《广州民国日报》1925年8月14日，第4版。
④ 锦：《女伶杂谈》，广东省妇女联合会、广东省档案馆编《广东妇女运动历史资料》第4辑（内部资料），1991年印行，第483页。
⑤ 雷梦水等编：《中华竹枝词》，北京古籍出版社1997年版，第3009页。
⑥ 文：《茶经（九）·唱瞽姬时代之茶楼》，《广州民国日报》1925年8月14日，第4版。
⑦ 珠江流经广州市区的一段，旧时被称为省河，其北岸称河北，南岸称河南。
⑧ 文：《茶经（九）·唱瞽姬时代之茶楼》，《广州民国日报》1925年8月14日，第4版。

程度及其声价，亦因之而增加"①。同时，通过瞽姬在茶楼歌坛这种公共场所的演唱，也使粤曲进一步地深入到广州市民的日常生活之中，推动了粤曲的发展与普及。因此，从19世纪60年代初起至20世纪20年代中期瞽姬淡出茶楼歌坛，又被称为粤曲发展史上的"师娘时期"。如果说当时进"影画院"看电影只是少数人的好奇，那么上茶楼叹茶听曲则是广州市民普遍的选择。

三 遭遇竞争走向衰落

瞽姬在经历了数年短暂的职业辉煌后，于20世纪20年代中期逐步淡出茶楼歌坛，重新流落街头。究其原因，除了政府向茶楼征收唱瞽姬牌照费和临时附加军费对瞽姬唱曲产生了一定的影响外，最主要的还是受明眼女艺人——女伶的竞争排挤。

其实早在瞽姬唱红茶楼歌坛之时，就有个别女伶尝试登台度曲，一度引起轰动。只是由于当局认为瞽姬上茶楼度曲带有救济性质，而"开眼人应别有谋生之道，不该争夺失明人的职业"②，况且"开眼伶人介入未免伤风败俗"③，因此加以禁止，女伶唱曲在当时才未流行开来。虽经一些茶楼老板"用钱买通官府"④，也只有少数女伶在瞽姬演唱时加插助兴⑤。但是，女伶与瞽姬毕竟有着身体上的优劣势之别，职业竞争也必然会受其影响。"因为女伶和瞽姬比较，女伶能以目听以眉语，瞽姬不能。女伶可遇客周旋，瞽姬不可。因此，茶客把从前好听瞽姬的心渐渐移到女伶身上。"⑥女伶除了凭借身体优势改变了过去瞽姬演唱的风格和形式外，还以新腔新曲取代了瞽姬演唱的传统套

---

① 《瞽姬生活之调查》，《广东群报》1921年3月26日，第3页。
② 温丽容：《广州"师娘"》，中国人民政治协商会议广东省广州市委员会文史资料研究委员会编《广州文史资料》第9辑，第7页。
③ 苏文炳口述，谢伟国编：《红尘往事》，第39页。
④ 熊飞影、源妙生、袁影荷、黄佩英：《广州"女伶"》，中国民政治协商会议广东省广州市委员会文史资料研究委员会编《广州文史资料》第9辑，第15页。
⑤ 《各茶楼演唱瞽姬之调查录》，《国华报》1919年9月8日，第7页。
⑥ 锦：《女伶杂谈》，广东省妇女联合会、广东省档案馆编《广东妇女运动历史资料》第4辑（内部资料），第483页。

曲，使听众耳目一新。所以女伶越来越受听众的热捧而瞽姬逐渐受到冷落。

尽管有政府的明令禁止，但由于听众的认可和利益的驱使，女伶人数还是在不断地增加。五四运动后，从北京、上海首发的废娼运动很快推向全国，其中从1921年开始的广州废娼运动规模最大。受此影响，广州的妓院一度衰落，一些妓女和"琵琶仔"①转而进入歌坛卖艺。同时，民国初期广东的戏曲发展进入鼎盛时期，戏班众多，但竞争也十分激烈。被淘汰的女演员凭着粤剧的基础，也纷纷跻身歌坛。另外，还有一些贫家女子"因利其多金，转瞬间而可获茶楼数元之价值"②，也都纷纷加入到女伶的行列中。尤其是1924年广州市政府为扩大饷源，对女伶唱曲改行弛禁，缴纳一定税费领取牌照即可登台唱曲，女伶队伍遂迅速扩大，瞽姬独霸茶楼歌坛的优势不复存在。1925年，广州全市仅有个别茶楼歌坛仍唱瞽姬。到1927年，瞽姬在茶楼歌坛已无立足之地，几乎完全被女伶所取代。

瞽姬退出茶楼歌坛后，大多数人不得不重新沿街卖唱，而女伶的兴起和电影等新式娱乐的普及进一步压缩了瞽姬的度曲市场。白天，她们挨户颂唱消灾祝福的叫化歌，乞求人们的施舍，但"因为这种唱乞的'盲妹'太多，所以很多人家都不给钱的"③。夜晚，她们穿街走巷，等待人们唤唱，但常常是"整夜过去了，还没一个顾客"④。寒冬里更是无人问津，"恐怕十个晚上也找不到一个主顾"⑤。无奈之下，瞽姬"每有秘密卖淫之举"⑥，这固然有养母逼迫的原因，"然亦有以生计艰难，度曲无资，遂逼而操此皮肉贱业"⑦的。

20年代中期以后，随着瞽姬秘密卖淫的增多和地痞流氓围绕瞽姬

---

① 旧广州称只卖艺不卖身的青楼女子为"琵琶仔"，一般年龄较小。
② 《瞽姬生活之调查》，《广东群报》1921年3月26日，第3页。
③ 志青：《广州的"盲妹"》，《月报》1937年第1期，第121页。
④ 子俊：《广州的瞽姬》，《广州民国日报》1931年12月22日，第4张第3版。
⑤ 志青：《广州的"盲妹"》，《月报》1937年第1期，第121页。
⑥ 《令公安局市内度曲盲妹仰从严查禁》，广州市档案馆馆藏档案，资—政—577—214，第30页。
⑦ 《收容瞽姬案》，广州市档案馆馆藏档案，资—政—580—285。

的频频滋事,瞽姬问题逐渐成为广州一大社会问题,引起了社会各界的关注。虽然也有人对瞽姬的遭遇表示同情,但更多的人则认为此时的瞽姬,度曲为名卖淫为实,"没有一个不是以卖淫为生活的"①,有人干脆把瞽姬直书为"瞽妓"。虽然在瞽姬遭遇流氓无赖非礼时,有的市民"群加责备,呼警拘返"②,但也有的街坊以"盲妹常到卖靓,以致引聚歹人联群结队,街为之塞,不独阻碍交通,打架抢掠时有所闻,似此正业场中,常为歹人混杂,十分危险"③为由,要求公安局饬警巡逻禁止瞽姬入街。与此同时,各界人士也提出了一些解决瞽姬问题的建议,如:仿法、德等国筹设盲聋喑哑学校,教授其"记号法""发语法"及凸字④;设瞽姬收容所,允许瞽姬有组织地唱曲,以女伶抽捐瞽姬免捐加以扶持⑤;不准再行收养盲女,以绝迫营卖淫丑业⑥等。

对残疾群体实施社会救济,本是政府的基本职能之一。但20世纪20年代的广州,形势复杂,政局动荡,地方当局的财力和精力更多地投向了政权的争夺和巩固。对于瞽姬,在其职业兴盛之时,政府除了纠察预防卖淫现象外,主要是通过开征牌照税对瞽姬实施监管。及至瞽姬职业衰落后,政府重点在严禁瞽姬卖淫,因为它"对于市政观瞻,大有妨碍,且贻笑外人"⑦。至于救济方面,当时的广州"此种慈善机关乃寥若晨星。仅有瞽目院一所,且为外人所办,究其实,不过仅尽收容之责任"⑧。市政当局与慈善社团联合筹设的瞽姬教养院,在制定章程、编制预算、修订章程等一系列筹备工作完成后,又因时局变迁迟迟未能建成。直到1929年才在广州市贫民教养院盲哑

---

① 秋声:《广州最廉价的几种东西》,《广州民国日报》1925年5月14日,第10版。
② 《戏谑瞽姬之宜惩》,《新国华报》1925年11月16日,第8版。
③ 《取缔盲妹卖靓》,《广州民国日报》1924年5月24日,第9版。
④ 南溟:《救济盲聋喑哑之方法》,《广州民国日报》1926年3月15日,第13版。
⑤ 真善:《处置瞽姬一个提议》,广东省妇女联合会、广东省档案馆编《广东妇女运动历史资料》第4辑(内部资料),第488页。
⑥ 《邓惠芳为瞽姬请命》,《广州民国日报》1927年5月12日,第9版。
⑦ 《本市瞽姬今始绝迹》,《广州民国日报》1929年4月27日,第5版。
⑧ 南溟:《救济盲聋喑哑之方法》,《广州民国日报》1926年3月15日,第13版。

股和残废股的基础上建成瞽姬收容所,"其宽可容一百人"①,这与广州市内实有瞽姬人数相差甚远。加之"贫民教养院每日收容贫民甚多,已将有人满之患,而政府又未另设收容机关,一时未能尽量收容"②瞽姬,广州市公安局不得不"更改取缔瞽姬售曲条例"③,除了确实无所依靠者,不再收容其他瞽姬。

30年代以后,瞽姬职业衰落了,但瞽姬这个群体还存在,且"源源不绝"④。40年代初期的广州街头仍能"看见悲惨沦落行乞的盲妹,抱着破烂的胡琴夜里在街上徘徊"⑤。只是"在广州一般人的眼里,她们是被认为另一种人的,她们的生活被人们摈弃到一般人的生活圈子以外"⑥,更不可能得到社会救济而改变命运。直到中华人民共和国成立后,她们才翻身"真正在做起人来"⑦。

(原载《甘肃社会科学》2014年第7期)

---

① 《贫民教养院参观记》,《广州市市政公报》1929年第6期,第3页。
② 《布告取缔后之瞽姬状况——无处收容暂仍旧贯》,《广州民国日报》1929年12月4日,第5版。
③ 《更改取缔瞽姬售曲条例》,《广州民国日报》1929年12月27日,第5版。
④ 《强制收容瞽姬及乞丐》,《越华报》1934年5月28日,第5页。
⑤ [日]村山繁:《广州琐谈》,王继棠译,《羊城今古》1999年第2期,第38页。
⑥ 志青:《广州的"盲妹"》,《月报》1937年第1期,第121页。
⑦ 温丽容:《广州"师娘"》,中国人民政治协商会议广东省广州市委员会文史资料研究委员会编《广州文史资料》第9辑,第1页。

近代产业女工的职业生活状况

——以珠江三角洲地区缫丝女工为中心

近代中国最早出现的职业女性是产业女工。尽管随着社会分工的细化，女教师、女护士、女记者等职业女性群体陆续出现，但以女工为代表的非知识型底层职业妇女始终是职业女性的主体。她们就业艰难，生活艰辛，妇女解放在她们的身上基本上没有得到多少体现，就业也并没有使她们的命运发生根本的改变，在解决自我生计的同时她们也在为社会经济的发展默默贡献。然而，长期以来学术界在职业女性群体的研究中，对上层知识女性探讨较多，对底层职业妇女关注较少。[①] 因此，本文拟以珠江三角洲地区的缫丝女工为例，通过考察她们的职业生活状况，还原近代中国底层职业妇女的人生百态，借以透视近代中国的社会变迁，并通过底层职业妇女从业的艰难历程帮助我们理解近代妇女解放的意义。

---

① 主要论著有：桂涛《"花瓶"：一九三零年代职业妇女的称谓研究》、郑永福《中国近代产业女工的历史考察》、李年终《20 年代湖南女工问题研究》、杨敬《近代江南地区缫丝业女工研究》、王琴《20 世纪 30 年代北平取缔女招待风波》、郭卫东《瞽姬的命运：民国年间广州世风丕变的一个缩影》、陈雪梅《1940 年代上海的日本制衣厂女工生活》、马方方《社会性别视域下近代城市女工经济地位探析（1920—1930s）》、张艾利《近代贵州工厂女工的产生与生存状况探析》、刘秀红《社会性别视域下的民国女工保障问题》等论文和陆德阳、王乃宁合著的《社会的又一层面——中国近代女佣》。此外，还有笔者的《20 世纪20 年代广州禁止女招待风波初探》（《历史教学》2008 年第 4 期）、《瞽姬与清末民初广州城市文化娱乐生活》（《历史教学》2010 年第 1 期）、《近代广州瞽姬探析》（《甘肃社会科学》2014 年第 7 期）。

一 数量庞大且来源于本乡本土

珠江三角洲地区有着悠久的手工缫丝传统、便利的水陆交通、众多的自梳女以及大量的华侨资本，为该地近代机器缫丝工业的发展提供了得天独厚的条件。因此，自1861年英商在上海开始机器缫丝后，珠江三角洲地区也很快开启了中国人自主创办近代机器缫丝厂的时代。发展到20世纪初年，珠江三角洲地区已成为全国机器缫丝业的中心。

1872年南洋华侨陈启沅回到南海县西樵乡简村创办继昌隆机器缫丝厂，雇用女工缫丝。最初"容女工三百多人。嗣后，发展至容女工六、七百人，最盛时八百位"[1]。"期年而获重利"[2]，"三年间，踵其后而学者约千余人"[3]。至1881年发生南海县学堂乡织机工人捣毁缫丝厂风潮时，仅在西樵乡"附近二三十里间约有机器十座"[4]，女工应有数千人。至1894年，由于清政府解除了海禁，华侨回国投资增多，南海县缫丝厂增至21家。1909年，缫丝厂已达35家，分布于22个村镇。在顺德，1874年龙山人开办了第一家机器缫丝厂。至1887年，"顺德一县共设四十二家"[5]。到19世纪90年代末期，"顺德地区缫丝工人也有4—6万人"，而"当时上海现代工业中的工人还不到五万，天津则不足五千人"[6]。至1911年，顺德的缫丝厂至少已

---

[1] 黄景坤：《陈启沅传》，中国人民政治协商会议广东省南海县委员会文史资料研究委员会编《南海文史资料》第10辑，1987年印行，第7页。

[2] 孙毓棠编：《中国近代工业史资料（1840—1895）》第1辑下册，科学出版社1957年版，第958页。

[3] （清）陈启沅：《蚕桑谱》，光绪丁戌年广州城十八甫奇和堂药局藏版，蚕桑谱自序，第2页。

[4] （清）徐赓陛：《学堂乡滋事情形第一禀》，《不慊斋漫存》卷6，光绪八年刻本，第21页。

[5] 何花落：《赞陈启沅引进我县第一套近代机器缫丝设备》，中国人民政治协商会议广东省南海县委员会文史资料研究委员会编《南海文史资料》第10辑，第70页。

[6] 《佛山区缫丝工业生产历史资料》，佛山市档案馆馆藏档案，3—28—24—13，第123页。

有142家，女工61480人。①

在珠江三角洲地区，除了南海、顺德外，佛山、三水、新会等地也兴起了办缫丝厂的热潮。佛山在清光绪初年就有广达祥等缫丝厂5间，工人约2000人。②1892—1901年，三水"有蒸汽缫丝厂两家，使用外国机器，雇佣着工人三百人以上"③。1904年，新会县江门埠有2家丝厂，每厂雇用女工约300人。④至辛亥革命前，广东已发展成为全国机器缫丝业的中心，全省"妇女之佣是营生者十数万人"⑤。

第一次世界大战期间，棉、毛、丝等原料成为军需用品，一时求过于供，价格暴涨，珠三角地区的缫丝业遂乘机扩张。当时广东全省雇用千人以上的缫丝厂共4家，顺德的容奇便有3家。"大良大小丝厂有十七间"⑥。1922—1923年，顺德有机器缫丝厂135家，占全省的80.83%。⑦全县70%的人口靠蚕丝业收入维持其生活⑧，专业缫丝工人达6.5万多人。蚕丝产销最盛时，顺德"大小工厂190家，女工八万多名"⑨。南海县缫丝厂也发展到58家，主要集中在县境西南。⑩20年代巅峰期，全国直接间接靠缫丝业生活者，至少有30万人，⑪

---

① 农商部总务厅统计科编纂：《中华民国元年第一次农商统计表上卷·纺织业特别调查》，殷梦霞、李强选编《民国文献资料丛编·民国统计资料四种》第1册，国家图书馆出版社2010年版，第188—200页。

② 佛山市地方志编纂委员会编：《佛山市志》，广东人民出版社1994年版，第914页。

③ 孙毓棠编：《中国近代工业史资料（1840—1895）》第1辑下册，第969页。

④ 广东省地方史志编纂委员会编：《广东省志·丝绸志》上，广东人民出版社2004年版，第283页。

⑤ （清）郑荣等修，（清）桂坫等纂：《南海县志》卷21，宣统二年刊本，第6页。

⑥ 罗素：《顺德缫丝女工生活回忆》，中国人民政治协商会议广东省顺德县委员会文史研究组编《顺德文史》第2辑，1983年印行，第10页。

⑦ 《制丝厂厂址顺德县应设在容奇南海县应设在澜石》，广州市档案馆馆藏档案，资一政—140—332，第91页。

⑧ 《佛山区缫丝工业生产历史资料》，佛山市档案馆馆藏档案，3—28—24—13，第120页。

⑨ 《顺德县蚕丝业调查概况》，佛山市档案馆馆藏档案，14—1—10—4，第149页。

⑩ 曹振中：《南海纺织工业史概况》，中国人民政治协商会议广东省南海县委员会文史资料研究委员会编《南海文史资料》第10辑，第80页。

⑪ 曾同春：《中国丝业》，商务印书馆1933年版，第68页。

其中广东就占20多万人。①

进入30年代后，由于世界经济危机的影响和日本人造丝的冲击，中国缫丝业逐渐衰落，缫丝女工人数不断减少。以顺德为例，原来"该县（顺德）地方丝偈一百二十余间，丝偈（位）约有5万余个，每位容女工一人；自时局多变，丝（偈）已缩至七十余间，丝位只得三万七千余"②。1934年，广东缫丝厂数只有1929年的四分之一，养蚕工和缫丝女工失业几近十万人。③到1937年，缫丝业集中的南海顺德两县，仅有女工6827人。④进入全面抗日战争后，缫丝业迅速凋零。

与长江三角洲地区的缫丝厂明显不同的是，珠江三角洲地区的缫丝厂并非集中于租界、省城或传统大手工业城镇，而是遍布在南海、顺德等县的广大乡村。究其原因，一是因为南海、顺德等地盛产蚕茧，就近设厂原料采购最为便利；二是由于珠江三角洲地区缫丝厂的投资者多为本地丝商、绅士和华侨，早期办厂多依托于宗族的力量，女工一般都来源于本乡甚至本族，即便是从外乡来做工的女工，也是非亲即故。如南海县西樵的梧村，分别有谭陆霍陈四姓，每姓都有规模较大的丝厂，"各姓的丝厂，自股东，司理，以迄伙头军，俱属本姓族人，没有一个例外"⑤。在继昌隆缫丝厂早期的300名女工中，"简村占一百二十人，杏头村占百人左右，吉水村占五十余人，龙仍村占二三十人"⑥，各村距离简村1—3里，上下班很方便。此外，尽管毗邻港澳的珠江三角洲风气较开，当地女性历来也有在外务农务工的传统，但对女子仍有"不放心其在外过夜"⑦的普遍心理，因

---

① 广东省地方史志编纂委员会编：《广东省志·纺织工业志》，广东人民出版社2002年版，第73页。
② 《顺德缫丝女工多失业》，《越华报》1931年8月18日，第6版。
③ 《东亚的蚕丝业》，日本学术振兴会1943年版，第553页。
④ 广东省地方史志编纂委员会编：《广东省志·纺织工业志》，第73页。
⑤ 静砚：《广东缫丝女生活写真》，《女声》1934年第24期，第13页。
⑥ 陈天杰、陈秋桐：《广东第一间蒸汽缫丝厂继昌隆及其创办人陈启沅》，中国人民政治协商会议广东省南海县委员会文史资料研究委员会编《南海文史资料》第10辑，第31页。
⑦ 同上书，第28页。

此，就近设厂还便于招雇本村擅长缫丝的居家女工。

另外，珠江三角洲地区还大量招收女童工。通常女孩在八九岁时，家长就把她们送到缫丝厂去当学徒。刚入厂的学徒除了从事简单的非技术性工作，负责在固定的沸水大锅中"用一个小茅草刷，把茧子在锅中来回激荡着，使它软化"①外，同时还必须像婢女一样伺候师傅，凡事必须唯师傅之命是从，否则就会挨师傅的打骂。一两年学徒学成后，既要买礼物谢师傅，又要施些小惠向管工讨好，即使这样，也未必能谋到一个正式的缫丝位置。

二 工作环境恶劣

珠江三角洲地区早期缫丝厂厂房的基本结构一般都是砖砌瓦房。厂房中间以砖做垩，周围以板做墙，上盖瓦顶，设天窗和烟楼，两边装置门窗，丝釜排列两行，中间隔出一丝巷，巷之末尾为汽炉机房的所在地。继昌隆缫丝厂设立之初，就建有经陈启沅改良设计的煮沸水大锅炉和蒸汽炉各一座，并配有烟囱。煮沸水的大锅炉装有水喉，能送开水到每一个女工的缫丝工作位，以为冲茧之用。另有贮冷水大锅，亦配有水喉，输送冷水到各工作位，用来调节温度及必需的洗涤。厂房"外观颇似洋式，而其内则屋极矮小，光线不充足，空气不流通，一入丝厂则热气熏蒸，几于东西南北不可辨别"②。厂内缫丝釜位之间距离非常窄小，女工操作转动亦不能自如。

缫丝时需将蚕茧在釜内煮约5分钟，用棕帚频繁扫动，待茧变软，丝胶溶化后，夹起一半挂在架上，其余一半留于釜中，右手用筷子再将茧拌转数次，挑起浮丝，用左手握住，频频抽动，故女工双手整天浸泡于水中。同时由于煮茧、缫丝需要180—200华氏度的高温，刚抽出的蚕丝一遇冷气就会变硬，因此缫丝厂厂房一年四季窗户紧闭，头顶上还设有烘丝蒸汽管，又没有通风和降温设备，"釜内发出

---

① 汪敬虞编：《中国近代工业史资料》第2辑下册，科学出版社1957年版，第1206页。

② 《粤东丝业实地调查录》（三续），《大公报》1917年4月29日，第3张。

蒸汽，几无时不云绕缫丝者之侧"①，整天闷热不堪，臭气熏天。尤其是每年新丝上市的炎炎夏季，缫丝女工们"终日薰蒸在炉灶热气之中"②，常有高温下发痧昏厥晕倒之人。头晕贫血、手指溃烂、脱发、肺结核、神经衰弱成为缫丝女工常见的职业病。女工因过度的劳累，大都憔悴虚弱，不少人因此"鸠行鹄面，颜色枯槁，已失去人生本来面目"③。

缫丝厂除了客观环境的恶劣外，缫丝女工还常常面临人为的刁难。一般缫丝厂都雇用少数男女工为巡行和管工，"通常每工头司管八十缫工"④，专门负责监视女工上班是否偷懒，检查女工出厂有否夹带。如果发现女工索绪过快过慢或稍微出现一点差池，就要受到管工的谩骂、毒打、罚跪等体罚，甚至将女工的双手摁入热气腾腾的锅里加以惩罚。在陈启沅办厂初期，还曾设置暗巡管工在阁楼小窗中监视女工做工，稍微有错，便要按章处罚。"顺德南海之丝厂，所定罚例廿余条，皆极苦酷"⑤，且名目繁多，如：水浊扣一毫、水温冷扣一毫、搭多一粒茧罚五分、欠丝一两罚一毫、欠丝二两罚四毫、吃一粒蚕蛹罚一毫。括丝者及缝工，如果"发见缫丝有缺点之处，不行报告，及不将缺点检去者，例须受罚"⑥。另外，中午吃饭放工半个小时，如果超过时间回来，即不准入厂，"而且早上做了半天的工钱，作为无效"⑦。有的缫丝厂奖励只有七八个铜板，但惩罚却动辄二三块钱，或扣去一周的工钱。更有甚者，顺德容奇一家缫丝厂因一女工偷了一些茧子，不仅把她一周的工钱扣尽，还"想出连坐的法子，把前

---

① ［美］考活、布士维：《南中国丝业调查报告书》，黄泽普译，广东岭南农科大学1925年印行，广东省中山图书馆藏，第114页。
② 贺岳僧：《中国罢工史》，世界书局1927年版，第12页。
③ 史兵：《中国工人运动史话》第1集，工人出版社1985年版，第15页。
④ ［美］考活、布士维：《南中国丝业调查报告书》，黄泽普译，第126页。
⑤ 广东省档案馆、广东妇女运动历史资料编纂委员会编：《广东妇女运动史料（1924—1927）》（内部资料），1983年印行，第290页。
⑥ ［美］考活、布士维：《南中国丝业调查报告书》，黄泽普译，第133页。
⑦ 《丝厂的女工生活》，广东省妇女联合会、广东省档案馆编《广东妇女运动历史资料》第1辑，1991年印行，第319页。

后左右最接近的十五个女工,个个都加处罚"①。有时一个厂一天中就有二三十人被扣罚,受罚者如果反驳一句,就再罚一毫,多驳多罚,甚至被扣一个月工资,最后被开除出厂。尤其是"那些薄幸而色情狂的青年管工,见着娇娆好看的女工,就做出温柔的面孔,调戏狞笑,对貌丑的却十分横暴"②。顺德容奇一带就流行着一首仇视工头的《缫丝歌》:"到工厂,忙埋位,搭茧上缫要仔细;最怕巡行吓个衰鬼,佢成日眼睇睇;眼睇睇,朝日开工睇到日归西。"③

总体来说,和全国其他地方一样,珠江三角洲地区"缫丝厂的条件是不能令人满意的。工作从黎明到黄昏一直很紧张,工人接连好几天不离开缫丝厂,干活和睡觉都在一个屋子里"④。女工们整天伴着机器旋转,头昏脑涨,精疲力竭,却仍不时要受厂主的苛待,罚工、扣薪、打骂甚至玷污。

三 冗长的劳动时间

长江三角洲地区缫丝厂工人的劳动时间视各缫丝厂或季节淡旺而有所不同,大致以每日12小时为准。其休息制度也"随华人设立或外人设立而有不同的习惯。怡和、信昌两厂,每星期日休息;其余华人所设各厂,习惯上每两星期休息一天。不过这并不是说一年四季都是这样,在忙的时候,有取消休息日的,有延长劳动时间的,那是不能一概而论的"⑤。

而在珠江三角洲地区,陈启沅初办继昌隆缫丝厂时,由于原料充足,生产几乎不受季节的限制,没有淡季旺季之分。后来由于缫丝厂增加,竞争激烈,一般工厂全年的工作日数也就因原料茧的供给而定,有时整年开工,有时提早歇业。"但大抵平均一年

---

① 关毓麟:《顺德丝厂女工的生活》,《妇女杂志》1929年第12号,第26页。
② 同上。
③ 广东省地方史志编纂委员会编:《广东省志·丝绸志》下,第914页。
④ 刘明逵:《中国工人阶级历史状况》第1卷第1册,中共中央党史出版社1985年版,第794页。
⑤ 汪敬虞编:《中国近代工业史资料》第2辑下册,第1200页。

机械运转 300 天"①。"作业时间，各季不同，普通每日约十时"②，继昌隆缫丝厂最初"一天工作八至九小时，每天上午七时至下午五时为工作时间，中间只十二时至一时吃饭休息"③。1917 年前后缫丝厂"早六点上工，晚四钟半下工，正午十二钟至十二钟半休息三十分"④。20 世纪 20 年代中期缫丝业鼎盛时期，劳动时间普遍延长，缫丝厂基本上"每日除上午有半小时之休息外，由晨早六时或六时半，直至下午六时，日日如常工作，并无停辍"⑤。至 20 年代末，顺德缫丝厂的女工仍是"从上午七时起作工，到下午七时才散工"⑥。

由于珠江三角洲地区缫丝厂的女工们大多住在离工厂不远的家中，因此缫丝厂的蒸汽炉附设有汽笛，专门用于上工放工信号的发放，笛声可传闻数里，每天女工们上下班时间都以工厂拉汽笛为准。一般情况下凌晨四点半拉第一次汽笛，叫"头轮鸡"（顺德方言称响汽笛为"吹鸡"），为起床信号；第二次在五点钟，叫"二轮鸡"，通知女工们动身来厂；第三次在五点半（一说六点），叫"三轮鸡"，汽笛响过之后便关闭厂门，迟到的女工"虽剥啄叩门之声，与砉然关门之声相继，也是不开的！虽大声疾呼，喊破喉咙，也是不开的！虽长跪不起，叩头如捣蒜，也是不开的！"⑦ 因此，住在离厂较远的女工，每天凌晨四点半"就要从齇齇而褴褛的被絮堆中爬起来，匆匆的不及梳洗，便提着一个冷饭篮儿"⑧，成群结队地赶往工厂。一到工作岗位她们的注意力全跟着机器急转，"整天操作，汗流口渴，还没有三四分钟休息的机会"⑨。由于身体的疲惫与精神的倦怠，女工在缫丝

---

① 陈慈玉：《近代中国的机械缫丝工业（1860—1945）》，台北"中研院"近代史研究所，1989 年印行，第 189—190 页。
② 曾同春：《中国丝业》，第 63 页。
③ 陈天杰、陈秋桐：《广东第一间蒸汽缫丝厂继昌隆及其创办人陈启沅》，《南海文史资料》第 10 辑，第 31—32 页。
④ 《粤东丝业实地调查录》三续，《大公报》1917 年 4 月 29 日，第 3 张。
⑤ ［美］考活、布士维：《南中国丝业调查报告书》，黄泽普译，第 133 页。
⑥ 关毓麟：《顺德丝厂女工的生活》，《妇女杂志》1929 年第 12 号，第 26 页。
⑦ 静砚：《广东缫丝女生活写真》，《女声》1934 年第 24 期，第 13 页。
⑧ 季膺：《女性劳动者今日应走之路》，《广州民国日报》1926 年 3 月 29 日，第 6 版。
⑨ 关毓麟：《顺德丝厂女工的生活》，《妇女杂志》1929 年第 12 号，第 26 页。

过程中常常稍不留神便酿成事故,有的甚至丢了性命。

至于全年的公定休假,珠江三角洲地区的缫丝厂也与长江三角洲地区不同,除了旧历十二月中旬至正月中旬新年休假一个月外,没有节假日公定假期。而且由于珠江三角洲地区缫丝厂实行视连续出勤情况计发勤工奖金的制度,厂方无星期日休息的安排,女工们为了增加收入,往往也不会轻易歇工。"如遇怀孕、产子、生病,不能工作,若干天后不留岗位,等于开除。"[①] 女工因常年劳累得不到休息"而成痼疾者不知多少"[②]。

珠江三角洲地区缫丝厂雇用女工的办法分实位和替位两种。实位即相对固定的岗位,替位即替工,需视实位女工请假缺席的位置临时替补。替位女工虽然不是常年劳作,但今日跑东厂,明日跑西厂,往往处处扑空。如遇请假空缺或女工晕倒,便替其做工,按例发半天工资。也有时候做了几十分钟工,原来的女工回来了,替工就算白做。同时,也有少数人以一人而占两间丝厂的实位,时间冲突时缺工位置便让给替位的女工。

四 相对优厚的工资待遇

珠江三角洲地区缫丝厂的工资是计件的,其工资因时因地因人而异。"春夏之季,每当蚕茧上场,畅旺之时,缫工多昂,及至冬季,蚕茧渐小,缫工亦减。"[③] 同时,不同的工厂因条件不同,工资稍有差异,以顺德容奇的同安泰丝厂和大良的顺昌丝厂为例,"同安泰丝厂工场设置完备,出丝佳美,女工皆选拣技术精熟者,故工资率颇高。至顺昌厂则不然,工场既粗陋狭隘,女工亦无规律,工资亦比前者为低廉"[④]。另外,各地缫丝厂竞争程度不一样,工资也不一样。如顺德容奇的缫丝厂较多,"女工需求激增,工资高涨",而在相距不远的大

---

① 李本立:《顺德蚕丝业的历史概况》,中国人民政治协商会议广东省委员会文史资料工作委员会编《广东文史资料》第15辑,1964年印行,第117页。

② 广东省档案馆、广东妇女运动历史资料编纂委员会编:《广东妇女运动史料(1924—1927)》(内部资料),第290页。

③ [美]考活、布士维:《南中国丝业调查报告书》,黄泽普译,第128页。

④ 曾同春:《中国丝业》,第71页。

良,"当地丝厂,只有两家,女工性格纯良,竞争较少,工资自可比容奇低廉"①。至于女工个人技术,一般情况下,"操作熟练者,每天可缫丝三两左右,生疏的每天可缫二两多些,每两工资三分六厘(即半毫),每一女工每天收入,约一毫二、三至一毫半"②。

当年陈启沅不仅引进了国外先进的蒸汽缫丝技术,同时还效仿国外先进的管理办法,对工人实行奖励奖金制度,以提高生产效率。缫丝女工除基本工资外,如果半个月内无缺工且出产无次品的多发三天工资作为勤工奖金,每季度、每年度还可同男工一样领取花红。几年后,继昌隆缫丝厂就以其出丝好、销路好、售价好、获利好而取得了良好的社会声誉,"男女工借此觅食者已受益良多矣,乡中既无行乞之妇人,而穿金戴银者亦复不少"③。

踵其后而效法继昌隆之珠江三角洲地区各缫丝厂也普遍实行所谓的奖励奖金制度。除了基本工资每月分两次发放,"通常农历过年时资方支付奖金0.5—0.6元,或以同等金额招待她们,端午节和中秋节则各发给0.1元"④。此外,平时超过每天规定工作量的女工,可获得格外奖赏;女工充足时每关做足15天也有奖励,"如遇女工短缺时,凡有工作十五天者,加赏工金四天以鼓励之,十四天者,加赏薪金二天"⑤;再如早工奖,即按返工时间的提早分别给奖。由于基本工资不高,女工们为了奖金往往疲于奔命,即使生病也不歇息。因此所谓奖励奖金制度,一方面使缫丝女工有了增加收入的机会,但另一方面这更是厂主增加劳动强度、延长工时的手段。

20世纪初,中国缫丝业发展迅速,女工的收入也相应有所提高。据1911年农商部调查统计,珠江三角洲地区缫丝厂工程师每月可得工资20

---

① 《制丝厂厂址顺德县应设在容奇南海县应设在澜石》,广州市档案馆馆藏档案,资一政—140—332,第92页。
② 陈天杰、陈秋桐:《广东第一间蒸汽缫丝厂继昌隆及其创办人陈启沅》,中国人民政治协商会议广东省南海县委员会文史资料研究委员会编《南海文史资料》第10辑,第31页。
③ (清)陈启沅:《蚕桑谱》,光绪丁戌年广州城十八甫奇和堂药局藏版,蚕桑谱自序,第2页。
④ 陈慈玉:《近代中国的机械缫丝工业(1860—1945)》,第189—190页。
⑤ [美]考活、布士维:《南中国丝业调查报告书》,黄泽普译,第132页。

元，职员10元，女工6元，当时湖北缫丝局工人的人均月收入仅为3元左右，女工应该更低。至1917年，珠江三角洲各缫丝厂大概"上等女工每日三角至四角，下等女工每日一角至二角五仙"①。其后，蚕丝业持续发展，女工收入也呈上升之势，"计每日所得多者一元余，少者几角"②。

20年代前期是顺德历史上经济和民生的黄金时代。1921年，缫丝厂女工如果每天工作十几个小时，工资可得四五毫（银圆），技艺娴熟者每天工资达八九毫，括丝者每日可获一元，按当时的物价，以此工资，每月约可买300斤中上等白米。1923年顺德的"容奇、桂洲、大良一带缫丝厂女工和童工每日工资三毫至一元二毫，男工一元至一元余"③，其他缫丝厂的"缫丝女工上等每天八毫，中等五毫，童工二至三毫"④。"最盛时代，平均每人月入当在二三十元之谱"⑤，而同时期顺德市场的"中上白米每石（按150市斤）六元五毫，木柴每担二元二毫，鱼每斤平均二毫五仙，猪肉每斤三毫八仙，鸡每斤八毫，鸡蛋每只三仙至三仙半"⑥。"故一般女工所入，足资温饱而有余，且有等节俭女子，尝有私蓄多至数千元者。"⑦尤其是缫丝女工中的"自梳女"，由于她们多无家庭负担，以自己的辛勤劳动维持最低限度的生活外仍有盈余。直到20年代后期，由于日本人造丝的冲击，中国缫丝业开始衰落，加上物价上涨因素，女工们的生活逐渐困难。

顺德缫丝工业历年每月平均工资统计（1926—1930） 单位：元

地区	1926年		1927年		1928年		1929年		1930年	
	女工	童工	女工	童工	女工	童工	女工	童工	女工	童工
顺德	17.25	7.80	17.55	7.80	18	8.55	18.55	7.95	18.75	8.40

资料来源：工商部编印《全国工人生活及工业生产》调查统计报告书（二），1930年出版。

注：顺德工资系以小洋计算。

---

① 《粤东丝业实地调查录》三续，《大公报》1917年4月29日，第3张。
② 萧郎投：《顺德自梳女之倚赖》，《民声报》1929年9月29日。
③ 顺德市地方志编纂委员会编：《顺德县志》，中华书局1996年版，第807页。
④ 同上。
⑤ 《丝业衰落与自梳女》，《现象报》1934年4月10日，第6版。
⑥ 顺德市地方志编纂委员会编：《顺德县志》，第807页。
⑦ 梁津津：《大良风土谈》，《现象报》1930年11月4日，第6版。

上表显示，从1926年至1930年缫丝女工历年工资指数虽然略有上升，但很有限；反之，物价指数上升的情况却非常显著。"工人所得金钱的报酬，虽然有一年比一年增加的趋势，然而拿去换生活必需品时换得的东西却反而比以前更少，这就是因为工资增加的速率赶不上物质增加的速率那样快的缘故。"① 据1929年《广东民政公报》对全省各县市职业工人工资调查表记载，顺德第十区（桂洲）各行业中，日薪最高的为航运业，人均0.8元；其次为建筑业，人均0.7元；缫丝业女工则人均0.5—0.6元，排名第三，以是年物价论，缫丝女工一月工资可买200多斤中等白米。到1936年，缫丝女工平均日薪减至0.3—0.5元，每月收入以10元左右居多，折合中等白米不足200斤。②

清末民国前期珠江三角洲地区缫丝女工的"工资较他省为高"③，主要原因有：第一，珠江三角洲地区的缫丝厂多为本地人所办，很多女工或为族人或为乡邻，这种亲缘关系和地缘关系在一定程度上缓和了劳资关系，经济剥削相对较轻；第二，清中期实行闭关政策以后，广州一直是唯一的对外通商口岸，与外界交流非常频繁，使得珠江三角洲地区"重农抑商"的意识较弱，而商品意识较为浓厚，且紧邻港澳，因此珠江三角洲地区大多数行业的工资都相对高于其他省份；第三，广州是孙中山三次建立政权的地方，是国民革命的发祥地，尤其是第一次国共合作以后，广州地区的工人运动蓬勃发展，工会组织为维护工人的经济利益做出了一定的努力。

综上所述，珠江三角洲地区近代缫丝业兴起后，当地农村大量的女性剩余劳动力纷纷进入缫丝厂做工，成为早期的职业女性。独立的经济来源，为她们走出家庭的樊篱、摆脱依附男子的地位而独立生存提供了最有力的经济保障。然而缫丝女工的职业状况不容乐观，她们的工作环境恶劣、劳动时间冗长且毫无法律保障，她们相对优厚的工资待遇完全是以健康为代价，甚至是以生命作赌注的。可以说珠江三

---

① 刘明逵：《中国工人阶级历史状况》第1卷第1册，第369页。
② 顺德市地方志编纂委员会编：《顺德县志》，第808页。
③ 曾同春：《中国丝业》，第63页。

角洲地区的缫丝女工是近代中国底层职业妇女的一个缩影,反映了底层职业妇女艰难的职业历程。

(原载《重庆社会科学》2016年第8期)

后　　记

　　自1983年大学毕业留校任教至今，30余年间，乐于传道而疏于著述，故学术成果欠丰。今将部分论文结集成书，为自己的学术生涯作一小结。

　　本论文集大致可分为政治与社会两大类。政治史方面的论文半数与抗日战争相关，主要是由于当年留校之初即参与了山西省党史办公室《太行革命根据地史》的编写工作，积累了一些相关史料，也激发了我对抗日根据地研究的兴趣。因此，硕士学位论文顺势做了抗日根据地民主政权的选题。在此基础上，又主持了山西省哲学社会科学规划研究项目——"晋察冀抗日民主政权研究"，进而对抗日根据地作了一些扩展研究。此外，结合本科和研究生教学工作，还有一些其他政治史内容的论文陆续发表。

　　社会史方面的论文主要是因为我南下广州后，改招中国近现代社会史方向研究生，研究重点因此转向近现代社会史领域。最初是以民国时期广州的"人"和"城"为两条主线展开，既有社会群体的研究，也有城市变迁的探讨。后因主持教育部人文社会科学项目——"近代中国底层职业妇女研究"，研究对象遂以人为主，尤其是近现代职业妇女群体。这方面的论文既有对女性职业的宏观论述，也有对岭南地区底层职业妇女的个案研究。

　　本论文集所收论文基本上是已刊论文，部分为我与江芬、李文惠、龚慧华、曾高、王晓娜、朱婵、侯雪浩、姚元湾、黄亚虹合作撰写。由于当初各刊物对稿件格式的要求不尽相同，因此，在尽量保持文章原貌的前提下，对原稿个别文字及错讹作了修改，并将注释调整成统一格式。

在论文集最终付梓之际,不由得生出些许遗憾。父亲早年以华北流亡学子考入黄埔军校,后再入二野军大,虽一生向往学术,但终因各种原因未得如愿,故对我们姐妹期盼甚高,要求甚严。然而,由于本人才疏学浅,又常懈怠,父亲知悉的几个半成品至今未能成书,有负老父期望,此一憾。本论文集自去年底整理以来,年近九旬的父亲一直关注催促,病榻之上还在询问,但至老父溘然仙逝,也没能亲见其书,此又一憾。我只能借此机会感谢在天堂的父母,感谢他们对我的养育和教育,感谢他们对我的鞭策和鼓励,感谢他们为我付出的一切一切。当然,也要感谢我的丈夫冀满红,同行(hang)同行(xing)的日子里,我们一路牵手走过来。切磋评点,记忆犹新;互帮互助,回味无穷。同时,还要感谢在我工作和生活中不时冒出来的"小先生"——儿子冀耕以及千里之外以特殊形式给予我无私帮助的两个妹妹。最后,对中国社会科学出版社编辑刘芳女士为本书的精心编辑和辛勤付出表示衷心的感谢。

李淑蘋

2017 年 6 月 28 日于广州暨南大学明湖苑